南京医科大学学术著作出版资助项目

嵌入性视角下农村养老保障制度研究

姚俊 著

QIANRUXING SHIJIAOXIA NONGCUNYANGLAO BAOZHANGZHIDU YANJIU

中国社会科学出版社

图书在版编目（CIP）数据

嵌入性视角下农村养老保障制度研究/姚俊著.—北京：中国社会科学出版社，2018.12

ISBN 978-7-5203-3093-0

Ⅰ.①嵌… Ⅱ.①姚… Ⅲ.①农村—养老—社会保障制度—研究—中国 Ⅳ.①F323.89

中国版本图书馆 CIP 数据核字（2018）第 200463 号

出版人	赵剑英
责任编辑	赵　丽
责任校对	赵雪姣
责任印制	王　超

出　版	中国社会科学出版社
社　址	北京鼓楼西大街甲 158 号
邮　编	100720
网　址	http://www.csspw.cn
发行部	010-84083685
门市部	010-84029450
经　销	新华书店及其他书店
印　刷	北京明恒达印务有限公司
装　订	廊坊市广阳区广增装订厂
版　次	2018 年 12 月第 1 版
印　次	2018 年 12 月第 1 次印刷
开　本	710×1000　1/16
印　张	15.25
字　数	247 千字
定　价	66.00 元

凡购买中国社会科学出版社图书，如有质量问题请与本社营销中心联系调换
电话：010-84083683
版权所有　侵权必究

目　录

第一章　导论 …………………………………………………………（1）
　第一节　研究背景与意义 ……………………………………………（1）
　第二节　文献回顾 ……………………………………………………（10）
　第三节　研究视角 ……………………………………………………（34）
　第四节　研究目标与内容安排 ………………………………………（39）

第二章　中国农村养老保障制度变迁与设计的嵌入性分析 …………（43）
　第一节　农村社会养老保险制度变迁的嵌入性分析 ………………（43）
　第二节　新农保制度设计的嵌入性分析 ……………………………（50）
　第三节　养老服务政策变迁的嵌入性分析 …………………………（59）
　第四节　农村居家养老服务设计的嵌入性分析 ……………………（68）

第三章　中国农村居民养老行为的嵌入性分析 ………………………（79）
　第一节　研究设计 ……………………………………………………（79）
　第二节　农村居民养老行为的基本现状分析 ………………………（98）
　第三节　农村居民参加新农保行为的嵌入性分析 …………………（133）
　第四节　农村居民养老服务的嵌入性分析 …………………………（155）

第四章　中国农村养老保障制度执行的嵌入性分析 …………………（168）
　第一节　分析框架 ……………………………………………………（168）
　第二节　新农保制度执行中政策工具选择的嵌入性分析 …………（173）
　第三节　居家养老服务政策执行过程的嵌入性分析 ………………（188）

第五章 中国农村养老保障制度发展路径的嵌入性分析 ………… (202)
　第一节　中国农村养老保障制度发展的嵌入性视角 ………… (202)
　第二节　新农保制度可持续发展的路径分析 ……………… (208)
　第三节　农村居家养老服务可持续发展的政策分析 ………… (221)

第六章 结论与研究展望 …………………………………… (234)
　第一节　研究结论 …………………………………………… (234)
　第二节　进一步研究的展望 ………………………………… (238)

第一章 导论

第一节 研究背景与意义

一 现实背景

（一）农村人口老龄化

第六次人口普查数据显示，到2010年中国60岁以上的老年人口已经达到1.78亿，占人口总数的13.26%；其中65岁以上老年人占到总人口的8.87%。按照联合国对人口老龄化的定义，中国目前已经有26个省份65岁及以上人口占总人口比重超过7%，进入老龄化社会。据预测，在未来二三十年里中国将会成为世界上老龄化速度最快的国家之一，到2049年，中国60岁以上的老年人将占到总人口的31%，其老龄化程度仅次于欧洲。可以预见，人口老龄化已经成为中国今后相当长时间里面临的重大经济、社会挑战。相比之下，中国农村的人口老龄化趋势要超过全国水平，来自第六次人口普查的数据显示，中国农村地区60岁以上老年人口达到9930万，占农村总人口的14.98%。也就是说，中国农村老龄化水平要高出全国1.72个百分点，高出城市3.2个百分点。这说明中国人口老龄化在农村表现得比城市更为明显，在未来几十年随着中国城镇化水平的进一步提升，以及更多的农村劳动力流向城市，农村地区的人口老龄化水平还会进一步提升。老龄化水平的提升，对农村基本养老保障建设提出了迫切的要求。

（二）农村家庭养老功能的弱化

与农村人口老龄化同步进行的是，中国农村家庭规模和结构也正发生着极大的变化。一方面，计划生育政策带来的"4—2—1"代际人口模式加重了年青一代的养老负担，这种变化突出地表现在农村家庭户的平均规模正不断缩小,家庭规模趋向小型化。从1982年、1990年、2000年和2010年四次全国人口普查资料的数据来看,中国农村家庭户人口规模分别是4.3人、3.97人、3.44人和3.10人,这说明未来农村家庭的养老负担会不断上升,家庭养老保障的压力较大。另一方面,城乡人口迁移导致年青一代家庭的核心化和传统家庭养老观念淡化趋势明显,这些都直接弱化了家庭的养老功能。城乡之间的大规模人口流动使得代际的空间距离不断增大,代际照料变得困难,同时由于人口流动极大地改变了农村社会的舆论场,原来由公共舆论发挥的孝道监督功能正日渐消失,代际的冲突也不断增加。向城市流动也增加了农村年青一代的生存压力,使得他们在忙于生计的同时难以顾及家庭的赡养问题。总的来说,家庭规模和结构的变化极大改变着中国农村家庭的养老模式,静态的多子女家庭这一家庭养老保障得以实现的基础发生了改变,导致农村家庭养老保障功能弱化。家庭和子代所能提供的养老资源的衰减不仅表现在经济供养上,也同样集中在养老服务的提供上,特别是少子化、流动化和城市化三者所产生的叠加效应,使得传统的家庭养老模式失去了现实基础。

除了农村家庭规模和结构变化造成家庭养老功能弱化,随着农村居民收入水平的上升和经济社会发展的进步,农民的养老观念也在发生着变化。大规模的城乡人口流动在给农村居民带来收入提升的同时,也改变着他们原来固有的一些落后观念,特别是"老农保"政策的推行在很大程度上改变了人们传统"养儿防老"的家庭养老观念。来自全国层面的调查数据也表明,农村中青年对社会养老保险和商业养老保险有着较强的需求,他们更倾向于依靠自己、配偶的力量养老[1]。以上事实说明无论是从客观事实还是主观需要出发,中国农村的养老模式都到了从家庭养老向社会养老转化的时候了。

(三) 农村收入水平和就业结构变化

从国外经验来看,无论是发达国家还是发展中国家或是转型国家,其农村社会养老保险制度都是在农业从业人口急剧下降的背景下建立起来的。由此可见,劳动力就业结构变化是建立农村社会养老保险的重要

---

[1] 柳玉芝、周云、郑真真:《农村不同年龄人群养老观念的比较分析》,《中国人口科学》2004年第S1期。

前提。从统计数据来看，自改革开放以来，中国就业总人口当中农业就业人口的总数和占比不断下降，这为发展新型农村社会养老保险（以下简称"新农保"）奠定了就业结构基础（见表1—1）。

表1—1　　　　　　　　第一产业就业人数及其占比　　　　　　单位：万人、%

年份	总就业人数	第一产业就业人数	占比	年份	总就业人数	第一产业就业人数	占比
2002	73280	36640	50.0	2008	75564	29923	39.6
2003	73736	36204	49.1	2009	75828	28890	38.1
2004	74264	34830	46.9	2010	76105	27931	36.7
2005	74647	33442	44.8	2011	76420	26594	34.8
2006	74978	31941	42.6	2012	76704	25773	33.6
2007	75321	30731	40.8	2013	76977	24171	31.4

另外，社会养老保险制度必须建立在农民具有承担养老保险缴费能力的基础之上，特别是对于具有现金偏好和对各种税费征缴比较敏感的农民来说，社会养老保险的缴费水平不能占其可支配收入的比重太高，否则会影响其参保积极性。简单来说，就是要看农村居民的人均纯收入与人均生活消费支出之间的收入余额对保险费的承受能力。从统计数据来看，农村居民人均纯收入不断上升的同时，生活消费支出占纯收入的比重略有下降，这说明农村居民对养老保险费的支付能力不断上升，这为发展新农保奠定了可靠的个人筹资基础（见表1—2）。

表1—2　农村居民人均纯收入、生活消费支出及其占纯收入的比重

单位：元、%

年份	人均纯收入	生活消费支出	比例	年份	人均纯收入	生活消费支出	比例
2002	2476	1834	74.1	2008	4761	3661	76.9
2003	2622	1943	74.1	2009	5153	3993	77.5
2004	2936	2185	74.4	2010	5919	4381.8	74.0
2005	3255	2555	78.5	2011	6977.3	5221.1	74.8

续表

年份	人均纯收入	生活消费支出	比例	年份	人均纯收入	生活消费支出	比例
2006	3587	2829	78.9	2012	7916.6	5908	74.6
2007	4140	3224	77.9	2013	8895.9	6625.5	74.5

二 政策背景

中国农村养老保障制度既是整个养老保障体系的一部分，同时又因为其发展的历史与面临的现实问题而具有一定的特殊性，这种特殊性集中反映在中国农村养老保障制度的两个主要内容上。中国农村养老保险制度从制度设计、政策实施、覆盖对象和制度运行都是独立于国家整体养老保险制度的，具有很大的特殊性，这决定了关于农村养老保险制度的政策背景回顾主要基于这一制度本身，而较少涉及国家社会养老保险制度。而中国养老服务体系建构则是近二十年内的事情，这项社会制度从建立之初就是在统筹城乡的背景下进行的，无论是在制度设计还是在政策内容上都较少带有城乡分治的烙印。因此，关于农村养老服务政策背景的回顾是整合进整个国家养老服务政策当中去的。考虑到政策演变的连续性，本书主要按照政策发展的时间顺序阐释农村养老保障制度发展的政策背景。

（一）中国农村社会养老保险政策变迁

面对日益突出的农村养老问题，党和政府逐步认识到农村养老必须实现由传统意义上的家庭养老模式向社会养老模式过渡，并且从20世纪80年代中期开始探索建立符合中国国情的农村社会养老保险制度。1986年10月民政部在江苏省沙洲县（今张家港市）召开了"全国农村基层社会保障工作座谈会"，会上首次提出在农村社会经济富裕地区发展以社区为单位的农村养老保险，这标志着农村社会养老保险制度的开端。自1986年起，农村社会养老保险大致经历了两个发展阶段，即我们通常所说的"老农保"阶段（1986—2002年）和新农保阶段（2003年至今）。

1. "老农保"阶段（1986—2002年）

1986年沙洲会议之后，民政部选择在上海郊区、苏南地区等经济发达的乡镇开展农村社会养老保险的试点工作，同时也在中西部部分地区开展适合当地实际情况的养老保险模式探索。在此基础上，1986年底民政部形成了《关于探索建立农村基层社会保障制度的报告》，提出了发展以"社区"（乡、镇、村）为单位的农村社会养老保险的制度构想。截至1989年6月，全国开展农村社会养老保险试点的省（自治区、直辖市）有19个，县（市、区、旗）有190个，有800多个乡、8000多个村建立了农村社会养老保险制度，参加保险人数近90万人，共筹集资金4095.9万元，有21.6万人享受了养老金。

1991年6月，国务院发布《关于城镇职工养老保险制度改革的决定》（国发〔1991〕33号），明确了农村社会养老保险（含乡镇企业）由民政部负责。同年，民政部成立"农村社会养老保险办公室"，并于1991年5月选择山东省烟台、威海等五地进行县级农村社会养老保险试点工作。在大量试点的基础上，民政部于1992年1月3日印发《县级农村社会养老保险基本方案（试行）》（民办发〔1992〕2号），该方案确定了"坚持资金个人缴纳为主，集体补助为辅，国家予以政策扶持；坚持自助为主，互济为辅；坚持社会养老保险与家庭养老相结合；坚持农村务农、务工、经商等各类人员社会养老保险制度一体化方向"的指导思想和基本原则，农村社会养老保险制度开始在试点的基础上正式推开。

1993年国务院进一步明确了民政部对农村社会养老保险的管理职能，并于1994年12月成立民政部农村社会养老保险管理服务中心，试点工作从沿海到内地迅速推开。随着农村社会养老保险制度在全国范围内普遍建立，为了解决好养老保险基金的管理和资金运用风险问题，推动农村社会养老保险工作积极、稳妥、健康地发展，1995年10月，国务院办公厅转发了民政部《关于进一步做好农村社会养老保险工作的意见》，民政部还于1997年制定了《县级农村社会养老保险管理规程（试行）》和《关于加强农村社会养老保险基金风险管理的通知》等一系列规范性文件。到1998年底全国共有30个省、区、市的2123个县和65%的乡镇开展了这项工作，参保人口8025万人，覆盖全国农村人口的10%左右[①]。

---

① 劳动和社会保障部、国家统计局：《1998年劳动和社会保障事业发展年度统计公报》（http：//www.mohrss.gov.cn/SYrlzyhshbzb/zwgk/szrs/ndtjsj/tjgb/200602/t20060207_69891.htm）。

1998年国务院机构改革，农村社会养老保险由民政部转至新成立的劳动和社会保障部管理。由于利率持续走低以及集体、政府补助缺位等因素，许多地区的农村社会养老保险制度陷入了巨大的财务风险。1999年7月，《国务院批转整顿保险业工作小组关于保险业整顿与改革方案的通知》提出，目前中国农村尚不具备普遍实行社会养老保险的条件，决定对已有业务实行清理整顿，停止接受新业务，有条件的地区应逐步向商业保险过渡。至此，农村社会养老保险制度进入收缩徘徊阶段。自1999年开始，"老农保"的参保人数呈下降趋势，具体工作也基本处于停滞状态，截至2002年底，参保人数下降到5462万人[①]。

2. 新农保阶段（2003年至今）

党的十六大报告指出，"有条件的地方要探索建立农村养老、医疗保险和最低生活保障制度"。这标志着中国农村社会养老保险进入一个新的发展阶段。此后在2005—2008年的"中央一号文件"中都提出，要探索建立适合中国国情的农村社会保障制度。与此同时，在苏州、青岛、北京、东莞等经济发展水平较高、地方财力较强的地区，积极开展形式各异的农村社会养老保险制度的新探索；截至2008年全国共有25个省、区、市的300多个县开展了新农保试点工作。2007年党的十七大报告中进一步指出"有条件的地方探索建立农村养老保险制度"，2008年10月中共中央十七届三中全会明确提出"按照个人缴费、集体补助、政府补贴相结合的要求，建立新型农村社会养老保险制度"。由此可见，这一阶段（2003—2008年）可以被看作新农保制度的探索阶段。

2009年在"中央一号文件"中又重申了建设新农保制度的紧迫性，2009年2月人社部部长尹蔚民表示会在2009年全面开展新农保试点，力争2009年底新农保试点覆盖全国10%的县。2009年9月1日，国务院出台了《关于开展新型农村社会养老保险试点的指导意见》（国发〔2009〕32号），按照"保基本、广覆盖、有弹性、可持续"的原则，在10%的县（市、区）开展新型农村社会养老保险试点，建立个人缴费、集体补助、政府补贴相结合，基础养老金与个人账户相结合的公平普惠的新农

---

① 劳动和社会保障部、国家统计局：《2002年度劳动和社会保障事业发展统计公报》（http://www.stats.gov.cn/tjsj/tjgb/qttjgb/qgqttjgb/200305/t20030507_30610.html）。

保制度。

2012年9月底，全国所有县级行政区全部开展新型农村和城镇居民社会养老保险工作，新农保已经实现全面覆盖，比原计划提前8年实现了既定目标（2020年实现新农保全覆盖）。截至2013年末全国新型城乡居民社会养老保险参保人数达到50107万人。

（二）中国养老服务政策发展历程

由于老龄化水平不高，同时家庭有着提供养老服务的文化传统和伦理责任，养老服务特别是在农村地区一直以来并没有发展政策供给的紧迫性。自2000年中国正式进入老龄化社会之后，伴随着少子化、城市化和人口流动等社会变迁而来的是，家庭作为养老服务的主要供给者越来越力不从心，养老服务走向社会化迫在眉睫的同时，其作为一种公共服务的福利属性也逐渐被明确。由此，社会化和福利化构成了21世纪以来中国养老服务政策的两条重要主线，并可简单分为以下两个阶段。

1. 政府倡导下的养老服务体系化建设阶段（2000—2012年）

面对中国正式步入老龄化社会的严峻挑战，政府在政策层面上不断出台相关文件，作为引领和指导养老服务业发展的指南。2000年第一次以中共中央和国务院的名义发布了《关于加强老龄工作的决定》（中发〔2000〕13号），国务院办公厅转发了民政部等部门联合发布的《关于加快实现社会福利社会化意见的通知》（国办发〔2000〕19号），在这两个文件中第一次明确提出了要建立以家庭养老为基础、社区服务为依托、社会养老为补充的养老机制，并在2006年国务院办公厅转发全国老龄委办公室和发展改革委等部门文件——《关于加快发展养老服务业意见的通知》（国办发〔2006〕6号）中正式确定了中国养老服务体系发展的基本方向，并表述为"以居家养老为基础、社区服务为依托、机构养老为补充的服务体系"。为了进一步凸显对居家养老服务的重视，2008年全国老龄办联合国家发改委、民政部等十个部门发布了《关于全面推进居家养老服务工作的意见》（全国老龄办发〔2008〕4号），鼓励和支持社会力量参与、兴办居家养老服务，建立和完善社区居家养老服务网络。

2010年前后有关基本养老服务体系的表述逐渐增多，2009年国家发改委、民政部开始在全国实施基本养老服务体系试点，确定了一批试点省份。2010年的《政府工作报告》中明确指出，要"加快建立健全养老社会服务体系"。2011年民政部正式提出"以居家养老为基础、社区服务为依托、机构养老为支撑，资金保障与服务保障相匹配，基本服务与选择性服务相结合，形成'政府主导、社会参与、全民关怀'的服务体系"。同年，国务院办公厅出台了《关于印发社会养老服务体系建设规划（2011—2015年）的通知》（国办发〔2011〕60号），这标志着进入21世纪以来，经过十多年的初步探索和试验，通过加快出台一系列养老服务政策文件，中国在养老服务政策发展上的思路逐渐明晰，这些政策文件不断起到了科学规划、引导发展的作用。

2. 养老服务体系建设加速阶段（2012年以后）

2012年以后，养老服务体系建设在明确了基本方向之后进入加速建设阶段，2013年9月国务院发布了《国务院关于加快发展养老服务业的若干意见》（国发〔2013〕35号）。除了国务院层面上，其他各个涉及养老服务提供的部门也加快了相关政策的出台步伐。2012年民政部出台了《关于鼓励和引导民间资本进入养老服务领域的实施意见》（民发〔2012〕129号）；国家卫计委出台了《国务院办公厅转发卫生计生委等部门关于推进医疗卫生与养老服务相结合指导意见的通知》（国办发〔2015〕84号）、《国家卫生计生委办公厅关于开展计划生育家庭养老照护试点工作的通知》（国卫办家庭函〔2014〕834号）等政策文件；国家发改委发布了《关于加快推进健康与养老服务工程建设的通知》（发改投资〔2014〕2091号）。同时，国家也在养老服务更加具体的工作层面上制定政策，并且政策的精准性不断提高。国务院办公厅先后制定了《关于全面放开养老服务市场提升养老服务质量的若干意见》（国办发〔2016〕91号）和《关于制定和实施老年人照顾服务项目的意见》（国办发〔2017〕52号），引导和规范养老服务项目。

这一阶段养老服务政策主要集中在养老服务供给方式创新以及养老服务质量提升上，更加强调养老服务政策落实的具体操作。包括农村地区在内的广大城乡社区，以居家养老服务为主体的养老服务供给体系正逐步建立起来，各地在实践过程中也不断结合当地社会资源发展多元化养老服务，满足日益增长的养老服务需求。

三 研究意义

通过建立新型农村社会养老保险制度和以居家养老服务为主的基本养老服务体系，为农村老年居民提供基本养老保障，是深入贯彻落实习近平新时代中国特色社会主义思想，加快建立覆盖城乡居民社会保障体系的要求，是逐步缩小城乡差距，推进公共服务均等化的重要基础性工程，是实现广大农村居民老有所养，促进家庭和谐，增加农村居民收入的重大惠民政策，也是应对国际金融危机，深入推进供给侧改革，扩大国内需求的重大举措。这项制度的建立，对于改变城乡二元结构，加快社会主义新农村建设，促进社会公平正义，全面建成小康社会，推动和谐社会建设和国家长治久安，都具有非常重要的现实意义和极其深远的历史意义。正是基于农村养老保障制度所具有的重大现实意义和历史意义，本书的应用价值十分突出，具体表现在：首先，通过实证分析为中国农村养老保障后续政策调整和执行提供了坚实的基础性数据。实证数据分析的作用体现在两个方面：一是通过对新农保政策实施过程中农民参保行为等进行实证描述，展现了新农保在中国农村生根落地的全景图；二是通过对农村居民养老服务意愿和养老服务选择及其影响因素的实证分析，展现了中国农村养老服务发展的现状及其未来发展的趋势。其次，将新农保制度和居家养老服务这两项农村养老保障主体内容的运行看作一项社会政策的执行，分别从"自上而下"和"自下而上"两个角度对农村养老保障制度两项最重要政策的实施和参与进行嵌入性分析，进而更加清晰地展示了新农保制度和居家养老服务在实施过程中是如何嵌入在更宏观层次的社会结构和经济社会环境中的，使得未来的政策出台和调整具有更加明确的循证依据。最后，在实证数据和循证分析的基础上，对新农保和居家养老服务两项农村养老保障制度在试点和全面实施阶段的具体运行情况作出全面、客观的评价，分析在全面推广过程中，制度设计、社会动员、经办管理等具体操作环节存在的问题，从政策操作层面上提出进一步完善和改革的对策建议，为各级政府进一步完善新农保和居家养老服务的监管提供科学依据，也为新农保一线经办人员和居家养老服务工作人员提供实际工作指导。

作为一项政策性研究，本书除了具备本应有的应用价值之外，还具有一定的理论创新价值，具体表现在：一是研究视角的创新，丰富了嵌入性分析框架的应用范围。嵌入性是新经济社会学的核心概念，也是社会学当中对其他社会科学领域侵入较多的概念，被广泛应用于管理学、政治学、经济学等学科领域，本书主要从新农保制度、新农保政策执行、农民的新农保参与行为、居家养老服务制度、居家养老服务政策实施、农民的养老服务选择行为等多方面进行嵌入性分析。可以看作将嵌入性分析框架纳入政策分析中的典型案例，进一步证明了该分析框架所具有的独特理论应用价值。二是扩展了中国公共政策研究中关于政策执行的内容。政策执行是转型国家所面临的重要问题，近年来随着公共政策研究的深入，政策执行越来越受到关注，特别是中国的公共政策执行往往是与社会运行机制、政府治理机制等紧密结合在一起的，具有十分明显的本土化色彩。因此，加强对中国特色的政策执行过程研究有助于我们进一步丰富有关中国式政策执行模式的谱系内容，也有利于我们和国外政策执行研究的理论成果进行有效对话。三是进一步深入研究了社会资本与个体金融参与行为、社会资本与养老选择行为等相关理论问题。特别是在新农保参保研究上，从参保者的行为选择上来看，可以将参加新农保看作一种个体金融行为，已有的实证研究发现社会资本对个体金融行为有显著影响，本书进一步证明了这种影响的作用机制，有助于更深入认识社会资本是如何作用于个体经济行动的。

第二节　文献回顾

有关中国农村养老保障制度的研究大致可以分为三个包括不同研究主题的起始阶段，并形成了三股研究热潮：一是关于农村养老保障的研究，大致始于2000年前后，主要受到1999年由民政部负责的"老农保"经办服务被停止以及中国正式步入老龄化社会两个重大事件的影响。二是围绕老年农村居民收入替代层面上的养老保障开展的，实质上是围绕农村养老保险制度与政策开展研究，这方面的研究始于2000年以来各地在农村社会养老保险上的试点。自2009年后，随着新农保政策正式实施，相关研究进入高峰期。近年来随着新农保制度在全国范围内实现全覆盖、与城镇居民养老保险并轨，其制度、政策、经办等已经稳定完善，相关研究也逐渐减少。三是关于农村养老服务的研究，这方面的研究始于 2011 年中国正式颁布了社会养老服务体系建设规划，明确了在农村地区要加快发展养老服务体系。与整个养老服务近年来成为研究热点一样，农村养老服务研究在数量上呈现不断上升的趋势，正逐渐成为农村养老保障制度研究的重点和热点问题。因此，本书的文献回顾也按照以上三个研究主题开展。

一 农村养老保障制度总体性研究

相关研究主要从宏观和理论两个层面分析农村养老保障制度的发展沿革和现状、存在的问题以及从完善农村养老保障制度的角度提出应然性框架和应对性政策。沿着以上分析路径主要形成了以下研究主题。

(一) 农村养老保障制度的发展模式研究

自 1998 年 "老农保" 被停止到 2009 年新农保正式试点，在这一阶段大量冠以农村养老保障的研究很多时候是和应对老年人收入需求的经济保障混合在一起开展研究的，养老保障更多是从政策层面来进行操作和分析的，主要围绕着如何构建新型农村社会养老保障体系展开的。一类研究基于 "问题—对策" 式思路开展分析，提出了农村养老保障发展的具体路径和内容。张国平从农民群体的分层分化及养老需求的差异化出发，主张应根据分层分类的原则发展农村养老保障制度，立足于现有家庭、社会和商业养老三种可供选择的组织制度模式，巩固家庭养老的基础地位，完善农村最低生活保障制度，拓宽农村养老机构的功能，突出新型农村社会养老保险的功能，发挥商业保险的补充性作用[1]。马雁军等从农村基本养老保障的纯公共产品特性及其现阶段政府财力约束条件下的准公共产品特性出发，分析了政府责任的主导原则、边界、目标，总结出政府在承担农村基本养老保障责任过程中的动态性、区域性和层次性特征[2]。白维军认为农村养老保障模式呈现出家庭养老保障、土地养

---

[1] 张国平：《农民群体的角色分层与养老保障制度的政策选择——加快江苏农村养老保障制度发展的思考》，《生产力研究》2006 年第 11 期。

[2] 马雁军、孙亚忠：《农村社会基本养老保障的公共产品属性与政府责任》，《经济经纬》2007 年第 6 期。

老保障、社会养老保险和商业养老保险并存的"碎片化"特征，应根据农村经济发展的区域差异分层、分类进行制度整合，发展多元化、非均衡的农村养老保障模式①。另一类研究提出了某种具体的养老保障制度设计，如钟水映提出了农业税转养老保险费的农村养老保障"统账模式"，并从调动农民参与养老体系建设的积极性、个人和统筹缴费的灵活性、与城镇养老保障体系对接的便利性说明了这种"统账模式"的可行性和优势②。杨立雄提出发展农村养老保障应从社会保险退回社会救助，以非缴费性的老年津贴方案代替现行的以缴费为资格的养老保险制度，作为家庭养老的一种补充性经济保障，并且对该方案的财政承受力进行了测算和评估③。同样，杨德清等也提出了发展"普惠制养老金"，并在总结国际上采用普惠制养老金制度的发展中国家经验做法的基础上，根据农民生活支出水平来确定其基本待遇标准，并从中央和地方财政投入的可承受力上分析其可行性④。

近年来，随着对养老保障概念认识的全面化和学理化，更多研究从构建农村养老保障制度体系的角度来重塑相关研究。黄俊辉等从养老保险、养老救助（最低生活保障和五保供养）和养老服务三个方面构建了农村养老保障政策绩效的综合指标体系，在此基础上进行了省域农村养老保障政策绩效的因子分析和排序，结果发现农村养老保障政策绩效整体水平偏低，存在显著的省域差异，经济发展水平与农村养老保障政策绩效并非绝对相关，省际养老保障政策各子系统之间发展也极不均衡⑤。郑军在分析了农村人口老龄化、高龄化、农民群体分化、制度的路径依赖特征之后提出农村养老模式发展制度创新是关键，制度创新应依赖于

---

① 白维军：《中国农村养老保障的我国农村养老保障的"碎片化"与制度整合》，《经济体制改革》2009年第4期。

② 钟水映：《建立农村"统账模式"的养老保障体系的思考》，《中国软科学》2004年第8期。

③ 杨立雄：《建立非缴费性的老年津贴——农村养老保障的一个选择性方案》，《中国软科学》2006年第2期。

④ 杨德清、董克用：《普惠制养老金——中国农村养老保障的一种尝试》，《中国行政管理》2008年第3期。

⑤ 黄俊辉、李放：《农村养老保障政策的绩效考察——基于27个省域的宏观数据》，《人口学刊》2013年第1期。

创新政府执政理念、构建新型农村养老文化、创新农村养老保障的价值取向等制度环境的改变①。刘娜分析了"新农保"全面实施背景下的农村养老仍然存在"家庭养老困境、农村社区养老模式缺失、新农保制度保障能力偏低"等现实问题，需要调动各方力量打造安全、可靠、有效的养老环境②。丁建定等人提出了农村养老保障存在内容体系、结构体系和层次体系三大体系，认为未来中国农村养老保障制度体系的完善应在内容上不断健全和完善老年福利制度与社会养老服务体系，在结构上实现不同养老保障项目的整合和制度间的衔接，逐步解决结构体系碎片化带来的问题，在层次上继续强化养老保障主体多元化的格局，确立个人、家庭、社区、集体组织、政府之间均衡的责任分担机制，充分发挥养老保障主体的各自优势③。

（二）关于农村养老保障制度发展历史及其特征的研究

总结和梳理中国农村养老保障发展过程是有关农村养老保障总体性制度研究的另一路径，不同研究者从不同视角对制度变迁过程与内涵进行分析并提出进一步的对策建议。

李汉才梳理了农村养老保障制度在不同历史发展时期的基本特征，总结出了"由社会救济到社会保险的缺失到社会保险的探索到社会保险的实施"这一发展脉络④。曹永红等从农村养老保障制度的内容、结构和层次体系三个方面对改革开放以来中国农村养老保障制度变迁进行了内容上的呈现，并对制度变迁内容进行了评估⑤。周卉将农村养老保障制度变迁归纳为由探索到逐渐完善，经历了多重变迁向多元化发展的过程。从法理学视角来看，存在"重生存权、轻发展权""重个体公平、轻群体

---

① 郑军：《制度环境与政府责任：中国农村养老保障制度创新的关键》，《华东经济管理》2013年第9期。

② 刘娜：《"新农保"背景下中国农村养老保障体系研究背景下我国农村养老保障体系研究》，《东岳论丛》2014年第2期。

③ 丁建定、曹永红：《共享发展理念视域下中国农村养老保障制度体系的完善——基于"社会保障制度三体系"的分析框架》，《学海》2017年第6期。

④ 李汉才：《中国农村养老保障制度的历史沿革及发展特征》，《河北大学学报》（哲学社会科学版）2014年第3期。

⑤ 曹永红、丁建定：《改革开放以来中国农村养老保障制度体系的变迁与评估——以"社会保障制度三体系"为分析框架》，《理论月刊》2016年第7期。

公平""重权利、轻义务"等问题,应在价值取向、立法进度、财政投入和城乡统筹四个方面完善农村养老保障制度①。蒋军成从生产力和生产关系的辩证联系这一马克思主义理论基本原理出发,在分析现有研究文献和养老保障政策的基础上,将中国农村养老保障制度分为小农经济下农村家庭养老保障制度、集体经济下农村集体养老保障制度、统分结合下农村家庭和集体养老保障制度、社会化大生产时期农村社会养老保险制度探索四个阶段,进而提出了以社会化为发展方向、城乡制度统筹为路径、农业产业现代化为基础、政府发挥主导作用的农村养老保障"四位一体"发展路径②。

除了变迁视角,还有少数研究重点关注了某一历史时期的农村养老保障问题。如李捷枚以20世纪50年代的养老保障模式变革为例,分析了由传统家庭老年保障向集体社队老年保障转变这一强制性制度变迁过程中,政府角色的合理定位是什么,过度跨越责任边界的激进式推进会导致哪些问题和弊端,政府在养老保障制度设计和可持续运行当中如何充分考虑和发挥非制度因素的积极作用③。

(三)简要的评价

以上对农村养老保障制度的总体性研究内容进行了简要回顾,可以发现,这方面的研究与两个推进密切相关:一是农村社会保障相关政策内容的推进,进入21世纪以来农村社会保障领域的政策不断出台,从最初各地开展的农村社会养老保险试点,到2009年正式开始实施的新农保,再到2012年之后在农村地区加快发展的社会养老服务。二是对社会福利体系的认识逐渐深化,无论是学术界还是政策实务界都逐渐认识到以社会保险和各种收入维持项目为基本内容的经济福利和以个人需要为导向的个人社会服务构成了当代社会保障制度的两大基本方面④。当然这种认

---

① 周卉:《我国农村养老保障的制度变迁及其法理反思》,《江西社会科学》2015年第2期。
② 蒋军成:《农村养老保障的制度演进与发展趋势探析》,《云南民族大学学报》(哲学社会科学版)2017年第2期。
③ 李捷枚:《20世纪50年代中国农村养老保障模式变革》,《华中师范大学学报》(人文社会科学版)2016年第2期。
④ 岳经纶:《个人社会服务与福利国家:对我国社会保障制度的启示》,《学海》2010年第4期。

识的深化背后反映了中国社会保障制度发展的过程，也使得中国农村养老保障制度研究具有鲜明的时代和政策特征。从研究数量上来看，这方面的研究偏少，特别是近年来随着学术选题偏向"小而精"，有关宏观制度的总体性分析不足以回答我们在政策执行中面临的理论性困惑。从研究内容上来看，总体性研究以对现有政策，特别是政策过程的梳理为主，进而分析农村养老保障制度的发展历程与特征。这类研究存在一定"为理论而理论"的嫌疑，缺少对现实制度性问题的观照，同时也缺少必要的切入点，得出的研究结论有雷同化趋势。从研究方法上来看，总体性研究以策论性分析为主，只有少数研究从实证入手进行了量化分析，大多数策论性分析结论缺少必要的数据支撑。

二 农村养老保险制度研究

自 2009 年新农保制度开始试点和实施以来，围绕新农保制度开展了大量的研究，不同学科背景的研究者围绕着不同主题形成了大量研究成果。总的来说，形成了两种研究路径：一种是政策分析的路径，重点关注的是新农保制度设计的文本内容，从新农保制度的性质特征、筹资机制、经办管理、可持续发展等角度开展定性分析或数据建模分析。另一种是实证分析的路径，重点关注的是关于新农保制度在实施过程中遇到的问题，其中农民的参保意愿、是否参保、对缴费档次的选择等是实证分析的主要议题，实证分析的目的在于了解新农保的实施现状及其影响因素，为科学决策提供参考。从以上两种路径出发，关于新农保制度的研究大致形成了以下几个研究主题。

（一）新农保的财政补贴与筹资研究

新农保与"老农保"的本质区别在于将原来以农民个人缴费为主的筹资机制改为国家与农民共同筹资的筹资机制，也就是说，加大了国家对新农保的财政补贴力度。由于筹资机制是事关新农保能否顺利实施的关键因素，因此，相关的研究主要围绕政府财政投入的能力和可持续性、农民的筹资能力和可持续性、筹资机制的选择等内容展开。

在政府的财政投入能力和可持续方面，随着新农保制度试点地区增加和走向全覆盖，越来越多的研究者通过统计计算、保险精算模型建模等方法对财政支持新农保的能力进行了系统研究。纵观这些研究其基本结论是"政府财政已经具备对新农保进行补贴的能力，其中中央财政的支付能力较强，地方财政因各地经济发展水平而各不相同"。刘昌平等运用已有的投入数据对2008—2052年政府用在农村社会养老保险的财政补贴占到每年财政收入的比重进行了简单测算，并按增长率进行了递增分析，发现政府在若干年内能够支付得起对农村社会养老保险的补贴[①]。曹文献、文先明将未来农民养老金支付水平界定在能够保证其基本生活支出需要，通过保险精算模型对财政用于新农保的补贴额度进行测算，发现随着国家财政收入的不断增加以及财政支出结构的不断优化，财政完全有能力对新农保给予充分支持[②]。曹信邦运用数理模型和统计软件对中国未来30年的新农保制度财政支持能力进行分析，结果发现即使是在养老金目标替代率为50%的前提下，政府所要承担的最高支出比也只是3.5%，这说明政府财政是完全有能力对新农保进行持续的财政投入的[③]。在此基础上，越来越多的研究者对不同地方财政补贴新农保的能力和负担水平进行了研究。薛惠元和张德明以2008年人口数据和中央、地方财政收入数据为基础，对中央和地方财政的新农保筹资能力进行测算，结果发现中央财政的筹资能力不存在问题，而中西部地区的地方财政筹资能力较弱，需要中央财政进行转移支付[④]。杨翠迎和孙珏妍根据2009年国家新农保制度方案中的筹资办法，通过精算模型测算得出，随着新农保覆盖人口的增加，中西部地区地方财政补贴负担的压力逐步上升，如果实现全覆盖，那么经济欠发达地区的财政后劲就会明显不足[⑤]。对于地方政府在新农保投入上的具体负担情况，兰晓红和王丹设定了"地方财政收入比重与农村人口比重的比值"和"地方财政对新农保的年补贴数额占地方财政收入的比重"两个评价指标，通过对东三省的数据分析发

---

① 刘昌平、邓大松、殷宝明：《"乡—城"人口迁移对中国城乡人口老龄化及养老保障的影响分析》，《经济评论》2008年第6期。

② 曹文献、文先明：《集体补助视角下新型农村社会养老保险的财力支撑研究》，《金融与经济》2009年第8期。

③ 曹信邦：《农村社会养老保险的政府财政支持能力分析》，《中国人口·资源与环境》2011年第10期。

④ 薛惠元、张德明：《新型农村社会养老保险筹资机制探析》，《现代经济探讨》2010年第2期。

⑤ 杨翠迎、孙珏妍：《推行新农保，瞻前顾后很重要》，《中国社会保障》2010年第7期。

现，东三省的新农保财政补助政策对地方财政产生了较大的压力①。除了省际的财政补贴差异，还有研究者关注于省内不同地方的财政补贴压力，王慧娟和李燕通过对辽宁省内数据的分析后发现，市、县两级财政补贴资金的压力较大，贫困县的财政压力更大，这导致部分地区财政补贴不能及时到位②。

围绕如何改变中央和地方政府在新农保财政支出中的责任问题，研究者也进行了充分的研究，虽然研究的问题是新农保的财政补助问题，但关于中央和地方之间的财权和事权的讨论一直是公共管理研究的热点问题。几乎所有的研究都一致认为应当加大中央财政对经济发展水平薄弱的中西部地区的财政支持力度，但也有一些更加细化的分析。比如程杰提出由于各省经济发展水平、财政状况以及人口结构的差异，新农保制度对各省造成的财政负担水平也存在差异。因此，中央财政对地方在新农保财政投入方面的补助应当根据一定的指标进行衡量③。苏明政等则进一步分析了新农保制度实施对地方财政支出压力的影响，他认为地方财政除了承担明确规定的显性支付责任，在执行过程中会潜在地造成地方财政支出的增加。因此应当明确各级政府的财政投入责任，加大中央和省级财政的转移支付力度，比如由中央和省级政府共同承担基础养老金；地市级政府承担最低额度补助以及特困人群的基础养老金支付；区县政府承担支付额外的个人账户补助以及办理具体保险的费用等④。

除了政府的财政补贴，农民个人的缴费能力也是新农保筹资机制的重要组成部分。这部分研究主要围绕农民的缴费能力及其是否具有可持续性展开。邓大松等通过对居民收入统计资料进行分析后发现，以2008年的收入标准来看，最低档的缴费标准对于全国绝大多数农民来说都可以负担得起，但是最高档缴费标准占到了全国农村居民纯收入的10.5%，

---

① 兰晓红、王丹：《东北三省新型农村养老保险制度推行中的难点分析》，《特区经济》2011年第11期。

② 王慧娟、李燕：《辽宁新农保政策执行的主要影响因素及对策》，《农业经济》2012年第4期。

③ 程杰：《新型农村养老保险制度的财政负担测算——兼论"十二五"期间实现全覆盖的可行性》，《社会保障研究》2011年第1期。

④ 苏明政、韩朔：《基于地方政府支付责任的新型农村养老保险制度研究》，《金融发展研究》2011年第6期。

这个比重略高①。薛惠元则从短期静态分析和长期动态分析两个视角分析了农民的个人缴费能力，其研究发现全国大约只有 5.6% 的农户承担不了新农保的缴费，只要农民的收入能够实现持续增长，2010—2053 年农民完全有能力承担新农保的缴费②。薛惠元和张德明还比较了不同筹资主体的筹资能力，研究发现个人具有最低档的缴费能力，集体补助处于可有可无的状态，中央财政的补助能力较强，地方财政的筹资能力最弱，特别是中西部贫困地区的县级地方政府筹资困难③。

（二）新农保替代率与可持续发展研究

国家建立新农保的初衷是为了发挥社会保险的养老保障作用，解决农村当前和未来即将面临的养老危机。而这一功能的发挥与否取决于新农保替代率水平的高低，因此，替代率成为有关新农保制度的研究重点。相关研究主要集中在：一是根据制度设计对替代率水平进行模拟测算。精算结果表明，个人账户替代率水平与缴费档次成正比，缴费档次越高替代率水平越高，选择最高缴费档次的替代率水平是选择最低缴费档次的 4 倍④；按照 2.52% 的投资收益率测算，个人以 100 元/年的最低档从 16 岁开始参保，新农保的替代率仅为 17.38%，大大低于城镇职工基本养老保险的目标替代率⑤；而在记账利率假定为 3% 时，"新人"的起始年缴费标准为 500 元，其个人账户养老金替代率能达到 28.89%⑥。事实上，如果考虑到参保农民的实际年龄往往偏大，农民出于对现金流动性的偏好，非满期缴费者补缴保费也仅仅是满足领取养老金的最低年限要求，大部

---

① 邓大松、薛惠元：《新型农村社会养老保险制度推行中的难点分析——兼析个人、集体和政府的筹资能力》，《经济体制改革》2010 年第 1 期。

② 薛惠元：《新农保个人筹资能力可持续性分析》，《西南民族大学学报》（人文社会科学版）2012 年第 2 期。

③ 薛惠元、张德明：《新型农村社会养老保险筹资机制探析》，《现代经济探讨》2010 年第 2 期。

④ 贾宁、袁建华：《基于精算模型的"新农保"个人账户替代率研究》，《中国人口科学》2010 年第 3 期。

⑤ 邓大松、薛惠元：《新型农村社会养老保险替代率的测算与分析》，《山西财经大学学报》2010 年第 4 期。

⑥ 王翠琴、薛惠元：《新型农村社会养老保险替代率的实证研究》，《西北人口》2010 年第 5 期。

分参保农民的实际替代率可能会更低。而过低的养老金收入替代率，在缺乏法律强制性保障之下，最终可能会导致农民不愿参保并引发农民"退保潮"[1]。总的来说，替代率的大小与缴费档次、政府补贴、缴费年限、基金收益率呈现正向相关关系，从新农保政策的实施来看，缴费档次的选择往往是决定新农保替代率水平的最直接因素。二是关于新农保替代率合理区间的分析。在确定方式上，存在以恩格尔系数为准、以基本生活支出为准和以生活必需品相关的消费支出为准等多种标准。但从研究结果来看，其所确定的区间范围都要明显高于根据新农保制度所预测到的替代率，这说明新农保制度在养老保障功能的发挥上存在明显不足。三是新农保制度替代率的比较分析。杨翠迎等以2008年的统计数据为基础，测算后发现新农保的替代率要远远低于城镇职工基本养老保险基础养老金20%的替代率[2]。刘蕾则测算了不同收入水平参保者缴费后的养老金替代率水平，并以此来衡量新农保的代内收入再分配效用，结果发现不同收入者之间的预期替代率水平基本相同，这说明新农保制度没有实现明显的收入转移，再分配效用不明显[3]。

在新农保制度的可持续发展上，针对新农保制度设计和实施对策的分析成为重点。筹资机制被认为是新农保可持续发展的核心，相关研究聚焦于农民个人筹资和政府财政补贴的可持续方面：薛惠元通过静态与动态数据分析论证了在收入能够实现持续增长的背景下农民能够承担新农保缴费并实现个人筹资的可持续性[4]；来自静态数据或是动态仿真测算模型的研究都表明当前以及今后相当长时间内各级政府有能力负担新农

---

[1] 付洪垒、仪秀琴、胡胜德：《黑龙江省新农保资金筹集制度完善研究——基于农民保险金收入替代率的视角》，《农业技术经济》2013年第6期。

[2] 杨翠迎、郭光芝：《各地新农保养老金及补贴标准合意增长水平研究——基于养老金替代率视角的分析》，《西北农林科技大学学报》（社会科学版）2012年第5期。

[3] 刘蕾：《城乡社会养老保险均等化：水平测度与制度阻碍》，《财贸研究》2010年第6期。

[4] 薛惠元：《新农保个人筹资能力可持续性分析》，《西南民族大学学报》（人文社会科学版）2012年第2期。

保的财政补贴①。与强调新农保基金与支付能力可持续不同的是,马杰等从社会责任等更深层次视角讨论新农保"可持续"发展存在养老金待遇难以实现保基本、实施过程重"普"轻"惠"、政策弹性激励力度不够等问题②。除此之外,不少研究着重分析了新农保经办服务体系在农民对新农保制度的信任、新农保制度推进与可持续发展上的重要性③。在宏观对策方面,刘军民从政府主导的稳定增长筹资机制、新农保制度各级财政责任分担机制、个人账户制度、新农保基金保值增值、新农保与其他社保的转移接续、制度运行的法制保障六个方面提出推进新农保可持续发展的战略重点④。钱振伟等基于人口老龄化视角对新农保基金收支平衡进行仿真和评估后发现未来存在养老金收不抵支的风险,在约束变量无法调节的背景下应着重通过探索市场与社会参与新农保制度建设的机制和路径来促进新农保的可持续发展⑤。

(三) 新农保制度参保意愿与行为分析

新农保制度虽然冠之以社会养老保险之名,但从其属性上来看仍然属于国家主导下的惠农政策范畴,特别是在其参保上并没有一般社会保险的法律强制性规定。因此,关于农村居民对新农保的参与意愿与行为的研究成为新农保制度实证分析的重要内容,并形成了大量的研究成果,对农村居民在新农保的参保"广度""深度"以及主观满意程度上进行了充分的研究。相关的实证研究存在两个明显的阶段:一是试点初期关于

---

① 曹信邦:《农村社会养老保险的政府财政支持能力分析》,《中国人口·资源与环境》2011年第10期;薛惠元:《新型农村社会养老保险财政保障能力可持续性评估——基于政策仿真学的视角》,《中国软科学》2012年第5期;杨翠迎、郭光芝、冯广刚:《新型农村社会养老保险的财政责任及其可持续性研究——基于养老金支出视角的分析》,《社会保障研究》(北京)2013年第1期。

② 马杰、陈玉照:《可持续:新农保生命力的实证考察》,《当代经济管理》2013年第5期。

③ 封铁英、仇敏:《新型农村社会养老保险经办机构服务能力及其影响因素的实证研究》,《西安交通大学学报》(社会科学版)2013年第1期;扈映、米红:《"新农保"经办管理模式及改进方案研究》,《调研世界》2012年第8期。

④ 刘军民:《试论推进我国新型农村社会养老保险制度可持续发展的基本要领和战略重点》,《社会保障研究》2010年第3期。

⑤ 钱振伟、卜一、张艳:《新型农村社会养老保险可持续发展的仿真评估:基于人口老龄化视角》,《经济学家》2012年第8期。

新农保参保意愿的研究，大多围绕农村居民是否愿意参加新农保开展实证分析。这些研究的差异主要表现在对主要影响因素或分析框架的选择上，但都不外乎选择农民个体人口学变量、家庭特征等客观变量以及对新农保制度的认知状态等主观变量；在分析方法上主要以二元 Logit 模型为主，由于不同研究者所选择的具体变量不同，其样本数据来源也不同，因此往往得出不一致的结果。当然这些研究也取得了一些基本共识：收入、家庭规模、子女数量等都是影响农民参加新农保的重要个体和家庭特征变量，对新农保制度的评价程度和对政府的信任程度对参保意愿有显著影响[1]。有研究者针对不同地区农民参与新农保的意愿进行了比较分析，郝金磊等通过对西部地区农民参保意愿的分析发现，个人因素中的年龄、健康状况、个人年收入，家庭因素中的家庭劳动力数、承包土地数和家庭男孩数、女孩数，还有对新农保了解程度是显著影响变量；同时与东部地区相比，女孩数量是影响其参保意愿的显著变量，说明西部地区农村的养老观念还比较落后[2]。封铁英等通过对陕西省的调查分析发现，农民的耕地面积、期望养老金水平与参保意愿显著负向相关，而农民的养老风险意识，对新农保政策的了解程度、认可程度，对新农保缴费原则认可程度等则对新农保参保意愿有正向影响[3]。除此之外，还有研究者将影响参保意愿和参保行为的因素进行了对比分析，结果发现"对新农保的认识对参保意愿和行为都有影响，而婚姻状况及家庭收入对农民参保意愿有显著影响，但对实际的参保行为却没有显著影响"[4]。这说明参保意愿和行为是个体参保行为连续体中两个不同的阶段，其影响因素既有共性也有差异性。二是对于试点之后农民参保行为的研究。与关于参保意愿的研究类似，这类研究主要围绕是否参保进行二元 Logistic 回归分析。其中，研究的一个基本趋势是越来越多的影响变量被纳入回

---

[1] 林淑周：《农民参与新型农村社会养老保险意愿研究——基于福州市大洋镇的调查》，《东南学术》2010 年第 4 期。

[2] 郝金磊、贾金荣：《西部地区农民新农保参与意愿研究》，《西北人口》2011 年第 2 期。

[3] 封铁英、戴超：《以需求为导向的新型农村养老保险参保意愿与模式选择研究》，《人口与发展》2010 年第 6 期。

[4] 林本喜、王永礼：《农民参与新农保意愿和行为差异的影响因素研究——以福建省为例》，《财贸经济》2012 年第 7 期。

归模型当中进行分析，不同的研究者所关注的自变量类型和特征也各不相同，穆怀中等人从个人特征、政策信任和政策推广实施三个层面分析影响农民参保的因素，结果发现，新农保参保存在"逆向选择"，收入水平、学历层次、健康水平低和参保回报时间短的人群更倾向于参加新农保，同时政策推广程度对农民参保决策有正向影响[①]。王永礼等的研究表明农民的性别、文化程度、家庭人均耕地、家庭老人养老模式和对新农保的认知，外在于个人的区域经济发展水平和村庄内主流缴费档次是显著的影响因素[②]。随着研究的深入，分析框架的理论性特征也更加显现出来。钟涨宝等从社会动员的角度分析了农户的新农保参保逻辑，结果发现信息充分与否是影响农民是否参保的重要因素，农民的参保行为倾向于一种经济理性行为，只有当信息不充分时，情理动员才会发挥作用[③]。吴玉锋则从社会资本、社会互动、信任等出发重点分析了非经济因素对是否参保的影响，结果发现类似宏观社会资本的村域信任能够促进农民参保，但特殊信任对农民参保没有显著影响[④]；社会互动也有利于提高农民的参保可能性，并且这种促进作用主要体现在村域互动上，而非亲属互动上[⑤]。

除了是否参保上的意愿和行为研究，还有大量研究关注参保农民的缴费档次选择。由于缴费档次与新农保的替代率密切相关，也是衡量新农保制度实施情况的重要指标，因此，农民的缴费档次选择及其影响因素分析也成为参保行为研究的重要内容。其中，来自试点以来农民参保行为的调查结果显示，各地参保农民的个人账户缴费档次大多都选择100元的最低档次，这一选择比例通常在90%左右，其中：辽宁省彰武县

---

① 穆怀中、闫琳琳：《新型农村养老保险参保决策影响因素研究》，《人口研究》2012年第1期。

② 王永礼、林本喜、郑传芳：《新农保制度下农民参保行为影响因素分析——对福建656户农民的实证研究》，《福建论坛》（人文社会科学版）2012年第6期。

③ 钟涨宝、李飞：《动员效力与经济理性：农户参与新农保的行为逻辑研究——基于武汉市新洲区双柳街的调查》，《社会学研究》2012年第3期。

④ 吴玉锋：《新型农村社会养老保险参与行为实证分析——以村域社会资本为视角》，《中国农村经济》2011年第10期。

⑤ 吴玉锋：《新型农村社会养老保险参与实证研究：一个信任分析视角》，《人口研究》2011年第4期。

2010年数据结果为87.2%，东三省2010年数据结果为89.11%，安徽省2011年数据结果为83.25%，山东、浙江、江西和湖北四省2012年数据结果为93.1%①，其参保"深度"明显不足。对此，有一些研究者将农民参加新农保倾向于选择最低缴费档次的现象称为"逆向选择"困局或是"缴费困境"。无论使用何种表述，不争的事实是，缴费档次偏低在新农保实现全覆盖背景下已经成为困扰新农保制度健康和可持续发展的核心问题。对于为何形成这种"一高一低"（高参保率，低缴费档次）式新农保独特参保行为，形成了两种分析路径。一种路径是基于实证调查或统计部门数据基础上的定量分析，来自实证调查的数据结果表明引发农民参保选择较低缴费档次的关键因素并不是其经济支付能力②，来自统计部门的数据甚至表明全国绝大多数地区农民具有选择中高档缴费标准参加新农保的支付能力③。而进一步的回归结果显示：对新农保政策的认知程度、财政补贴方式、对新农保制度的信任程度、受到的社会动员程度、获取新农保信息的方式以及农民个人及家庭属性中的年龄、文化程度、家庭中参保人数、家庭中是否有老人、家庭收入情况、参保人身体健康水平等因素都是影响农民选择最低缴费档次的显著变量④。以上研究虽然

---

① 金刚、柳清瑞：《新农保补贴激励、政策认知与个人账户缴费档次选择——基于东北三省数据的有序Probit模型估计》，《人口与发展》2012年第4期；常伟：《新农保建设中的农民参保标准选择研究——基于安徽省的实证分析》，《统计与信息论坛》2013年第4期；聂建亮、钟涨宝：《新农保养老保障能力的可持续研究——基于农民参保缴费档次选择的视角》，《公共管理学报》2014年第3期。

② 刘善槐、邬志辉、何圣财：《新型农村社会养老保险试点状况及对策——基于吉林省5000农户的调查研究》，《调研世界》2011年第2期；穆怀中、闫琳琳：《新型农村养老保险参保决策影响因素研究》，《人口研究》2012年第1期；王永礼、林本喜、郑传芳：《新农保制度下农民参保行为影响因素分析——对福建656户农民的实证研究》，《福建论坛》（人文社会科学版）2012年第6期。

③ 赵建国、海龙：《"逆向选择"困局与"新农保"财政补贴激励机制设计》，《农业经济问题》2013年第9期。

④ 邓大松、李玉娇：《制度信任、政策认知与新农保个人账户缴费档次选择困境——基于Ordered Probit模型的估计》，《农村经济》2014年第8期；邓道才、蒋智陶：《知沟效应、政策认知与新农保最低档次缴费困境——基于安徽调查数据的实证分析》，《江西财经大学学报》2014年第1期；王国辉、陈洋、魏红梅：《新农保最低档次缴费困境研究——基于辽宁省彰武县新农保的调查》，《经济纵横》2013年第2期；钟涨宝、李飞：《动员效力与经济理性：农户参与新农保的行为逻辑研究——基于武汉市新洲区双柳街的调查》，《社会学研究》2012年第3期。

选取的调查样本和调查问卷设计各不相同，但在一些重要变量，如政策认知程度、制度信任程度、财政补贴方式的显著影响上取得了共识。另一种路径则是侧重于对新农保制度设计本身的分析，赵建国等从财政补贴激励机制设计的角度分析了"一刀切"和"差异化"两类补贴激励机制对缴费档次收益率的影响，发现两类补贴激励均产生负向激励效应[①]；姚俊从新农保政策执行的角度指出利益导向型的政策工具与离散性政策共同体之间的非正常匹配，造成了参保农民和基层政策执行者"合谋"选择最低缴费档次，进而达成自己的利益目标[②]。鲁欢从农民的经济收入限制、心理因素制约、新农保政策设计缺陷以及宣传不到位等内外因方面分析了农户"热衷"最低缴费档次的原因[③]。面对参保农民低档次缴费带来的困境，更多的对策性分析关注于新农保制度设计特别是激励机制的研究，并且形成了缴费期（入口）激励和领取期（出口）激励两种分析方向。在缴费期激励上，重点解决的是"一刀切"和"差异化"补贴机制带来的收益率倒挂问题，朱远昆和金刚等都提出增加阶梯式补贴的幅度，使得高缴费档次收益高于低缴费档次收益，真正实现多缴费多收益[④]；同时李佳等提出要通过基金管理提高新农保个人账户的收益率[⑤]。在领取期激励上，关键问题是提高新农保养老金的整体替代率，丁建定提出要加大中央财政补贴规模，使得新农保基础养老金替代率逐步达到20%—30%[⑥]；杨翠迎等主张基础养老金的提高应略高于农村人均纯收入的增长[⑦]。除此之外，基于新农保政策认知对参保档次选择的重要性，不少研究也认为应加大宣传力度，让参保农民充分了解新农保养老金的计

---

① 赵建国、海龙：《"逆向选择"困局与"新农保"财权补贴激励机制设计》，《农业经济问题》2013年第9期。

② 姚俊：《新型农村社会养老保险的制度困境分析：嵌入性的视角》，《学海》2013年第5期。

③ 鲁欢：《新农保最低缴费档次"受宠"原因及对策分析——基于对辽宁省阜新市彰武县400户农户调查的研究》，《社会保障研究》2012年第2期。

④ 朱远昆：《新农保激励性参保政策如何立意》，《中国社会保障》2013年第9期；金刚、柳清瑞：《新农保个人账户财政补贴激励效应研究》，《人口与经济》2013年第1期。

⑤ 李佳、陈世金：《河北省新农保制度的激励机制研究》，《人口与经济》2012年第2期。

⑥ 丁建定：《中国养老保障制度整合与体系完善》，《中国行政管理》2014年第7期。

⑦ 杨翠迎、郭光芝：《各地新农保养老金及补贴标准合意增长水平研究——基于养老金替代率视角的分析》，《西北农林科技大学学报》（社会科学版）2012年第5期。

发办法①。

(四) 新农保经办与管理的研究

除了以上制度政策和行为意愿的研究，随着新农保政策的落地和实施，也有较多研究关注新农保实施过程中的经办服务和管理。实际上，这些政策执行的末梢也对新农保制度的实施具有十分重要的作用，特别是对于树立农民对新农保制度的信心产生了显著影响，进而会影响到其是否参保，以及选择何种缴费档次参保。封铁英等从实证数据出发分析了新农保经办机构的服务能力及其影响因素，结果发现内部管理、人力资源、机构建设、财力资源和文化资源是影响经办机构服务能力的关键因素，这些方面也应成为改善经办服务的重要政策落脚点②。刘晓梅等从宏观的角度分析了新农保经办和服务能力提升面临的问题和对策，认为现有的经办服务体系结构上不合理，基层末端服务机制不顺，服务递送不畅是面临的主要问题③。更多的研究侧重于对如何做好经办工作提出对策和建议，田青等提出应从公私伙伴关系的角度来完善经办服务体系，实现行政管理与业务管理划分，改善公共服务效率与提高政府公信力，并结合广东省社银合作的实践经验进行了具体分析④。钱振伟等从政府购买服务理论视角，在四川德阳政府购买新农保服务案例分析的基础上，讨论了商业保险机构参与新农保经办服务体系建设的基本框架，并提出可操作的政策建议⑤。

---

① 高鹏：《宣传内容问题对新农保最低档次缴费困境的影响分析——基于河北省涿州市东城坊镇的调查》，《农村经济与科技》2014年第6期；邓道才、蒋智陶：《知沟效应、政策认知与新农保最低档次缴费困境——基于安徽调查数据的实证分析》，《江西财经大学学报》2014年第1期；鲁欢：《新农保最低缴费档次"受宠"原因及对策分析——基于对辽宁省阜新市彰武县400户农户调查的研究》，《社会保障研究》2012年第2期。

② 封铁英、仇敏：《新型农村社会养老保险经办机构服务能力及其影响因素的实证研究》，《西安交通大学学报》(社会科学版) 2013年第1期。

③ 刘晓梅、刘东宁：《新农保经办和服务能力提升问题及对策研究》，《财政研究》2013年第12期。

④ 田青、张盈华：《关于完善新农保经办服务体系的思考——基于公私伙伴关系的视角》，《西北大学学报》(哲学社会科学版) 2014年第4期。

⑤ 钱振伟、王翔、张艳：《新型农村社会养老保险经办服务体系研究——基于政府购买服务理论视角》，《农业经济问题》2011年第2期。

(五) 简要的评价

通过以上四个部分，本书简单回顾了新农保研究近期所关注的主要领域。从研究内容上来看，可以大致分为政策分析和实证研究两大块内容，前者主要关注新农保制度设计和执行过程中的政策问题，后者主要关注农民的参保意愿和行为。在政策内容分析上，主要集中在对新农保的财政补助与筹资、替代率和可持续发展研究上。"财政补助与筹资"反映了新农保制度与"旧农保"制度的本质区别，并且从制度实施的角度来说，保障基金的筹资对于制度正常运行具有决定性作用；"替代率和可持续发展"反映了新农保制度的政策目标，其中替代率是核心的考察目标，反映了新农保的功能实现程度，是可持续发展研究的分析起点。总的来说，政策内容分析反映了新农保制度设计上的一些核心问题，具有较强的政策指导作用。但是，这部分研究还仅仅局限于围绕新农保制度设计的文本进行分析，而对于制度本身的变迁过程以及制度环境等缺乏更加深入的分析。在分析内容上，倾向于将新农保制度看作一个固定的约定不变的文本，而忽视了对文本背后制度形成与变迁过程的分析。

关于新农保参保意愿与行为的研究，由于各自所使用的分析框架和样本各不相同，所得到的结论也各不相同，甚至出现了一些互相矛盾的结果。分析框架主要集中在农民个人属性和对新农保政策的认知分析上，也有一些新的分析框架将分析重点集中在某一类变量，比如社会资本变量或是社会动员变量，缺少一个系统性的分析框架是此类实证研究存在的普遍问题。另外，实证分析框架还存在与新农保制度内容明显脱节的问题，没有能够充分考虑新农保制度设计变量，特别是制度设计本身或是关于制度设计某些方面的认知状态对参保意愿和行为的影响。

除此之外，值得关注的重点问题是参保行为中参保广度与深度的研究都还是停留在静态视角上，而忽视了从动态变化角度来考察农民的缴费连续性情况和缴费档次的选择。虽然也有研究就农民提高缴费档次的意愿和对新农保制度的忠诚度进行了实证分析，但一方面从研究结果来看，农民对新农保制度忠诚度的显著性影响变量与农民是否参与新农保的显著性影响变量基本重合，都集中在农民的健康状况以及对新农保的了解程度、信任程度、满意程度等认知层面变量上①。同时，农民提高缴费档次意愿和农民实际缴费档次选择的影响因素高度雷同，都主要是对新农保政策的认知和新农保基金筹资机制②。另一方面，农民的参保能力—参保意愿—参保行为是一个完整的连续统，农民参保行为的连续性和缴费档次选择的动态视角必须落实到其参保行为的变化上来。特别是当前新农保制度已经有了五年多的实施历程，这就为对新农保参保行为的持续性和新农保缴费档次选择的变动性进行实证研究提供了可能性与可行性。另外，从新农保制度的可持续性研究来看，亟须从动态角度来分析农民自愿参保行为的连续性和农民缴费档次选择的变动性。这些都成为本书在实证分析上着力进行创新的地方。

总的来说，目前关于新农保制度的研究几乎覆盖了新农保制度设计和运行的各个方面，特别是在实证层面上进行了大量的研究。但是在研究内容上忽视了一个重要的环节，就是缺少对各级政府在新农保政策执行上的分析，而简单地将新农保的经办管理等同于新农保的政策执行，实际上新农保预期效应的发挥是与各级政府的动员和政策执行紧密结合在一起的，这背后反映了中国基层政府独特的行动逻辑，这个环节应当成为新农保制度建设的重要环节并加强研究。

从研究方法上来看，主要可分为三种类型：一是质性分析，主要是针对新农保制度的政策分析，对新农保制度进行评价并提出未来改进的方向是此类质性分析的基本路径；二是数据建模分析，主要是针对新农保制度中一些重要指标的预测分析，如财政补贴水平、个人缴费能力、新农保替代率等，这类分析基本上都是基于统计数据基础上的建模分析；三是各种回归分析，主要是对问卷调查获得的各种参保意愿和行为数据的分析，最主要应用在对农民是否参保以及选择何种缴费档次的影响因素分析上，其中二元 Logistic 回归分析和有序 Probit 回归分析是最经常使用的分析方法。除此之外，也有一些研究运用卡方检验、相关分析和因

---

① 吴玉锋、周明：《农民对新型农村社会养老保险忠诚度影响因素实证研究》，《西北大学学报》（哲学社会科学版）2014 年第 4 期。

② 聂建亮、钟涨宝：《新农保养老保障能力的可持续研究——基于农民参保缴费档次选择的视角》，《公共管理学报》2014 年第 3 期。

子分析、扩展性线性支出模型等分析方法。总的来说，已有研究方法与研究内容基本上是匹配的，这也反映了近几年来研究方法领域的进步，当然很多研究都忽视了政府行为的视角。特别是没有将定性分析方法运用到基层政府政策执行行为和农民参保行为上去，这也是今后研究可以改进的地方。

从研究视角上来看，已有研究呈现出比较零碎的状态，陷入分析的"碎片化"当中，不同学科从各自学科背景出发对新农保制度本身进行界定后，关注新农保当中的某一个环节或是某一项内容，最终形成的研究结论呈现出"盲人摸象"的状态。这一点集中反映在论文作者的背景多元化和发表相关论文的期刊多元化上。从已有的统计结果来看，将近一半的新农保论文是发表在经济类期刊上的，其次最多的是综合性期刊和高校学报类期刊，另外发文比较多的是政治类期刊；从发文者的学科背景来看，发文量最多的是社会保障学界的研究者，其次是公共经济学界的研究者，最后是来自其他学科的研究者[①]。由此可见，从经济学和社会保障的学科入手研究新农保制度中的实际问题，仍然是最重要的研究视角，相关研究的核心特征是围绕着新农保制度中的某一具体问题展开静态分析。事实上正如已有研究呈现出纷杂的结果一样，我们很难从已有研究中看到针对新农保制度本身及其实施过程的整体性研究。针对这一缺陷，我们需要从更加宏观的社会科学学科背景中寻找一个视角对新农保制度及其实施过程进行整体性研究。需要特别注意的是，这里的整体性研究并不是一种在研究内容上的面面俱到，而是指从研究视角到研究问题再到研究内容上能够连接为一个逻辑整体，并且这种分析有助于我们从历史和动态的视角加深对新农保制度的认识。

三 农村养老服务研究

农村养老服务在家庭养老保障时代似乎是个不成问题的问题，仅仅存在于针对保障孤寡老人基本生活的"五保"政策当中，农村养老服务

[①] 戚晓明、周应恒：《我国新型农村社会养老保险制度研究述评》，《经济问题探索》2012年第11期。

真正成为社会问题是近二十年来的事情,相关学术研究也始于这一问题分析,这一时期也正是中国社会政策快速扩张的阶段,并形成了以下研究主题。

(一)农村养老服务需求的实证研究

此类研究的主题一致,重点分析农村养老服务需求的基本特征及其影响因素。不同研究之间的差异主要表现为:一是在农村不同居民群体之间;二是在不同影响因素的选择和显著性结果上;三是在不同样本的实证结果上。

在农村养老服务需求上,农村居民的养老意识正在发生变化,对机构养老服务、社区养老服务和居家养老服务的需求处于不断增长状态。其中,有10%—22%的农村老年人对机构养老存在需求意愿[1],44%的农村老年人对社区照护服务存在需求意愿[2],在农村夫妻全部外出就业的家庭出现了雇人代为照料老人的现象[3]。哪些因素决定着农村居民养老服务需求的选择,成为进一步实证研究关注的热点问题。早期研究主要集中在机构养老服务需求意愿的影响因素分析上,从老年人人口学属性、家庭代际关系、家庭照料资源等方面进行回归分析。在人口学属性中,老人年龄、性别、健康水平、有无配偶、文化程度和养老金数量对机构养老服务意愿具有显著影响[4];在家庭代际关系和照料资源上,子女数量多、代际关系良好、家庭关系和睦的老年人更加不倾向入住养老机构[5];除此之外,在更加宏观层面上的村庄因素和孝道观念也对机构养老需求意愿产生显著影响[6]。

---

[1] 黄俊辉、李放:《哪些老年人更倾向于入住养老院?——基于江苏农村地区的实证调查数据》,《西北人口》2013年第3期。

[2] 杨团:《融入社区健康服务的中国农村老年人照护服务研究》,《湖南社会科学》2009年第1期。

[3] 张旭升、吴中宇:《农村家庭养老的实证分析》,《社会》2003年第3期。

[4] 陈建兰:《空巢老人的养老意愿及其影响因素》,《人口与发展》2010年第2期;王洪娜:《山东农村老人入住社会养老机构的意愿与需求分析》,《东岳论丛》2011年第9期。

[5] 吴海盛、江巍:《中青年农民养老模式选择意愿的实证分析——以江苏省为例》,《中国农村经济》2008年第11期。

[6] 左冬梅、李树茁、宋璐:《中国农村老年人养老院居住意愿的影响因素研究》,《人口学刊》2011年第1期;狄金华、季子力、钟涨宝:《村落视野下的农民机构养老意愿研究——基于鄂、川、赣三省抽样调查的实证分析》,《南方人口》2014年第1期。

随着农村社区养老服务的发展，更多的研究从不同养老服务方式的选择意愿上进行实证研究。黄俊辉等发现，被调查对象对机构、居家、社区养老等社会养老服务的需求占比约为22.2%，其中对机构养老服务的需求不断上升，生活照料、医疗护理和精神慰藉是最主要的养老服务需求内容；以个人—家庭—地区建立影响社会养老服务需求意愿的分析框架，通过二元Logistic回归模型分析发现，个人层面上的年龄、慢性病状况、个人年收入，家庭层面上的是否空巢户、儿子数量对是否选择社会养老服务具有显著性影响[1]。张国平将农村老年人居家养老服务需求操作化为养老居住地、医疗服务、家政服务、文化娱乐服务、居家养老服务购买共5个方面的意愿，从个人属性和家庭特征两个方面进行回归分析，结果发现：农村居民居家养老服务需求普遍较高，是否与子女同住和受教育程度显著影响其对机构养老服务的需求；居家养老服务内容按需求程度排序分别是医疗服务、文化娱乐服务和家政服务，受教育程度持续影响着居家养老服务所有内容的需求，年龄和居住方式对医疗服务需求有显著影响，职业和收入对文化娱乐服务需求有显著影响，职业对家政服务需求有显著影响；农村老年人购买居家养老服务的意愿不强，价格是最为关键的影响因素，职业和年龄对购买居家养老服务意愿有显著影响[2]。胡芳肖等提出了更为详细和完备的框架来分析农村养老服务需求的影响因素，具体包括个人特征、家庭因素、思想文化观念、社区便利性和政策环境五个维度，个人特征中的年龄、文化程度和健康状况自评具有显著影响，有无配偶是唯一显著的家庭因素，与老年人日常生活和娱乐密切相关的电视信号和商店便利性两个社区便利性维度因素通过了显著性检验，养儿防老观念有显著影响，新农合和新农保政策评价两个政策维度因素则没有显著性影响[3]。由此可见，对于不同实证研究来说，选择的因变量测量方式不同，样本选择和抽样方式不同、自变量分析框架不同，得出

---

[1] 黄俊辉、李放、赵光：《农村社会养老服务需求意愿及其影响因素分析：江苏的数据》，《中国农业大学学报》（社会科学版）2015年第2期。

[2] 张国平：《农村老年人居家养老服务的需求及其影响因素分析——基于江苏省的社会调查》，《人口与发展》2014年第2期。

[3] 胡芳肖、李蒙娜、张迪：《农村老年人养老服务需求意愿及影响因素研究——以陕西省为例》，《西安交通大学学报》（社会科学版）2016年第4期。

的研究结果也大相径庭,但通过对比以上三项较有代表性的研究可以发现,虽然来自不同样本的研究可能得出截然不同甚至相反的结论,但个人和家庭层面的变量是影响农村中老年人养老服务需求的主要因素,国家政策、社区发展等宏观和中观层面的变量影响力有限。

（二）农村养老服务供给现状与实践研究

由于家庭养老保障模式在农村居于主导地位,在过去相当长时间里,农村老年人的照料服务都集中在家庭,社会养老服务的利用率非常低,农村家庭成员的照料负担非常重,农村的照料体系需要进一步完善①。农村家庭老年人照料的负担随着人口老龄化程度的加剧以及家庭照料资源的弱化而进一步加剧,面对快速增长的社会养老服务需求,各地不断创新农村养老服务供给模式。姚兆余将江苏地区的农村社会养老服务模式总结为机构养老服务、集中居住服务、居家养老服务和社区养老服务四种模式,在运行过程中主要存在服务对象界定、服务人才不足以及由此衍生的服务质量与标准、如何引导和规范社会资本参与养老服务等问题②。卢晓莉通过对老龄化程度较高的成都农村的调研,发现存在"农村敬老院与幸福院'托养寄养'模式"、"社区养老服务中心'日间照料'模式"、"'志愿服务''邻里互助'的居家养老模式"三种典型社会化养老模式,但在实际运行中能够提供医疗服务、精神慰藉的专职为老服务力量严重不足,缺乏为老服务的长效机制③。

除了综合性宏观研究,也有研究立足于具体农村社会养老服务的案例分析,进而提出有针对性的发展策略。包春全对浙江龙游农村居家养老服务照料中心的实践模式进行了分析和总结,发现行之有效的经验包括:政府部门的领导和支持力度,经办过程中通过规范建设提升吸引力,加强多元化社会主体合作供给增强发展的凝聚力④。

---

① 丁志宏、王莉莉:《我国社区居家养老服务均等化研究》,《人口研究》2011年第5期。
② 姚兆余:《农村社会养老服务：模式、机制与发展路径——基于江苏地区的调查》,《甘肃社会科学》2014年第1期。
③ 卢晓莉:《农村"留守老人"养老服务的地方实践及启示——以成都市为例》,《农村经济》2017年第4期。
④ 包春全:《农村居家养老服务照料中心如何走出运行困境——浙江龙游模式的实践与思考》,《中国社会工作》2017年第4期。

（三）农村养老服务模式与发展方向研究

相关研究属于应然层面上的政策分析，大多提出了当前农村养老服务发展的模式和路径。在宏观政策上，研究者大多从福利多元主义的思路出发，主张农村养老服务供给需要政府、社会、家庭和市场等多方主体的共同参与①。李俏等从供需关系的视角分析了农村养老服务供给结构在内容、主体和模式上存在的问题，主张急需推进农村养老服务的供给侧改革，综合发挥政府的核心供给作用，社会组织积极参与提供养老服务，激发市场供给的活力并坚持家庭养老优先供给②。在发展模式上，大多数研究都主张社区居家养老模式是未来中国农村养老服务发展的主导模式：李兆友等认为发展农村居家养老服务的关键在于实现服务的协同供给，通过培育居家养老服务主体，提高居家养老服务专业化水平，完善农村社区居家养老服务协同供给网络的密度，积极推进居家养老多元参与供给主体间的协同合作，将不同供给要素整合到一个供给系统中，破除排他性制度对不同供给要素自由流动的障碍③。王晓亚认为农村居家养老服务供给不足的原因在于政府与市场供给的"失灵"以及两者之间的非合作性供给，应发展政府、市场、非政府组织合作供给的模式④。与上述政策性分析不同，郑吉友等运用结构方程模型对农村居家养老服务供给水平进行了实证研究，结果发现供给能力对供给水平有显著影响，需求意愿对供给能力有显著影响，制度特征对供给水平具有直接和间接影响，农村居家养老服务应以服务需求意愿为导向，重点探索"医养结合"式居家养老服务供给方式⑤。

在具体如何发展农村社会养老服务上，研究者立足发展背景、发展服务的资源禀赋、不同地区的不同发展模式等不同角度提出具体的对策

---

① 于戈、刘晓梅：《论我国养老服务业发展研究》，《甘肃社会科学》2011 年第 5 期。
② 李俏、许文：《农村养老服务供给侧改革的研究理路与实现方式》，《西北人口》2017 年第 5 期。
③ 李兆友、郑吉友：《我国农村社区居家养老服务协同供给探析》，《东北大学学报》（社会科学版）2016 年第 6 期。
④ 王晓亚：《农村社区居家养老服务之合作供给策略探究》，《山东农业大学学报》（社会科学版）2017 年第 2 期。
⑤ 郑吉友、李兆友：《基于结构方程模型的农村居家养老服务供给水平分析》，《西北人口》2017 年第 5 期。

建议。陈静分析了新型城镇化进程为农村社会化养老的发展提供了契机和发展的必然，政府、市场和社会组织应在养老资源的筹资、引导养老服务软件与硬件建设、发展基本养老需求导向的服务生产递送体系等方面发挥作用①。郑文换提出发展农村社会养老服务不仅要在制度规则、资金投入、行政组织网络上实现制度整合，也要在志愿互助服务、社会资本等方面实现社会整合，具体到操作层面上需要一个平台和纽带实现"制度整合"与"社会整合"的连接，现阶段农村基层社区能够实现这种连接功能，整合提供养老服务所需的各类资源②。针对欠发达地区农村社会化养老资源短缺和财政投入不足的现实，刘妮娜提出了发展互助型社会养老服务的建议，具体来说，就是在农村血缘、地缘和自治的组织基础、家庭养老观念淡化的思想基础和各地自我探索形成的实践基础上，通过整合政府、市场、社会和家庭等多元主体力量共同推动，组织农村老年人从依赖家庭走向自助互助式养老的目的③。彭炎辉则是提出了"代际双重绑定时间银行"这种农村养老服务新模式，该模式是互助养老模式在农村发展的一种亚类型，并且由于农村人际关系紧密性、农业生产的季节性以及土地经营规模的狭小、劳动力转移的暂时性而具有发展时间银行养老服务的独特优势④。

（四）简要的评价

农村养老服务成为学术界研究议题的时间不长，从已有文献分布来看，大致始于2006年，自2012年以来进入一个快速增长期。从文献的时间分布来看，基本上与中国养老服务政策的出台时间相吻合。2013年9月国务院发布了《国务院关于加快发展养老服务业的若干意见》（国发〔2013〕35号），农村养老服务与城镇养老服务一并被纳入国家规划当中，并进入发展提速期。学术界关于农村养老服务的研究可以被看作对

---

① 陈静：《新型城镇化背景下农村养老服务供给模式研究》，《农村经济》2016年第6期。
② 郑文换：《构建以基层社区组织为依托的农村养老服务体系——从制度整合和社会整合的角度》，《人口与发展》2016年第2期。
③ 刘妮娜：《欠发达地区农村互助型社会养老服务的发展》，《人口与经济》2017年第1期。
④ 彭炎辉：《耕地地力保护补贴政策的效果评价及改进建议》，《中州学刊》2017年第12期。

进入政策加速期的一个回应,由此可见,无论是农村社会养老服务本身还是以此为主题的研究都带有明显的"自上而下"的烙印,这成为当前农村养老服务研究的基本出发点,也不可避免带来一些研究问题和不足,具体表现在:

实证研究与农村养老服务现实与政策的联系不够紧密。实证研究主要是回答"是什么"以及"为什么"两个问题,并为政策研究提供数据支撑。现有实证研究主要围绕养老服务意愿开展,分析的因变量大多是对机构性或其他养老服务的选择意愿,这类研究脱离了农村社会养老服务开展的现实,再加上本身分析的重点是意愿,存在空对空的倾向。从实证研究构成来看,意愿研究占据了绝大部分,这很大程度上与这一主题便于实施问卷调查和进行定量分析有较大相关性。实证研究缺乏对农村社会养老服务实践的具体案例分析,特别是国家层面上的养老服务发展规划和建议如何在农村得到执行的实证分析,也没有对地方自发进行的养老服务供给创新进行实地研究和分析。总的来说,现有实证研究没有能够反映农村养老服务的需求和供给现状,需要进一步调整研究主题。

政策研究对现实的回应程度不够。与实证研究相比,有关农村养老服务的政策研究更多,但大多数政策研究带有"悬浮"性质,即悬在半空中,分析的内容本身脱离农村养老服务的现实,提出的对策也不可能在农村养老服务供给中落地。从分析内容来看,大多集中在福利多元主义框架下进行抽象分析,而没有进入农村养老服务供给的具体实施层面;有关农村养老服务供给模式的分析,并没有跳出"机构—社区—居家"养老这一基本类型学划分的窠臼,对各地在具体实践中所产生的亚类型关注不够。同时也存在将政策研究与政策建议相混淆的问题,大多数现有文献仍停留在政策建议层面上,缺乏政策执行、政策工具选择等政策研究层面上的成果。

第三节 研究视角

从文献回顾的结果来看,进入 21 世纪以来,随着以民生发展为主的社会建设的大力实施,农村社会保障研究围绕着新农保制度和农村养老服务形成了大量的研究成果，但缺少在一致性研究视角下取得的整体性研究结果。因此，本书认为应当回到农村养老保障制度本身来对其进行进一步的认识和界定。农村养老保障制度自身所包含内容的复杂性，以及社会保障学科属性的多重性，决定了从不同学科、不同视角对其进行分析的研究现实。从经济学视角开展的社会保障研究来看，农村养老保障制度中的新农保制度和长期照护制度是被当作一种社会保险制度来进行研究的。事实上，不同学科看待和界定农村养老保障制度内容的视角本身就是不一样的。

首先，从农村养老保障制度重要内容之一的新农保所涉及的行为主体及其关系内涵来看，新农保在现阶段更多具有明显的社会福利色彩，主要是作为国家的一项重要惠农政策在全国范围内推开的。因此，新农保本身具有一定的独特性，从制度层面上来看它具有社会保险制度的特征，但从实施上来说并没有社会保险制度的法律强制性，而更多的是一种社会政策的执行，并且这里的社会政策是"情境性"的。从这个意义上来说，新农保制度从出台到落地应该是这样一个过程：由中央和地方各级政府进行制度设计，并将其作为一项惠农政策来执行，作为执行的结果反映在农民的参保行为和选择上。

其次，从农村养老保障制度另一重要内容养老服务所涉及的行为主体及其关系内涵来看，农村养老服务是由政府引导，其他社会主体和力量多方参与的适度普惠型社会福利服务。在当代福利国家中，政府在个人社会服务的筹资、递送和监管方面发挥着重要作用[1]。在中国，政府的作用集中体现在将其作为民生政策来实施。因此，与新农保制度一样，农村养老服务也是一项社会政策的执行，并且这一社会政策本身还具有较高的"模糊性"[2]。农村养老服务政策实施，也是由中央政府进行制度设计，地方各级政府进行政策执行，政策结果反映在农村居民的养老服务获得和选择上。

---

[1] 岳经纶：《个人社会服务与福利国家：对我国社会保障制度的启示》，《学海》2010 年第 4 期。

[2] 胡业飞、崔杨杨：《模糊政策的政策执行研究——以中国社会化养老政策为例》，《公共管理学报》2015 年第 2 期。

总的来说，农村养老保障制度的研究涉及三个层面：一是本身的制度设计，二是政策执行，三是农民的养老行为。这三个层面虽然在研究领域上落入制度分析、社会政策研究以及新经济社会学研究三部分当中，但这三个领域中都将"嵌入性"分析作为重要的研究工具来使用。因此，本书提出从制度"嵌入性"、政策执行"嵌入性"以及经济行动"嵌入性"等"嵌入性"视角来分析农村养老保障制度。

一　制度"嵌入性"

20世纪70年代以来关于制度的形成涌现了大量的研究成果，其中以经济学的新制度主义分析的影响最为广泛，但这种分析方法本质上还是延续着经济学一贯的个人主义方法。针对这种不足，格兰诺维特在《旧—新经济社会学：历史与议题》一书中提出了著名的"经济制度的社会建构"命题，开拓了制度研究的新领域和范式。从学术渊源上看，制度嵌入性始于经济行动的社会嵌入性分析，"嵌入性"概念最早来自波兰尼对人类经济活动的分析，他在宏观层次上提出了经济活动与社会领域之间的不可分割性。在波兰尼提出"嵌入性"概念之后，真正将"嵌入性"研究进一步理论化的是格兰诺维特。他通过与新古典经济学"社会化不足"的对话以及将社会网络分析方法具体运用到经济行动的分析上，使得"嵌入性"理论具有可操作性和可分析性。另外，格兰诺维特还进一步区分了两种嵌入："关系性嵌入"和"结构性嵌入"，也就是嵌入的微观和宏观两个层次。总的来说，从格兰诺维特开始越来越多的研究将嵌入作为一个分析概念，研究具体的嵌入性问题。但他的研究更多偏向于一种历史的宏观分析，主要指出了经济活动与非经济领域之间的不可分割性及其变迁。自此以后，沙琅·祖金和保罗·祖马乔等又提出认知嵌入性、文化嵌入性和政治嵌入性，将嵌入从社会网络等结构性因素转向制度性因素的分析，这样一种整体性以及混合主义的研究理念直接影响到新制度主义中的社会学制度主义和历史制度主义。前者倾向于将各种类型的嵌入性整合起来分析制度是如何嵌入在一个宏大的、多重因素交织在一起的整体性构造中的，而后者则"强调制度的关联性特征"，在确定了研究对象后，寻找一定历史时期内的制度影响因素，分析这些制度因素是如何相互作用对研究对象造成影响的①。由此可见，历史制度主义的"制度嵌入性"提供了明晰的分析方法，同时又注重分析的历史维度，因而在分析制度变迁方面具有独特的优势。在本书中，我们将从国家经济社会管理方式、福利供给制度以及社会福利价值理念等方面分析中国农村养老保障制度是如何嵌入在以上要素构成的宏观制度环境中的，以及如何在制度环境变动推动下实现政策变迁和创新的。同时，本书还将从当前中国农村面临的人口结构、政治与社会风险、经济发展方式和水平以及国家社会保障发展的价值取向等制度环境变量出发，进一步分析这一系列制度环境是如何影响新农保和农村养老服务的制度设计的。

二 政策执行"嵌入性"

在政策研究领域，有关政策执行的分析只是到20世纪70年代才得到了西方理论界的充分关注，并且形成相对成熟的理论，一般来说，我们将政策执行研究分为"强调自上而下"、"强调自下而上"和"综合"研究三个阶段。中国的政策执行从来都是强调上下联动，因此也被认为是天然具有综合性的视角。由于中国属于后发国家，因此政策执行通常是以改造社会为目的的，这就使得中国的政策过程往往是与社会过程紧密结合在一起的，我们不能仅从政府内部来理解政策执行②。简言之，中国的政策执行不是一个简单的官僚制模型的结果。政策执行过程实际上存在于两个可分的、处于嵌入关系中的系统：一是这种嵌入表现在政策执行者与政策参与者所组成的一个政策执行网络当中；二是这种嵌入性也强调应该将更大范围内的政治、经济和文化背景考虑在内。简言之，社会政策的执行不仅仅涉及政策利益相关者之间的"上下"关系问题，也是与其所处的制度环境和政策网络结构密切关联的，是嵌入在一定的社会场域之内并受其影响的，这种社会场域是由政治、经济、历史和文化多重因素所组成的。在由政策执行者和政策对象所构成的政策网络当中，

---

① 顾昕、方黎明：《自愿性与强制性之间——中国农村合作医疗的制度嵌入性与可持续性发展分析》，《社会学研究》2004年第5期。
② 叶敏、熊万胜：《"示范"：中国式政策执行的一种核心机制——以XZ区的新农村建设过程为例》，《公共管理学报》2013年第4期。

政策利益相关者所作出的决策和行动,并不是简单地按照制度文本规定的那样去行动,而是受到其所嵌入的关系网络和结构的影响。事实上,关于各种制度设计所进行的数据建模和仿真研究本质上是将社会看作一个"真空",这种理想化的状态在现实中是不存在的。因此,从嵌入性的视角对政策执行进行分析,对我们认识新农保和农村养老服务制度设计中存在的一些关键性问题具有不可替代的作用,有助于我们从实际操作的视角来认识新农保和农村养老服务的制度建设和改进应当注意哪些方面的问题。

三 经济行动"嵌入性"

从已有研究文献来看,大量研究将农民的参保行为看作经济行动,也有研究结论倾向于认为新农保的参保行为是一种经济理性结果①。但在新经济社会学的嵌入性理论看来,只有嵌入社会结构、人际关系网之中的行动才是经济活动者在现实活动中所乐意接受的,人们之间的紧密联系的纽带使得经济活动具有可靠性并避免陌生人进行交易时可能产生的问题。理性经济活动者总是依赖已有的关系展开行动的,是社会关系在经济生活中产生了信任,从而使交易的秩序成为可能。有关小农理性的研究一直在证明农民是理性的经济活动者,其养老行为自然也不例外。与以往不同的是,今天农民的养老不仅要解决收入来源这一经济问题,还要解决照料来源这一生活问题。因此,他们选择何种社会养老保险以及何种养老服务方式就必须要立足于对农民个体所嵌入的社会结构、家庭结构、人际关系网络进行分析。简言之,农民的养老行为是与其所处的生活环境密切相关的,并不是基于简单的个体理性选择的结果,而是一个综合家庭、社会网络和社区的多维考量的结果。因此,本书将会结合问卷调查所获得的数据分析结果以及对部分农民、基层政权管理者以及新农保经办工作人员和养老服务机构负责人的访谈资料,从农民所嵌入的家庭结构、社会网络结构以及社区社会结构三个层面,对农民的新农保参保行为和养老服务选择行为

---

① 钟涨宝、李飞:《动员效力与经济理性:农户参与新农保的行为逻辑研究——基于武汉市新洲区双柳街的调查》,《社会学研究》2012 年第 3 期。

进行具体分析，以寻找农民养老行为的真实行动逻辑，并以此作为下一步政策建议的基础和依据。

第四节 研究目标与内容安排

一 研究目标

根据上文中所确定的研究问题，本书主要有以下三个研究目标。

第一，对农村居民养老行为进行实证研究。农村居民的养老行为既反映了中国农村养老保障制度实施的结果，也是未来制度设计与政策执行改进的实证基础。实证研究主要包括两部分内容：一是新农保制度实施以来农民的参保行为及其变迁的分析。主要通过对定量数据分析掌握在新农保制度实施初期农民是否选择参保及其影响因素；在新农保制度实施一定时间之后，特别是在新农保制度全覆盖的背景之下，农民是否连续参加新农保及其影响因素，农民在个人账户缴费上的变动及其影响因素。二是对农村居民养老服务行为的分析，主要分析农村老年居民对居家养老服务及其项目内容的需求程度及其影响因素，居家养老服务的供给与利用情况。

第二，对农村养老保障制度本身及其实施过程进行分析。对新农保制度和农村养老服务政策实施结果背后原因的深层次分析，分析主要是从嵌入性视角展开，其中制度设计本身及其政策执行是两个重要的分析层面。结合定量与定性资料，一是分析农民参加新农保行为是如何嵌入其社会网络以及更大的宏观社会结构中的，新农保制度设计及其制度变迁过程是如何嵌入在更大的制度环境中的，以及新农保制度的执行是如何嵌入在新农保政策网络以及更大的社会脉络中的。二是分析农民的养老服务选择是如何嵌入在微观社会网络与中观社区社会结构中的，农村养老服务政策及其变迁是如何嵌入在制度环境中的，农村养老服务政策在基层是如何被选择性执行，以及这种政策执行背后的行动逻辑是什么。

第三，对农村养老保障制度发展进行政策建议分析。具体包括：一是新农保制度建设的政策建议分析，这部分主要是为新农保制度的可持续发展提出有针对性的对策和建议，包括从筹资制度、经办管理、动员宣传等各个方面提出制度建设的具体建议。二是农村养老服务发展的政策建议分析，主要是从养老服务的发展模式、筹资机制、服务递送和监督管理等方面提出具体建议，为建设中国特色社会主义福利国家补齐最后一块短板。

二 内容安排

在通过文献回顾发现已有研究不足的基础上，本书提出了自己的整体性研究视角——嵌入性分析视角，并从制度"嵌入性"、政策执行"嵌入性"和经济行动"嵌入性"三个方面对农村养老保障制度的两项基本内容新农保制度与农村养老服务进行分析。总体来说，本书按照制度分析和实证研究相结合，定量分析与定性分析相结合的思路进行研究，将研究内容统一到嵌入性研究视角之下，是对已有政策研究只注重"问题—对策"分析的一种突破。一方面有利于政策执行理论的发展，另一方面也是将嵌入性理论用于对策建议分析的积极尝试。按照这一研究思路，本书的内容安排和章节结构如下。

第二章内容是中国农村养老保障制度变迁与设计的嵌入性分析。第一部分内容是新农保制度的制度嵌入性分析，新农保制度作为一项针对农村居民的社会养老保障制度安排，其发展脉络有着深刻的制度背景，这些制度背景一方面决定了中国农村养老保障制度的变迁轨迹，另一方面也决定着新农保制度设计的本质特征。透过这一部分分析有助于我们对新农保制度实施过程中的一些深层次矛盾的认识，特别是在政策层面上有助于提出更加贴切中国国情的对策建议。第二部分内容是农村养老服务政策的制度嵌入性分析，首先是对中国养老服务政策变迁过程所嵌入的宏观制度结构进行分析，其次是对当前农村养老服务的主导模式——居家养老服务的筹资模式、服务递送方式、监督管理以及服务水平进行嵌入性分析，从理论层面上解释为什么居家养老服务能够成为主导模式。

第三章内容是中国农村居民养老行为的嵌入性分析。实证分析涉及农民新农保参保行为和养老服务选择，具体包括：第一，新农保实施以来的农民参保行为及其变动性分析，这部分研究要回答的问题是：自新农保实施以来，特别是在中央和各级政府的大力推动之下，农民的参保行为体现了哪种逻辑以及在政策推行过程中有没有发生某种变化。以上问题既构成了本书的实证分析部分，也构成了后续分析的重要支撑。第二，农民参保行为的嵌入性分析，农民的参保行动逻辑并不简单表现为数据分析结果中冷冰冰的数字，也不是访谈资料当中所获得的"家长里短"，而是有着更深刻的结构制约性，这就要求我们从嵌入性分析中的"双重嵌入"视角分析农民的参保行为是如何嵌入其社会网络和更大的社会结构当中的。这里的嵌入性分析，不仅有助于解释一些经济理性所解释不通的行为，也为新农保制度的更好实施和政策制定提供有益的分析基础。第三，农村老年人对居家养老服务及其不同服务内容的需求状况及其影响因素，通过建立居家养老服务需求分析框架，寻找影响农村老年人居家养老服务需求的显著性因素，哪些因素是个体层面上的，哪些因素是嵌入在团体层面上的，数据结果有助于进一步了解养老服务供给的目标群体，进而改进养老服务的供给方式和内容，实现养老服务需求、供给和利用三者之间的均衡。

第四章内容是中国农村养老保障制度执行的嵌入性分析。第一部分内容是新农保制度执行的嵌入性分析。新农保制度在农民参与上呈现出的基本特征，反映了制度实施过程中的普遍困境，这种困境固然受制于新农保制度设计本身，另外也受制于新农保制度的政策执行。新农保制度在性质上不属于强制性社会保险，因此只能采用自愿性政策工具推行，这也决定着农民参与新农保的结果取决于新农保制度的政策执行情况。而新农保的政策执行又是嵌入在新农保政策运行的政策网络和更大范围内的社会脉络之中的，通过这种嵌入性分析深入了解新农保制度的执行过程，有助于进一步认识现有农民参与新农保的现状与结果，也有助于政策执行的改进分析。第二部分内容是农村养老服务政策执行的嵌入性分析。本书立足于养老服务政策的"模糊性"这一基本特征，分析政策执行过程中的行动策略，地方政府在发展农村养老服务时可能面临不同的政策情景而采取不同的行动策略，而不同执行策略的选择也体现了基层执行者对政策执行所需要的支配性要素的掌控和选择。本书将通过嵌入性分析这一基本政策分析工具将农村养老服务在基层如何得以落地与实施过程背后的博弈与选择进行全景式展现。

第五章内容是中国农村养老保障制度发展路径的嵌入性分析。嵌入性构成了本书分析农村养老保障制度、农民的养老行为以及农村养老保障制度执行的基本视角，因此，这也应当成为农村养老保障制度建设政策分析的基本路径。从新农保制度建立的政策目标出发，新农保制度必须要实现可持续发展，因此，可持续和嵌入性成为新农保制度建设的两个基本视角。政策分析的立足点除了针对新农保制度本身的设计，还应当从改善其政策执行的社会环境入手，从社会治理的角度来提升新农保的政策执行力。立足于发展农村社会化养老服务的政策目标，农村养老服务必须要实现协同化发展。本书所提出的协同化发展是基于两个层面上的考量：一是服务供给主体层面上的协同化，即通过发挥政府的主导作用，培养和激励农村养老服务的市场与社会供给主体，实现多元供给主体间的协同合作；二是农村养老服务政策执行层面上的协同化，即通过与政策执行所嵌入的政策网络与共同体的协同化，减少政策执行的阻力与问题。

  第六章内容是结论与研究展望。首先，本书基于嵌入性视角对农村养老保障制度文本、政策执行过程及其结果的文本分析和实证分析，得出了关于中国农村养老保障制度发展、执行的基本结论，并以此论证转型社会和发展型社会双重背景下，中国特色社会保障制度建设的基本特征，这些基本特征的形成原因以及未来可能的发展方向。其次，对本书中所没有能够得到充分研究的问题加以说明和展望，重点明确嵌入性视角可能存在的研究不足和遗漏的重要问题，展望中国农村养老保障基本框架确立背景下未来研究的突破点。

第二章　中国农村养老保障制度变迁与设计的嵌入性分析

以收入保障为主的经济福利和以个人生活需要为导向的社会服务是当代社会保障制度的两大基本构成，随着一个国家社会保障制度的发展和完善，社会福利政策的重点会经历由收入保障为主的社会保险向生活保障为主的社会服务的转变。因此，当前中国农村养老保障制度包括新型农村社会养老保险（新农保）和农村社会养老服务两大基本内容。在本章当中，我们将从国家经济社会管理方式、福利供给制度以及社会福利价值理念等方面分析中国农村的养老保障制度设计是如何嵌入在以上要素构成的宏观制度环境中的，以及如何在制度环境变动推动下实现制度变迁和创新的。

第一节　农村社会养老保险制度变迁的嵌入性分析

一　以家庭为中心的家庭养老：集体化时代整合型养老保障

"养儿防老"是中国人的传统观念，也是很长时间里中国社会最坚实的养老保障模式，家庭养老模式实质上与社会养老模式是对应的二元关系，反映了前工业社会和现代工业社会两种不同的养老制度安排，就后者而言是适应现代工业文明的产物，反映了现代化以来家庭结构和代际关系的革命性变化。在集体化时代，农村老年人养老的收入保障主要依赖家庭，国家的力量是通过一种隐性的方式参与进来的，这种隐性方式主要体现在以下两个方面。

首先，再分配经济时代的人民公社制度最大限度保障了个体充分履行赡养等家庭责任。一是公有制和再分配制度为农村家庭更好履行家庭养老保障奠定了一定的经济基础。一方面，生产资料的绝对公有制使得农村家庭之间的收入差距明显缩小，以工分为单位的收入来源机制和以温饱为目的的发展目标使得农村大部分健康老人能够获得收入保障；另一方面，人民公社制度保障了女性劳动力的经济价值，这也有助于农村老年人获得来自子女的经济支持。二是人民公社制度和农村三级社会管理制度强化了对农民私人生活的干预，家庭养老在法律和日常社会管理上都得到了保障，特别是农村三级社会管理制度也普遍将养老保障作为其日常工作的一部分，家庭养老的动力和压力都空前得到了提高。其次，这一时期的家庭政策和人口政策有利于农村家庭履行家庭养老保障责任。1949年以来，中国实施鼓励生育的家庭政策和人口政策，在农村由于合作医疗和三级卫生服务网络的建设大大降低了婴幼儿死亡率，家庭人口年龄结构普遍偏于年轻化，同时农村老年人预期寿命仍然较低，这就使得农村家庭的老年人抚养比较低。与以往任何历史时期相比，人民公社制度下的普遍就业和工分制使得农村家庭的养老保障能力得到显著提高。另外，再分配时代农村的经济资源分配和公共福利供给往往是以人口数量来计算的，这也在一定程度上为农村家庭养老保障提供了经济动力。

二 "老农保"：市场化改革以来的农村社会养老保险制度探索

中国的市场化改革始于农村家庭联产承包制改革，这一改革极大调动了农民的生产积极性，解放了农村生产力，并且在农业生产上获得了巨大成功。但人民公社的瓦解，也造成了原来以集体为单位的福利和保障方式过渡到了以家庭和土地作为风险承担主体的保障方式阶段。这种新的经济组织模式固然给农民带来巨大的收益，但同时也进一步加大了农民所面临的风险负担。事实上在农村改革之后，一方面是人民公社的经济社会管理制度的瓦解，另一方面是总体性社会控制之下人们社会主义新道德观念的淡漠，由于受到市场化观念的冲击，"孝道"观念也不断淡漠。在这种情况下一些地区家庭养老也逐渐演变为严重的农村社会问题，这些都在20世纪八十年代反映农村生活的一部电影——《喜盈门》当中得到了充分反映。因此，国家在政策制定层面上注意到发展农村社会养老保险制度的重要性，并从"七五"时期开始了相关的探索工作，

"老农保"制度探索、建立、发展和衰落的过程，在本书的第一章都已经进行了详尽的介绍。对"老农保"制度的制度嵌入性分析首先必须要对"老农保"制度的本质特征进行分析，从1992年版的《县级农村社会养老保险基本方案（试行）》来看，"老农保"究其本质就是以农民自愿为基础的强制性储蓄计划，当然在有些地方这笔费用是由乡镇企业代替农民来出的。由此可见，"老农保"的制度设计完全是一种市场化导向和个人责任导向的制度设计。对于"老农保"制度设计上的问题和缺陷，已有大量充分的研究，其主要观点都认为："老农保"制度没有体现政府在农村养老保障上的责任，没有能够体现社会保险公平性、互济性和强制性的特征，不具备代际和代内收入再分配的功能，保障水平过低，难以保障农民老年基本生活，基金的保值增值问题严重[1]。事实上以上制度问题和缺陷存在着深刻的制度背景。

首先，"老农保"制度是国家发展战略转变和改革路径相结合的产物。再分配经济时代国家发展的基本战略是通过经济收入与社会福利相结合的再分配模式来保障全体人民的基本生活需求。如前文所述，虽然在市场化改革之前的很长时间内，农村老年人养老的经济保障是通过家庭来实现的，但国家通过再分配模式支持着家庭的养老保障功能。市场化改革之后，国家发展战略转向经济增长，社会保障被认为是一种福利负担，被尽可能削减。同时，由于市场化改革普遍提高了人们的收入水平，特别是在农村，普遍的外出务工增加了家庭收入水平。国家在一定程度上也通过市场化模式增强了家庭的养老保障功能。但经济增长的同时，国家并没有同步建立起覆盖全体劳动者的社会保障制度。甚至国家通过在社会保障权利上放松管制来吸引投资，带动经济高速增长。面对农村居民，特别是在乡镇企业就业的农村居民的养老保障需求，国家又不得不作出相应的制度安排，但这种制度安排往往是递进式的、带有很强的"临时性"，这也是改革初期中国诸多制度设计的基本路径。以上制度背景，决定了国家在设计"老农保"制度时，过度考虑了制度的灵活性和便于操作性，而忽视了制度的可持续性。正因为此，20世纪八九十

---

[1] 王章华、黄丽群：《推进新型农村社会养老保险试点工作应坚持的几个原则》，《经济研究导刊》2011年第25期。

年代的"老农保"制度设计核心是自愿性个人储蓄保障，而违背了社会保险的基本特征。

其次，与市场化同步进行的经济社会转型，削弱了家庭的养老保障功能。市场化改革虽然增加了家庭的经济收入，但也造成了家庭结构的变迁和家庭关系的变化，农村家庭在结构和功能上与城市家庭逐渐趋同化，特别是养老在家庭功能当中被进一步弱化，这具体表现在：一是市场化改变了农村家庭的生计模式。市场化改革使得农村居民能够充分参与到工业化乃至全球化生产体系当中去，但受制于其资源禀赋制约，农村居民可以用于投入到生产体系当中的资本非常少。土地资源的稀缺和小规模家庭生产为主的农产品不具备市场竞争力，使得农村居民无法从土地当中获得维持家庭生计的必要收入，农村家庭更多地通过外出务工获得主要收入，年轻人在家庭收入来源中日趋占到主导位置，老年人在家庭中的经济地位日趋下降。同时，家庭在支出结构上也日益偏向年轻人和子女的教育等开支，养老开支也仅仅是维持在温饱这一最低支出水平上。二是生育政策的调整改变了农村家庭的规模和结构，农村家庭的老人抚养系数上升。随着生育子女数量的下降，不同代际农村老年人所能够获得的家庭养老资源发生了根本性变化，家庭养老资源日趋萎缩，农村家庭在收入水平和养老意愿上都很难满足老年人的实际养老需求。无论是政府还是农村中老年人都逐渐意识到养老终归还是要依靠自己。总的来说，市场化改革改变了再分配经济时代家庭养老的福利生产机制，家庭在继续承担养老保障责任的同时必须要从其他途径来应对日益增长的养老风险和需求。当然这种面向可能还是个体化特征的，因此，发展出了"个人自愿储蓄保障制度"这种农村养老保险制度。

最后，"碎片化"的社会保障发展方式使得农村养老保险制度一开始就定位在商业化储蓄上。市场化改革一方面放弃了再分配时代的福利模式，另一方面也产生了建立新社会保障制度的需求。由于市场化改革的"探索性"特征，决定了社会保障制度的建设也是在探索中进行的，具有尝试性、缓慢性和滞后性等特征。同时，面对不同人群、不同内容、不同程度的社会保障需求，市场化改革阶段的社会保障发展呈现"碎片化"状态。以社会养老保险制度为例，城市工业部门的劳动就业者、流动就业的农村居民、在乡镇企业就业的农村居民以及在家务农的农村居民，他们的社会养老保险需求各不相同，支付能力和意愿也各不相同。这种市场化改革进程中城乡分割的劳动力市场决定了社会养老保险制度必然呈现"碎片化"状态。对于农村居民的养老保险需求，通过个人自愿储蓄的形式发展出了农村社会养老保险，实现了农村养老保障从家庭走向制度形式的第一步。特别是在农村，第一次将养老保障中的养老保险和养老服务分离开来了，也是将养老从家庭中脱嵌的第一步，这是工业化社会以来人类社会养老制度安排和个人生命历程的一种必然选择。从西方工业化进程来看，这种分离是伴随着就业方式和领域的转变以及城市化进程而发展的，但在中国由于正规工业化就业人口主要集中在城市，导致在这种分离过程中大量农村非正规工业化就业人口的社会养老保险制度安排必需依赖于特别的政策安排。从政策的制度嵌入性视角来看，农村社会养老保险制度的实施不仅是形式上的一种进步，而且从根本上反映的是农村养老保障政策所嵌入制度环境的重大变化。这种几乎完全依赖个人缴费的农村养老保险制度本质上反映了国家在农村养老责任承担上的不充分作为，在更深层面上又是由市场化改革以来国家发展战略和"碎片化"的社会保障发展方式所决定的。

三 新农保：迈向"普惠型福利时代"的农村社会养老保险制度安排

党的十六大提出"建立健全同经济发展水平相适应的社会保障体系，有条件的地方，探索建立农村养老、医疗保险和最低生活保障制度"。十六届六中全会提出"有条件的地方探索建立多种形式的农村养老保险制度"。2007年8月17日劳动和社会保障部下发的《劳动和社会保障部、民政部、审计署关于做好农村社会养老保险和被征地农民社会保障工作有关问题的通知》要求积极做好新型农村社会养老保险的试点工作，《通知》要求"选择城镇化进程较快、地方财政状况较好、政府和集体经济有能力对农民参保给予一定财政支持的地方开展农保试点，为其他具备条件地方建立农保制度积累经验。东部经济较发达的地级市可选择1—2个县级单位开展试点工作，中西部各省（自治区、直辖市）可选择3—5个县级单位开展试点。"党的十六大以来，无论是每年的中央一号文件还是每年的政府工作报告都鼓励各地开展农村养老保险试点工作。北京、上海、江苏、浙江、山东、安徽等地区都结合本地的实际情况，积极开展试点探索工作，扩大覆盖范围，创新制度模式，2006—2008年人力资源和社会保障部通过在全国范围内选取东、中、西部不同经济发展水平的8个县级地区进行了新型农村社会养老保险的试点。在总结全国各地新农保试点和国家级试点工作的基础上，2008年11月正式形成了《关于开展新型农村社会养老保险试点的指导意见（征求意见稿）》，2009年9月由国务院正式下发，开始了新型农村社会养老保险在全国范围内的试点工作，2012年2月，国务院新农保试点工作领导小组第二次会议决定将原计划到2020年前基本实现全覆盖的时间提前到了2012年年底前。2012年11月，新农保最终实现了在全国范围内的全覆盖，比预期时间提前了8年。

从新农保政策的文本内容和发展历程来看，新世纪以来中国农村养老保障政策发展发生了两点重大转变：一是国家力量的深度介入。在市场化改革初期，国家仅是从政策方针、规划建设等方面为农村养老保险发展提供"软支持"，国家力量介入的程度不深，而新农保制度设计则体现了国家力量的深度介入。一方面体现在国家致力于构建覆盖全民的养老保障体系的努力上，另一方面也体现在国家将农村社会保障作为一个政策重点来进行干预，以国民基础养老金的模式来发展农村社会养老保险。二是真正按照社会保险的筹资和管理模式来运行。新农保在体现国家责任的同时，又强调其是一种缴费型的社会保险，完全按照保险精算原则来实施筹资和给付，实行权利与义务相关的原则。另外，新农保制度在设计上充分考虑了与其他养老保险制度的衔接和跨地区转移接续，新农保在管理服务上正式纳入社会保障管理部门，确保了新农保基金运行的安全、有效。

新农保制度的建立和实施，反映了当前中国社会保障发展思路的调整，更深层次来说，与国家发展战略、社会保障治理理念的转变息息相关。首先，国家发展战略更加注重社会建设与经济建设之间的协调发展，这也决定着中国社会保障发展思路的调整。自20世纪90年代以来，中国为了更好地推动国有企业改革，优先在城市启动了具有中国特色的社会保障制度建设工作。当时制度建设的核心是为城镇就业人口建立基本养老保险和医疗保险两项基本社会保障制度，其根本目的是减少企业的社会负担，更好地服务于经济建设。因此，从覆盖范围来说，主要是经济建设的核心领域——工业部门的就业人口。随着"以人为本"的社会建设日益上升为国家发展战略，社会保障制度建设的目标也逐渐从带有浓厚"应急"色彩的经济发展手段，回归其本来应有的社会保护角色。这在社会保障发展思路上表现为，更加强调社会保障项目对全体国民的全覆盖，更加注重社会保障制度充分发挥社会保护和社会促进功能。正是这种发展思路的调整，21世纪初以来北京、上海、江苏、浙江、山东、安徽等地区都结合本地的实际情况探索建立新型农村社会养老保险制度，并最终形成覆盖全国的新农保制度。

其次，国家对社会福利的"生产主义"的认识为建立和完善新型农村社会养老保险制度提供了契机。面对中国日益增长的各种福利需求和经济社会要实现可持续发展的矛盾，中国政府和学术界都日益认识到各项福利制度安排必须是"发展型"的，不仅要能够通过社会再分配来实现社会的公平正义，更要通过生产性的社会投资来实现经济的持续增长和国家的现代化。中国的市场化改革就其根本是要建立一种新的高效资源配置方式，对于城乡关系而言，就是要让更多的农村居民流向城市就业和定居生活，通过市民化为核心真正实现农村流动人口的城镇化。事实上，新农保制度本质上是有利于农村居民的城乡流动和市民化进程的。一方面，通过新农保制度中的基础养老金安排，可以起到减轻家庭特别是子代养老负担的作用，在养老负担应被记入劳动力再生产成本当中时，这种制度在客观上起到了降低劳动力成本的作用，有利于更好的发挥中国的劳动力成本优势来完成工业化进程；另一方面，新农保制度有助于农村人口以家庭为单位最终融入城市当中去，真正实现"市民化"，提高中国城市化的质量。农村人口实现市民化，需要在基本公共服务上进行大量的投入，这些投入有些应该由各级政府来承担，有些应该由个人来承担，而新农保也体现了市民化成本的政府投入原则。

最后，共享改革发展成果的发展理念使得国家在社会保障制度改革上更加关注弱势群体。自市场化改革以来，如何正确处理效率与公平的关系问题一直贯穿中国社会政策制定与执行的全过程。进入21世纪以来，面对经济长期高速发展所累积的各类社会问题，共享改革发展成果逐渐成为从上到下各个阶层的普遍共识。近年来，关于不同群体之间养老金待遇的悬殊差距，已经成为全社会关注的热点问题。现实情况是，除了企业与机关事业单位退休人员待遇差距过大之外，中国还有数以亿计的农村老年人没有任何养老金收入，这既有悖于公平正义的社会价值观，也与经济社会发展的根本目标背道而驰。为了回应全社会的关注，也是为了践行"共享共建"的发展理念，国家在制度层面上补齐了整个社会养老保险制度的最后一块短板，通过实施新农保实现社会养老保险对所有人口的全覆盖。

第二节 新农保制度设计的嵌入性分析

在上一节当中，我们从制度变迁的视角分析了中国农村养老保险制度安排是如何在变动的宏观制度环境中实现制度演变的。以上研究主要反映的是变迁的视角，事实上，新农保现有的制度设计内容也反映了一定的制度环境及其运作结果。在本节当中，我们将要从新农保制度的制度本质、筹资机制、衔接机制等几个部分进行嵌入性分析。

一　普惠性福利政策：新农保制度的本质特征

按照"嵌入性"视角所提出的制度关联性特征，要对某一类制度进行"嵌入性"分析，必须先要明确定位其自身的制度安排，再分析这一制度是如何嵌入更大的制度环境中的。现有研究大多将新农保作为一项基本社会保险制度来看，但从新农保所涉及的行为主体及其关系内涵来看，新农保在现阶段更多地具有明显的社会福利色彩，应该说新农保主要是作为国家的一项重要惠农政策在全国范围内推开的。新农保制度本质上属于一种惠农的社会政策，这仅仅是对新农保制度性质的判断，关于新农保制度的定位还需要回到新农保制度设计内容上去。在新农保制度设施之前，国家也曾在农村试行过养老保险制度（习惯称为"老农保"），但在实践过程中遭到了失败。对此，相当多的研究将其实践失败归因于"老农保"自身制度设计上的缺陷。特别是从制度定位上来看，"老农保"本质上属于强制性或鼓励性储蓄，采取完全个人积累制，缺乏代际和不同收入群体之间的调剂，没有体现社会保险应有的社会互济功能和共济性。在制度运行方面，"老农保"通常是以县域为覆盖和管理单位，进而造成日常管理机制混乱和基金监管水平低下。针对"老农保"

在制度设计和运行上的问题，新农保进行了改进和发展，其中的重点是强化了政府对新农保的补贴。新农保虽然也设计了类似职工基本养老保险制度一样的个人账户和社会统筹，但这里的社会统筹体现的是政府对农村居民养老的责任，具体形式上表现为新农保养老金待遇中的基础养老金由政府财政直接支付。因此，新农保从根本上来说并没有改变原来"老农保"个人积累制的属性，只不过是通过国家直接补贴基础养老金的方式进行鼓励性储蓄。另外，无论是基础养老金还是个人账户的缴费标准都维持在较低水平上，较之于现实的物价水平，参加新农保之后能够领取的养老金的实际保障水平很低。严格来说，新农保还只是属于一种带有普惠福利性质的收入补充型养老金计划，还远没有实现收入替代性的目标。或者说新农保从制度层面上是一种普惠主义的国家福利，但在制度设计上却是低水平的，而这样一种制度设计有着深刻的环境背景。

二 新农保筹资机制的嵌入性分析

与"老农保"制度不同，新农保在制度设计上存在以下几个筹资主体：一是个人，也就是参保农村居民；二是集体，包括农村村集体与其他经济组织和社会公益组织；三是政府，包括中央政府和各级地方政府。筹资机制不同是新老农保制度的本质区别，进一步来说，中央和地方政府参与新农保筹资是新农保最大的亮点之一。总的来说，新农保筹资机制具有以下几个特点：一是政策的灵活性与稳定性并存。无论是中央的试点文件还是各级地方政府的最终新农保制度文本当中都对新农保筹资和资金监管的规定存在严格和模糊并行的规定，其中对各级政府基础养老金发放额度（即各级政府财政补贴额度）的规定是清晰明确的，但是在各级政府对个人账户缴费补贴的方法和额度、基础养老金的增长速度和比例、缴费年限较长参保者的基础养老金调整等具体筹资细节上的规定都是比较模糊的，有较大的政策弹性空间。二是针对不同层次政府的筹资规定存在明显不同。其中对于中央政府与地方政府之间的责任界限以及中央政府的筹资责任的界定是明确的，但对于各级地方政府的筹资责任的规定是十分模糊的，特别是对于不同级别地方政府之间责任的划分给予地方政府极大的操作空间。这样一种结果，不但反映了中央和地方政府在民生发展责任上的博弈，更体现了中国特有的政治架构以及中央和不同层级地方政府关系上的运作逻辑。

（一）中央政府筹资机制的嵌入性分析

从中央政府的筹资责任及其行为来看，既有其优势，也有不足之处。首先，优势主要表现在：一是积极明确中央财政应当承担的责任，其中对中西部地区按照中央确定的基础养老金标准进行全额补助，对东部地区给予50%的补助；二是实际运行过程中，中央财政补助金额的及时、足额到位。总体而言，中央政府在新农保筹资上起到了很好的"示范作用"。其次，从实际运行结果来看，中央政府在筹资上的不足主要表现在：一是在可以承受的范围内，中央财政对新农保投入的总量不足；二是中央财政对新农保投入的地区间不均衡。

以上结果表明：第一，中央政府的筹资行动是嵌入在整体发展理念和国家福利发展战略当中的。从新农保制度文本来看，中央财政的筹资作用主要体现在基础养老金的支付环节上。从财政负担能力上来看，中央财政对新农保筹资的财政投入无论是从占中央财政的比重还是与中央财政对城镇职工养老保险的投入相比来说都还有很大的上升空间，事实上中央政府对新农保的投入总量是有限的。一方面这是由新农保自身的制度属性所决定的，从性质上来看新农保本质上属于普惠型基础养老金项目，是一种国民身份属性的社会福利，只不过少量累积的个人账户使它更像是一种社会保险项目。由于具有面向全体农村老年居民的普惠性质，因此在现阶段就必然是适度普惠的，而不太可能是较高保障水平的普惠，这是由当前经济社会发展水平所决定的。另一方面也是由国家福利发展战略所制约的，在总结其他国家社会保障发展经验教训的基础上，中国的社会保障体系建设必须处理好国民福利与国家竞争力之间的关系，这需要我们既要注重社会保障制度的公平性和普惠性，又要坚持以缴费型社会保险制度为主体走多层次的社会化发展道路。这种战略导向将会在较长时间内对中国的社会保障制度建设起到指导作用，这也决定了中央财政对基础养老金的投资必然会控制在较低范围内。

第二，中央政府的筹资行动是嵌入在中国中央—地方关系模式当中的。理论界对于改革以来中央和地方政府之间的关系存在两种截然不同、相互竞争的观点：一种观点认为地方政府在政策执行上占据主导地位，也即具有较大的任意处置权，其核心观点是中央政府缺乏必要的行政和经济资源对地方政府进行控制；另一种观点认为中央政府的政治控制是确保地方政府在政策执行中服从中央政府的利益①。总的来说，在中国，中央政府和地方政府之间的关系是复杂的，并且地方政府在政策执行上的行为是多样化的。按照 Matland 政策执行的冲突性—明晰性矩阵模型来看，新农保的政策执行属于一种政策目标存在一定冲突性，同时政策执行方式比较明确清晰的政策执行，这种属性特征使得地方政府在新农保政策执行上处于在政治性执行和行政性执行之间进行摇摆的状态②。而地方政府也往往是在中央—地方政府的关系约束之下来确定其政策执行的策略选择，地方政府作为一种具有独立利益的政策主体，其行动的主动性更强，通常他们会根据成本收益的比较来确定其行动。因此，中央政府不但在制度设计上明确了自己在基础养老金支付上的责任，并且通过立即支付的方式来确保当期老年人基础养老金发放不会给地方政府造成压力。很大程度上中央政府的筹资行动成为影响新农保制度在地方能够得到快速推行的关键性变量。因此，中央政府从调动地方政府积极性的角度必然要对中央的筹资责任作出明确的规定，同时又给予地方政府在筹资政策执行上较大的弹性空间。

（二）地方政府筹资机制的嵌入性分析

与中央政府不同，在关于新农保筹资的可持续性分析当中，诸多研究对地方财政配套资金的能力和可及性，以及按照县级进行基金运行的安全性产生过质疑。简言之，不同层级的地方政府因为财政能力不同，其筹资积极性也不同，地方政府在筹资行动上的缺陷主要表现在：一是地方政府没有足够的补助动力，无论是在各地新农保制度设计上（具体表现在缴费档次的差异化补助以及对延长缴费年限的参保者提升基础养老金标准上）还是在基础养老金的增长上都表现得不够积极；二是地方财政对参保的补助到位情况缺乏监督，特别是对于个人账户的补助进入

---

① 殷华方、潘镇、鲁明泓：《中央—地方政府关系和政策执行力：以外资产业政策为例》，《管理世界》2007 年第 7 期。

② Matland, Richard E., "Synthesizing the Imple‐mentation Literature: The Ambiguity‐Conflict Model of Policy Implementation", *Journal of Public Administration Research and Theory*, Vol. 5, No. 2, April 1995.

个人账户实账,在实务界和学界不断对做实养老金个人账户进行质疑的大背景下,本身这个做法就存在很大的争议性;三是不同地区地方政府财政状况不同,导致其对新农保的支持存在"非持续性"风险。地方政府的筹资机制也是嵌入在一定的制度背景之中的。

首先,地方政府的筹资行动是嵌入在国家和地方的财税管理体制当中的。从新农保制度运行的实践来看,总的来说,地方政府在筹资过程中一方面能力有限,另一方面积极性不高。这种筹资行动特征从根本上来说是由现有的财税体制所决定的。自1994年分税制改革以来,中央和地方政府的事权和财权不匹配一直成为现有财税体制的一项关键性弊端。这一财税体制一方面导致地方政府特别是县、市两级地方政府的财政收入不稳定,另一方面市、县两级政府成为公共物品和服务的供给主体,其所需要履行的职能与财力严重不匹配,"小马拉大车"现象愈演愈烈[1]。县、市两级地方政府的公共财政行动深刻嵌入在现有财税体制当中,这造成它们对新农保的财政支持程度取决于上级政府对新农保的绩效考核情况,一旦上级政府放松考核就很容易造成新农保发展的"非持续性"风险。另外,面对上级考核的压力,地方政府可能会通过挪用农民缴费的个人账户资金用于财政筹资,造成新农保陷入"空账"运行的不利境地。

其次,地方政府的筹资机制是嵌入在地方政府的行动逻辑当中的。对于地方政府来说执行中央政府出台的政策,有着自己的行动逻辑——成本收益。地方政府的成本收益判断依据包括政策的重要性、信息的不对称程度、中央政府的激励程度等内容[2]。从政策的重要性程度来看,党和国家高度重视新农保工作,无论是各项政策文本的出台还是推进政策的开展通常都是以国务院的名义进行的,并且专门成立了国务院新农保试点工作领导小组来推进新农保工作。由此可见,新农保本身的政策重要性程度很高,地方政府也高度重视新农保工作,特别是在推动新农

---

[1] 邓大松、薛惠元:《新型农村社会养老保险制度推行中的难点分析——兼析个人、集体和政府的筹资能力》,《经济体制改革》2010年第1期。

[2] 殷华方、潘镇、鲁明泓:《中央—地方政府关系和政策执行力:以外资产业政策为例》,《管理世界》2007年第7期。

保的参保广度上积极行动，广泛动员群众参保，并且在短期内取得了较好的成效——人力资源和社会保障部的 2013 年统计公报显示，全国新农保参保率达到 95%。从中央和地方政府之间的信息不对称程度来看，中央政府要对地方政府实施足够的管控，就必须要掌握更多的信息。在这方面，中央政府通过数据报送和考核系统来加强监管制度的建设，特别是通过信息技术的支撑，中央政府信息收集能力得到了空前的提升，这也是地方政府重视推进新农保工作的重要原因。同时，中央政府为了更好地激励地方政府推行新农保工作，往往会采取较为严格的奖惩机制。这些奖惩机制会促进地方政府更好地履行推进新农保的职责，但也会带来地方政府的选择性执行问题，比如地方政府更加注重参保率，特别是会进行有助于提升参保率的宣传动员，导致农民对新农保制度本身产生一定的认知偏差，不利于农民从其自身的保障需求出发提高个人缴费档次。

总的来说，中央和地方政府之间的关系模式是地方政府筹资制度的重要背景，中央政府通过高规格的政策执行机构、完备的信息收集机制等完善和强化了对地方政府政策执行的控制，总的来说，地方政府在筹资上受到较强的规制。当然，中央政府通过完全负责和部分负责基础养老金支付的财政负担，也大大激励了地方政府的筹资积极性。但是，中央政府在信息控制和激励机制上主要选择了覆盖率这一核心指标，这一方面有助于新农保制度的快速推行，完成中央政府对人民群众的政治和民生允诺；另一方面也便于调动地方政府的工作积极性，但也给地方政府的筹资机制建立留下了一定的灵活可操作空间，使得地方政府的筹资机制建立在尽量减少政府支出的决策基础之上，而不是建立在尽量提升新农保保障水平的基础之上，这造成了新农保制度存在背离其政策初衷的风险，也在一定程度上造成了新农保"叫好不叫座"的政策结果。

三　新农保衔接机制的嵌入性分析

在上文中我们也多次提到，筹资机制是新农保制度不同于"老农保"的关键制度安排，除此之外，新农保制度与"老农保"制度还有一个根本性的区别，即是新农保制度在制度设计层面上进行了很好的"衔接设计",新农保制度不再被当作一个封闭的制度,更多地强调该制度在整个中国社会保险体系当中的定位和作用。本书认为这种制度设计是与中国发展社会保险制度的理念和现实所分不开的。

首先,新农保的制度设计是嵌入在中国社会养老保险制度发展的总体构想当中的。一直以来"碎片化"是中国社会保障制度面临的重要制度性难题,也是社会养老保险制度改革要攻克的重要障碍。从全国社会养老保险的实践内容来看,最终是将碎片化的养老保险制度向整合方向发展。其中,机关事业单位养老保险和城镇职工基本养老保险制度实现整合;新型农村社会养老保险和城镇居民社会养老保险实现整合,也就是说,未来中国人口的养老保险形式是与个体的就业与否以及就业形式相关的,而不再与城乡户籍相关。对于不就业人口或是灵活就业人口既可以选择参加城乡居民养老保险,也可以以灵活就业者身份参加职工养老保险。新农保的制度设计必须要体现这一制度变迁的趋势,因此,新农保的制度设计中特别提到了与城镇职工基本养老保险制度的衔接问题,以及在异地转换的问题,这种制度设计也是为了便于未来在更高水平上的整合做准备。

其次,新农保关于衔接机制的制度设计是嵌入在中国城乡二元社会结构当中的。虽然从制度发展的理想方向上来看,社会保险制度的设计与实施应当立足于破解城乡二元结构,但是从新农保衔接机制的设计上来看,这种设计本身是兼顾了社会保险制度的整合发展和城乡二元社会结构两种社会现实的。从覆盖人口分类来看,一方面新农保既是为农村60岁以上老年人口发放基础养老金,另一方面新农保也是为农村就业人口建立起自愿性储蓄保险。但中国农村就业人口越来越呈现出流动性特征,向城市流动就业但同时无法在城市实现"市民化"是其流动就业的基本特征。这样一种特征也导致农村流动就业人口的社会保险权益得不到充分保障,对于短期流动就业的劳动者来说更是如此,新农保制度对城镇职工养老保险转入和转出都进行了具体的规定,这在很大程度上有利于流动劳动者在城乡劳动力市场之间实现自由流动。这也说明了保护流动农民工这一弱势群体的社会保障权益的优先性,特别是在社会保险制度设计层面上,应当重点分析其所要覆盖的目标人群的属性和就业方式等内容,力争做到最大限度的社会保护原则,而社会促进原则应该是排在第二位的。

四 新农保制度保障水平的嵌入性分析

无论新农保制度的筹资机制如何改进，其制度的可持续发展主要取决于两个因素：一是新农保制度能够对农村居民产生足够的吸引力，吸引其不间断参保，同时能够提高缴费水平；二是新农保制度能够起到较好的保障作用，这是与第一个因素紧密相连的，当然除了个人缴费水平，新农保的保障水平也取决于国家的财政补贴能力以及基金的运行水平等综合因素。但是从现有的新农保养老金替代率研究结果来看，新农保的总体替代率是较低的，甚至不能够发挥"保基本"的作用，这也是为什么新农保对农民没有太大吸引力的重要原因。从制度设计上来看，新农保仍然属于一种低水平的普惠型国家福利。这种制度设计上的选择，当然不是基于农民的实际需要作出的，本质上反映了当前中国经济发展、社会管理和福利政策价值取向等方面的综合性制度环境状态。

首先，中国目前发展社会保险的基本价值取向和目标决定了新农保必须维持低水平的普惠福利性质和以个人缴费为主的鼓励性储蓄特征。党的十七大以来加快以改善民生为重点的社会建设，使得人人享有基本生活保障成为中国目前发展社会保障事业的基本目标。以这一基本目标为指引，国家加大了对社会保障领域的投入力度。其中，新农保当中完全由国家财政支付的基础养老金以及对个人缴费账户的补贴就体现了普惠和公平的国家福利理念，并且成为中国目前少有的几项无差别、无条件覆盖全体对象的国家福利项目（当然这里的全体对象仅为农村无其他养老收入保障的老年居民而非针对全体国民）。但在加大社会保障建设力度的同时，中国也确立了有自己特色的社会保障发展价值取向；那就是通过建设健全社会保障体系来解除人民的后顾之忧，增进人民安全感、幸福感的同时更好地保持本国的国家竞争力。这样一种价值取向决定了中国不可能走北欧福利国家的发展道路，中国的国民福利只能保持在适度水平上；同时在社会保障制度建设上要坚持以缴费型社会保险制度为主体。而新农保的制度设计内容正是深刻体现了这种价值取向，另外又照顾到了人人享有基本生活保障的发展目标。

其次，低水平的制度设计反映了中国目前农村养老保障体系的构成结构。国务院在出台新农保试点指导意见中除了对新农保实施进行制度设计之外，还提出新农保要与家庭养老、土地保障、社会救助等其他社会保障政策措施相配套，保障农村居民老年基本生活。现阶段，国家提出的农村养老保障体系是多元化的，其中家庭养老仍然是农村养老保障的首要支柱，家庭养老在中国既有法律保障也具有文化传统和伦理基础，并且将在相当长时间内与社会养老一起共同支撑农村居民的养老保障，而不是由谁来代替谁的关系，只是在不同的发展阶段两种不同保障形式在整个农村居民养老保障体系中的占比不同而已。而土地保障在农村养老保障中仍然具有现实意义，在农村土地所能发挥的保障作用往往是和自我养老结合在一起的。就农村居民的实际养老方式来看，自我养老所占的比重大约为三分之一。特别是在农村年轻人口普遍向城市流动的背景下，自我养老的比重还在进一步提升，这说明土地在养老保障中的作用将会和家庭养老一样与社会养老长期共存。虽然用社会养老来替代家庭养老和土地保障是世界各国在走向工业化和城市化进程中的共同规律，但这一过程并非一蹴而就的，而是与经济、社会发展水平相适应的过程。这就是要在引导发展社会养老保险的同时将其与其他养老保障有机结合起来共同承担农村居民的养老责任，并且要明确社会养老保险在现阶段仍然没有成为整个农村养老保障体系的侧重点，这些都直接决定了新农保的制度设计在当前必然维持在低水平上。

最后，其他社会养老保险制度在实施过程中存在的问题倒逼新农保的保障水平停留在较低水平上。当前新农保的参保对象和享受对象分别是没有参加或享受城镇职工基本养老保险的劳动年龄段农村人口和退休年龄段农村人口，也可以认为新农保是对城镇职工基本养老保险覆盖范围的一个补充。社会保险具有劳动性和国家强制性的特征，是通过国家法律对劳动者雇佣关系的一种强制性规定。因此，从法律规定上来看，所有形成固定劳动关系的就业者都应该参加城镇职工基本养老保险。对于农村劳动年龄段人口来说，非农就业比重越来越高，但相当比重的农村劳动人口是通过向城市流动来实现非农就业的。流动化的非农就业造成两个结果：一是就业稳定性差并由此伴生大量的非正规就业，非正规就业造成农村非农就业人口在获得职工基本养老保险上处于不利位置，频繁的工作流动和地区流动的交织，进一步加剧了他们稳定获得职工基本养老保险的难度。二是城乡之间的持续流动形成了独特的"半城市化"状态,这种在城市非农就业在农村消费生活的二元分割,使得农村劳动人口对职工基本养老保险的需求既不是刚性迫切的也没有普遍的心理认同。因此,对于流动非农就业的大量农村劳动力来说,在劳资双方的"合谋"下往往会选择主动放弃自己的基本养老保险权益。农村劳动力面临如此特殊的劳动权益保护背景,决定了新农保制度当中由国家承担的普惠性基础养老金和缴费补贴只能维持在较低水平上,否则本来应该由雇主承担的养老保险缴费责任就会间接转嫁给国家,这显然不利于统一有序的劳动力市场的形成。

第三节 养老服务政策变迁的嵌入性分析

"养老服务"作为一个概念明确出现在国家政策文本当中,以及作为学术研究的重要话题,主要都是针对城市居民的养老保障的。这主要是由中国养老保障制度的城乡二元分割造成的,对于农村居民来说,基于收入补偿的养老保险是农村居民面临的最主要养老保障问题。养老服务只是近十多年来由于城市化、人口流动以及农村少子化导致家庭照料资源下降,才成为重要的农村养老保障问题。由此,国家在政策层面上关于养老服务的表述,并没有特别针对农村来制定,甚至由于城市在解决养老服务问题上的紧迫性,反而不少关于养老服务政策和制度的表述是偏向城市居民的。因此,为了便于分析政策文本,在这里我们将国家层面上制定的关于养老服务的政策,而不仅局限于农村层面上的政策,都纳入分析的对象。

一 以家庭为中介的福利传导:再分配经济中家庭养老服务的基础

从现有的政策文本来看,从新中国成立到 20 世纪 80 年代之前中国并没有就养老服务作出系统性的安排,只是通过法律明确了子女照料老人的责任,社会化的养老服务仅局限于为农村"五保"老人和城镇"三无"老人提供供养服务的各类福利院和养老院。在 1958 年八届六中全会通过的《关于人民公社若干问题的决议》中指出"要办好敬老院,为那些无子女依靠的老年人提供一个较好的生活场所"。总的来说，这一阶段的养老服务政策是由国家主导的"救济型"或"剩余型"，其基本特征是养老服务被看作一个私人领域的问题，仅存在垄断性、国家化的有限干预。绝大部分个体的养老服务需求都能够在家庭内部得到解决，养老服务没有也不可能成为普遍的社会问题。对此，不少研究者认为在这一阶段"人口结构年轻化，家庭有充足的人力资源可以提供养老服务，因而家庭作用是主导性的，机构只是一个必要的补充"①。那么，这一时期的养老服务问题仅仅是由老龄化需求与家庭供给之间的平衡关系决定的吗？

事实上，虽然这一时期国家在政策层面上并没有专门出台支持家庭养老的政策文件，但以再分配为特征的经济体制中的经济社会管理制度以及其他福利政策通过家庭传导到了养老服务上，这些都体现了国家对家庭社会保护责任的支持。首先，在再分配经济时代国家在城市通过单位制，在农村通过人民公社这两种社会组织模式实施了大量有利于个体行使家庭责任的经济社会管理制度。一是城乡普遍实施的充分就业制度，有利于个体在家庭与职业发展之间进行平衡。一方面，事实上的终身雇佣制和以公平为导向的收入制度客观上使得个体照料家庭的机会成本很低；另一方面，特别是在城市充分就业制度提高了家庭中女性的劳动参与程度，也促进了女性家庭地位的提升，女性家庭照料的溢出价值被呈现出来，对于女性来说在家庭中提供养老服务成为体现其性别优势的重要手段。二是限制流动的社会管理方式，保证了家庭老人照料资源的稳定性。无论城乡，社会个体在空间上流动的概率极低，严苛的户籍管理制度和粮食统购统销制度使得家庭高度稳定，保障了老年人养老福利的获得。三是单位制在积极履行着社会责任，有利于个体进行家庭照料。再分配时代，单位通过制定灵活的请、休假制度方便个体照料家中老人，特别是积极提倡和切实落实保护女职工的劳动和生活权利，为家庭中老人照料者的女性职工发挥其功能提供了便利。其次，再分配型福利供给制度提供的公共福利和公共服务，奠定了充分家庭养老服务的物质基础。在城市，居住社区与"单位"在空间上的重叠，使家庭能够便利获得由单位提供的公共福利和公共服务，比如几近免费的托儿所增加了家庭成

---

① 董红亚：《中国政府养老服务发展历程及经验启示》，《人口与发展》2010 年第 5 期。

员照料老年人的时间和精力。由单位提供的医疗保健和退休服务中心，一方面为家庭养老服务提供了可替代的照料资源，另一方面也为家庭照料者减轻了心理和身体压力。最后，总体性社会的控制手段强化了家庭养老的文化意涵，有助于家庭提供充足的养老服务。社会个体被国家动员到无处不在的公共生活当中去，这种过度发达的集体生活形成了一种"没有陌生人的社会"，也塑造了全新的社会主义道德[①]。无论是城市还是乡村，广泛而持续的社会主义道德教育运动强化了"尊老"的美德观，另外相对稳定的社区舆论也使得家庭在养老问题上容易形成道德自律。在这两种力量的作用下，家庭养老中的亲情、责任的文化意涵和手段、方式的功能意涵高度重合在一起的，同时上文所提到的福利供给制度和"单位制"、"人民公社"式的经济社会管理方式也为个体充分履行其家庭养老责任提供了便利，通过与家庭养老文化意涵的充分结合，更加强化了家庭养老服务的合理性。

由此可见，国家本质上是站在家庭的背后来解决养老服务问题的，而需要走向前台的国家力量所要解决的只是传统社会弱势群体的养老服务问题，即失去了家庭依托的社会边缘群体。客观来说，这一时期几乎完全家庭导向型的养老服务政策当然也是与政府和民众对老年照料社会责任的认识密切相关的，家庭化的养老观念使得政府对其承担的养老照料责任缺乏相应的认识，但这一阶段政府并不是有意将责任转嫁给家庭，而是通过对家庭的福利支持以及家庭照料者的社会支持来实现家庭养老服务的有效供给。总的来说，这一时期政府能够针对绝大多数老年人的养老服务在政策上做到"无为而治"，是与当时低水平、无所不包的福利体制以及国家支配个体社会生活的福利供给模式紧密联系在一起的。简单来说，国家通过其他福利制度实现着对家庭的支持，并以家庭为中介实现着福利传导，"无为而治"的养老服务政策就是嵌入在这一制度环境中的。

[①] 姚俊：《从职业群体到公共领域——社会团结视域下当代中国公德塑造的路径分析》，《南京社会科学》2014 年第 9 期。

二 市场化时代的养老服务政策：制度环境的变化及其影响

市场化改革以来，养老服务政策所嵌入的制度环境发生了重大变化，这种变化直接导致了市场化导向的社会养老服务政策出台。

首先，社会政策目标与社会福利理念发生了根本性转变。再分配时代社会政策的目标是通过"再分配机制"实现社会公平。在实现手法上，各种福利资源都高度集中在国家手上，并通过科层制的官僚体系执行社会政策。市场化改革以来社会政策日益失去独立性并转向服务于经济增长，社会政策改革的出发点是为了减轻国家和企业的负担，弱化国家在社会福利提供上的角色和功能，忽视了公众不断增长的福利需求[①]。在福利理念上，改革者普遍认为再分配时代所提供的普遍福利是导致经济效率低下和缺乏竞争力的重要原因，市场化改革之前由国家提供的福利待遇已经成为国家的福利负担。因此，政府在公共服务领域不断后退是整个市场化时代最重要的社会政策特征。同时，20世纪80年代以来新自由主义席卷全球并在社会舆论中占据主流，从发达资本主义国家、东亚发展型国家到原社会主义国家，都不约而同地将新自由主义当作改革的模板[②]。这种思潮在西方福利国家改革中主要表现为混合福利模式的提出，市场作为一种更为高效的福利生产方式越来越得到重视。在国内体制改革目标转变以及国际福利国家改革的双重影响下，中国在福利供给的责任与福利的生产方式两个方面都发生了重大转变。在"由谁负责"上，个人和家庭被认为应当承担起福利供给的主要责任；在"如何提供上"，不断从集权的治理模式走向分权，民营化、市场化和社会化的改革措施被广泛接受并付诸实施。总体而言，福利的筹资和供给都应该由国家走向市场或其他非政府组织，这成为主导市场化改革阶段中国社会政策和福利的核心理念。也正是在这种理念的影响下，20世纪八九十年代养老服务政策关注的重点是福利机构的社会化改革。

---

① 岳经纶、郭巍青：《中国公共政策评论》（第2卷），上海人民出版社2008年版，第2页。

② 李姿姿：《当代国家治理模式的变革及其启示——对福利国家、发展型国家和转型国家当代发展的考察》，《甘肃行政学院学报》2009年第4期。

其次，制度变迁与结构转型双重压力下的经济社会管理方式变迁，导致家庭的养老服务功能被日益弱化。家庭结构转变造成的家庭照料资源下降是其养老服务功能弱化的重要原因，但这种服务供给能力的下降更多是结构性因素引起的。市场化、工业化、城市化等因素从以下几个方面削弱了家庭的社会保护功能：一是家庭成员的就业结构由体制内为主转向体制外为主。绝大多数企业从再分配经济时代的"单位"转变为市场经济时代的自由竞争者，企业既没有义务也不太可能承担帮助职工平衡工作和家庭责任矛盾的社会责任。诸如养老服务这样的家庭责任被当作是与企业无关的个人私事，特别是由充分就业制转向劳动力市场的"优胜劣汰"制，个体也都倾向于在工作和家庭责任之间选择前者。二是居住结构由单位小区转向商品化住宅。"单位制"的瓦解造成了居住和工作的彻底分离，特别是住宅商品化改革使得个体对居住社区认同感降低，社区互助和邻里守望相助等传统社区精神衰落，社区也丧失福利提供平台的职能，特别是社区福利功能如老人照顾也逐步社会化和商品化[1]。家庭在承担老人照顾责任时较少能够获得来自居住社区的正式或非正式支持。三是社会管理结构由"嵌入型"转向"原子化"。市场经济时代个体的流动性空前增长，原本深度嵌入在单位、家属区或村庄中的个体日益转变为"原子化"个体，传统社会管理对家庭生活的深度介入也逐渐后撤到仅在法律层面上对婚姻和赡养等进行管理。这一方面降低了家庭的稳定性，客观上削弱了家庭的养老照护资源；另一方面也降低了家庭养老的文化意涵，主观上削弱了家庭提供充分养老服务的道德自律性。总的来说，再分配经济时代通过家庭进行传导的福利生产机制被彻底瓦解了，家庭在继续承担养老服务责任的同时已经无力提供必要的服务内容，这就需要在国家和家庭之外寻找新的养老服务供给主体。

最后，工具化的社会保护制度重建过程边缘化了养老服务政策。市场化改革一方面放弃了普遍主义福利模式，另一方面也使得决策者认识到市场经济需要社会保护，这就形成了中国福利体制在市场化改革过程中缓慢、尝试性和滞后发展的独特现象。从中国福利体制重建的动力来

---

[1] 张秀兰、方黎明、王文君：《城市家庭福利需求压力和社区福利供给体系建设》，《江苏社会科学》2010 年第 2 期。

看，是一个被动反应性过程，是"为了消减社会权利坍塌带来的冲击；是提供救济，而不是为了发展；是支持短期消费，而不是为了减少长期贫困；是治标，而不是治本"①。因此，社会保护制度重建的重点对象是劳动力市场内的正规就业者，重点领域是以就业为基础的社会保险领域，重要目标是解决劳动者的收入维持问题，并以此来实现社会的稳定。总的来说，中国的福利体系主要建立在社会保险制度上，另外还有一些最低的、驳杂的补充性项目，包括提供底线的贫困保护，福利服务微乎其微、缺少必要的家庭政策②。这种社会保护制度重建的工具化倾向还导致政府与家庭的责任边界被推向家庭一边，家庭在制度层面被高度工具化，原本家庭中的"尊老爱幼"的文化意涵被最大限度功利化操作并落实到功能层面上。而属于个人社会服务领域的养老服务，一方面属于福利体系发展到较高水平的福利产品，另一方面也不会对市场经济改革产生冲击，这两个属性也即意味着养老服务在一个出于经济必要性的、反应性的福利体系当中注定是要被忽视掉的。当然这也并不是说政府完全忽视自己的责任，失去国家分担责任的家庭不能满足日益增长的养老服务需求，面对这一现实，政府鼓励由家庭出资向市场购买相关服务，推进社会福利社会化并由此带动第三产业的发展。

由此可见，在市场化时代国家虽然基本延续了再分配时代"补缺型"的养老服务政策，并且将养老服务由家庭这一私人领域推向市场，这种转变表面上看是一种进步，但就其根本反映的是养老服务政策所嵌入制度环境的重大变化。养老服务的市场化政策本质上反映了国家在养老责任承担上的后撤，在更深层面上又是由市场化改革以来社会政策目标和重建社会保护制度的福利理念所决定的。

三 多元介入与合作："社会政策时代"的养老服务安排

进入 21 世纪特别是十六大以来，面对政府社会保护功能弱化造成的

---

① Cook, S., N. Kabeer and G. Suwannarat, *Social Protection in Asia*, Delhi: Har–Anand Publications, 2003, p. 71.

② 岳经纶、郭巍青：《中国公共政策评论》（第 7 卷），上海人民出版社 2014 年版，第 14—15 页。

大量社会问题和全社会对此的普遍关注,中国政府开始改变偏重经济政策而忽视社会政策的政策导向,将更多的资源投入到以改善民生为主的社会建设上来。从中共十六大首次提出将社会更加和谐作为全面建成小康社会的目标之一,"和谐社会"与"社会建设"逐渐成为中国政治社会生活中最为重要的主题语,十六届四中、六中全会以及党的十七大、十七届五中全会、党的十八大都分别以党代会报告、全会决议以及对国民经济社会发展规划建议等诸多形式重申了党在社会政策领域的政治宣言,简言之,中国进入了一个"社会政策时代"。同样在 21 世纪之初,中国也正式迈入了标准的老龄社会,养老服务的重要性日趋体现,其政策发展也迈入了社会化加速和全面体系化阶段。自 2000 年以来,上海等各地陆续开展了居家养老服务试点工作,在总结经验的基础上,2008 年国务院十部委出台了《关于全面推进居家养老服务工作的意见》,明确了居家养老服务依托社区、社会化的发展原则。2006 年《关于加快发展养老服务业的意见》中首次提出了"以居家养老为基础、社区服务为依托、机构养老为补充的服务体系"。这一提法在 2008 年民政工作会议上得到进一步确认,2011 年国务院发布了社会养老服务体系建设"十二五"规划,将这一体系建设的内容制度化。从以上政策文本内容来看,21 世纪以来中国养老服务政策发生了两点重大转变:一是国家责任的回归。国家从再分配时代的在后台为家庭提供支持到市场化时代的全面后退,再到社会政策时代的走向前台,体现了国家在养老服务提供上的责任。这种责任一方面体现在国家致力于构建养老服务体系的努力上,另一方面也体现在调动和引导各方力量参与养老服务,将养老服务由"补缺型"向"适度普惠型"发展。二是养老服务产品的生产走向多元复合模式,多元主体复合生产成为今后养老服务产品供给的主要方式。养老服务向着体系化建设发展正是反映了福利多元化的生产方式,家庭、社会组织和市场在养老服务生产中建立合作伙伴关系来有效满足日益增长的养老服务需求。

  以上养老服务政策的转变本质上是与进入 21 世纪以来社会发展的理念以及福利治理转变的制度环境密切相关的。首先,"以社会建设为重心"的社会发展战略所营造出的制度环境对养老服务政策的转变具有决定性意义。在发展本身的正当性、经济发展自身的需要和政府职能转变的需要等要素的推动下，党和政府的工作正经历一个从以经济建设为中心到以社会建设为重心的发展①。"以社会建设为重心"直接带动了中国社会政策的扩张：第一，政府的福利责任得到了空前的强调，突出将"国家带回"社会福利领域；第二，社会福利制度的内容更加完整，更加注重"以人为本"，从以收入维持为主的社会保险项目发展到以个人需求满足为导向的社会服务上来，养老服务这一社会福利制度的空白点得到了填补；第三，地方政府在社会政策创新中表现出了积极态度，上海、宁波、苏州等老龄化程度较高的城市积极探索更好开展居家养老服务的方式方法②。正是在这种社会政策扩展理念的影响之下，各级政府都意识到养老服务已经超出了家庭私域的范畴而上升为一种社会服务，必须由相应的社会福利制度作出安排。其次，一元向多元福利治理模式的转变为养老服务的体系化发展提供了契机。中国的市场化改革就其根本是要建立一种新的高效资源配置方式，社会政策领域的改革也不例外，其核心在于如何有效地实现福利供给。1979年以来中国的福利治理正由再分配时代的集权主义官僚治理模式转向市场化初期以"下放权力、动员市场力量"为特征的"解制型治理"模式，再到市场化相对成熟时期的"市场促进型治理"模式③。在新的治理模式当中，除了市场或民营部门，非政府部门在福利供给中的作用更加突出，社会福利的生产者也变得更加多元化。同时，在这种福利生产的混合经济条件之下也更加强调国家的"宏观控制"，政府也在职能转变过程中促进社会政策更高效的供给和执行。最后，社会公众不断增长的社会权利意识促使国家发展养老服务体系作为回应。对于福利国家的发展，一直存在工业主义的逻辑和政治斗争的逻辑两者之间的争论，但无论如何公民权利都是指引其发展的基本理念。社会福利制度本质上不是工具，也不是目标，而是一种社会公平正义的价值观，是公民权利的体现。经过几十年市场经济洗礼，中国

---

① 王小章：《从"以经济建设为中心"到"以社会建设为重心"》，《浙江学刊》2011年第1期。

② 岳经纶、郭巍青：《中国公共政策评论》（第7卷），上海人民出版社2014年版，第2页。

③ 岳经纶、郭巍青：《中国公共政策评论》（第2卷），上海人民出版社2008年版，第6—16页。

人的公民意识正不断觉醒，权利诉求正不断提高，要求公平分担发展成本、共享发展成果的呼声不断高涨①。这种公民权利意识的增长一方面促使公众认为政府应当承担更多的福利责任，另一方面也使得公众对公民"应享权利"范围的认识不断扩展。因此，当公众对养老服务需求增长的同时也逐步认识到这不是单单由个人或家庭所能解决的问题，而是属于全体社会成员均需享受的"最低限度"的基本生活需要，政府应当更加积极地回应公众的这种福利需要。

"一个民族的文明质量可以从这个民族照顾其老人的态度和方法中得到反映"，由此可见，养老服务发展程度不仅事关亿万老年人的福祉，也是国家发展水平和文明程度的反映。在福利集权治理的再分配经济时代，家庭是实现养老服务需要最传统也是最自然的手段，市场化改革对家庭人口结构和家庭福利的冲击使得养老服务需求难以从自发的手段中获得满足，养老服务就成为一种社会问题，需要一种新力量的介入来实现需要的满足②。这种力量要么加强那些传统自发手段的作用，要么重起炉灶。市场化初期的养老服务，国家鼓励通过市场化的途径来承担家庭养老责任，然而市场化手段一方面滞后于人口年龄结构变化对养老服务需求的增长速度，另一方面宏观政策调整的方向还与这种需求背道而驰。这就促使政府运用更加多元和合作的手段将养老服务政策向体系化方向发展。回顾中国养老服务政策的发展历程，我们看到了中国人口年龄结构由青年型或成年型向老年型过渡的一种社会政策上的回应，那么是否可以认为中国养老服务政策变迁是需求导向的，其背后的动力机制是否仅仅就是人口老龄化与中国家庭人口结构的变化。从制度嵌入性的视角来看，中华人民共和国成立以来中国养老服务政策的形成与变迁在对养老服务需求作出回应的同时更受制于更大的宏观制度结构，受到不同发展时期国家整体发展战略、国家发展社会福利的基本理念、经济社会管理模式以及社会福利治理模式等制度环境要素的制约，这些制度环境要素是决定养老服务政策变迁的关键变量。这也表明，养老服务政策要能

---

① 王小章：《从"以经济建设为中心"到"以社会建设为重心"》，《浙江学刊》2011年第1期。

② 张秀兰、徐月宾：《建构中国的发展型家庭政策》，《中国社会科学》2003年第6期。

够有效回应社会的需求，需要一个合适的制度环境。作为社会保障制度中个人社会服务的重要组成部分，养老服务体系的发展不但需要社区、非政府组织以及市场化养老机构在服务提供上协同发挥作用，更需要政府在养老服务的筹资、整合和监管上起到主导作用。当然这一切都有赖于我们真正迈向一个基于公民权利导向的社会政策时代。

第四节 农村居家养老服务设计的嵌入性分析

在上一节中，本书从制度变迁的视角分析了中国养老服务政策是如何嵌入宏观制度环境中并实现制度演变的。以上研究反映的是变迁的视角，而回到农村社会养老服务本身来说，发展农村居家养老服务已经成为政策制定者、基层政府、养老服务供给者和学术界的一个基本共识，这一政策选择及其基本内容也是一定制度环境及其运作的结果。在本节当中，本书将从农村居家养老服务的本质、筹资、供给和服务递送等几个部分进行嵌入性分析。

一 公共与私人物品的双重性：农村居家养老服务的本质特征

在中国农村，由于数千年来家庭养老的基本传统及其与孝道文化的天然结合，家庭养老似乎已经深入人们的文化基因当中，发展农村居家养老服务，首先就要厘清这两个基本概念之间的区别。居家养老不同于家庭养老，有研究者从时代背景、支持系统以及责任主体等方面指出了两种养老方式的区别①。从表面上看两者最大的区别在于前者的养老服务是通过社会化的方式获得的，而后者是由家庭成员或亲属网络所提供的；而两者最本质的区别在于区分了两种完全不同的责任主体，家庭养老的责任主体是家庭和宗亲，而居家养老的责任主体是国家、社会和家庭，这一点也就决定了居家养老服务的属性特征完全不同于家庭养老服务。而从普惠型福利理论出发，无论是基于个人需要为导向，还是从西方福

---

① 丁建定：《居家养老服务：认识误区、理性原则及完善对策》，《中国人民大学学报》2013年第2期。

利国家个人社会服务的构成来看,居家养老服务都是社会福利服务的重要内容,是政府应当提供的一种基本公共服务。2007年年底,民政部提出社会福利由"补缺型"向"适度普惠型"发展,并且将老年人福利作为重要的试点内容进行工作推进,这种福利目标定位的转变也直接反映在中国养老服务政策的内容上:首先,政策覆盖的对象不断扩大,由过去的城镇"三无"老人和农村"五保"老人扩大到高龄、独居、生活有困难(失能、失智等)老人和其他有个人社会服务需要的老年人群。对于扩大后的这部分老年人的养老服务需求主要通过居家养老服务的方式来满足。其次,政策提供的服务内容日益丰富,由过去的生活救济和物质层面转向康复护理、医疗保健、精神娱乐、情感关怀等诸多方面,更加注重老年人个人、心理和社会参与层面服务的满足。在政策和实践上居家养老服务作为一项社会福利日益被纳入中国"适度普惠型"的社会福利体系当中,从福利伦理上来说应该由政府承担服务供给的责任,应纳入政府公共服务范畴中去。因此,这部分居家养老服务通常被定义为福利性居家养老服务,并且具备以下两点特征:一是服务对象仍然是"选择性"的,但与"补缺型"福利所不同的是,这里的选择不是基于某种社会经济标准而更多是"自我养老能力"的标准,通常这部分服务对象是"自我养老能力"不足的老年人,具体包括高龄老人、失能老人、失智老人、空巢老人等;二是服务内容是最基本的生活辅助型服务,所能满足的是自我养老的基本需求,具体包括日托、送餐等生活照料服务,简单的医疗康复服务和陪伴聊天为主的精神慰藉等,这些服务更多仍是家政层面上的,是属于低层次狭义养老服务范畴内的。

福利性居家养老服务从需求性质上来说都是老年人迫切需要满足的基本需求,在"适度普惠型"社会福利制度当中属于政府应当提供的基本公共服务。而从需求特征上来说,一方面,作为需求者的老年人,虽然"自我养老能力"较弱,但由于收入水平不高和消费观念滞后,他们购买居家养老服务的意愿和支付能力都不足,或者说他们希望通过更加优惠的价格获得基本居家养老服务;另一方面,从老年人居家养老服务需求内容来看,服务提供的技能含量较低、可替代性高。就第一个特征而言,明显是与市场主体的营利性目标存在冲突,而第二个特征则决定了市场主体很难通过提供福利性居家养老服务获得丰厚的利润。总的来说，这两项需求特征决定了通过竞争性市场无法充分供给福利性居家养老服务，非竞争性成为福利性居家养老服务供给的基本特征。通常，公共产品供给理论将竞争性作为区分私人物品和公共物品的重要标准，由此可见，福利性居家养老服务具备公共物品的属性，这些服务不仅在福利伦理层面上也在供给技术层面上成为需要政府和社会予以解决的问题。

居家养老服务从其消费内容来看，具有排他性，特别是一些居家养老服务的内容超出了基本公共服务的范畴，同时也是当前政府福利支持能力所不能承受的，这些服务就不再具备公共物品的属性。但通常这些居家服务（包括医疗保健、健身娱乐、生活援助等）又是老年人现实需要的并且部分老年人也具有支付意愿和能力，我们就把这些服务看作市场性居家养老服务，属于私人物品的范畴。由此可见，居家养老服务在物品属性上具有双重性，其中福利性居家养老服务属于公共物品，而市场性居家养老服务属于私人物品，这即是农村居家养老服务的本质特征。

二　农村居家养老服务筹资机制的嵌入性分析

在农村发展居家养老服务首先必须立足于需求分析，正如在第一章研究背景中所展现的，农村老龄化程度的加重与家庭照料资源的减少二者相叠加使得社会化养老服务成为农村现实而紧迫的需要。从经济学基本原理出发，需要要转变为需求，必须建立在有支付能力的前提之下，如何形成居家养老服务的支付能力，也即是居家养老服务的筹资机制。较之于新农保制度，农村居家养老服务还没有上升为全国统一推行的保障制度，政策推动还停留在各地区积极试点基础上，国家层面上主要集中在制度设计和政策倡导，也没有从财政投入上明确从中央到地方各级财政的责任，各级政府主要是以项目制的方式进行资金投入。从农村居家养老服务资金投入来看，主要存在政府、社会保险和家庭等筹资主体。从实施现状来看，农村居家养老服务筹资机制存在以下特征：一是作为资金主要来源的政府投入缺少刚性规定和统一的协调规划。在城乡居家养老服务中，政府直接的财政补贴成为居家养老服务补贴的主要资金来源，几乎占到九成以上①。由于中央政府关于推进养老服务发展的文件并没有纳入政府工作考核之中，对地方政府的执行行为并没有强制性要求，因此，各地普遍的做法是根据行政区划内老龄化水平将居家养老服务纳入政府的办实事项目当中。由此造成的结果是各地会根据民生项目的轻重缓急以及财政承受能力的大小对居家养老服务项目选择性投入。同时，来自政府的补贴投入又来自不同政府部门，涉及各类专项资金，而养老服务本身并没有作为一类投入专项列入政府预算，投入资金来源的多元化导致很难根据居家养老服务本身的特征和需求制定中长期投入规划，也导致对居家养老服务财政补贴金额的年度变化处于不稳定状态。二是农村家庭面临居家养老服务的筹资约束。如上文所述，居家养老服务属于准公共产品，这就要求个人必须支付一定比例的费用。对于农村需要居家养老服务的老年人来说，其收入来源主要包括新农保养老金、个人储蓄和子女的经济供养，其中：新农保当中"中人"和"新人"的替代率在14.11%—30.84%②，而对于已经处于领取状态的"老人"来说实际替代率会更低，这意味着农村老年人居家养老服务的资金很难依赖"新农保"养老金；农村老年人在其生命历程中需要完成抚养子女成年、为成年子女结婚成家等重要事件，特别是为成年子女结婚成家几乎耗尽了其一生积蓄甚至要背负沉重的债务，因此，个人储蓄几乎不可能成为居家养老服务的筹资来源；诸多的实证研究都证明在子女普遍外出务工的背景下，农村子女对留守父母的经济支持普遍得到提升，年均经济支持额度达到3270元左右，占留守老人总体收入的50.6%③，预计这一比例在需要接受居家养老服务的农村老年人中更高。由此可见，地方政府财政投入和子女经济供养是农村居家养老服务的重要资金来源，下面我们着重分析这两个筹资主体的资金投入行为。

---

① 张歆：《城市居家养老服务资金发展困境：障碍与对策——以上海为例》，《现代经济探讨》2014年第7期。

② 邓大松、薛惠元：《新型农村社会养老保险替代率的测算与分析》，《山西财经大学学报》2010年第4期。

③ 宋月萍：《精神赡养还是经济支持：外出务工子女养老行为对农村留守老人健康影响探析》，《人口与发展》2014年第4期。

(一) 地方政府居家养老服务资金投入的嵌入性分析

从各地发展农村居家养老服务的投入力度、投入领域以及变动情况来看，地方政府的资金投入呈现出以下特征：一是资金投入的持续性不足，资金投入随着政策出台与实施而波动；二是资金投入的总量有限，福利公益金的投入比例大幅度超过财政预算资金；三是资金投入的重点是服务供方，大部分资金用于居家养老服务机构的建设补贴和运营补贴；四是市、县（区、市）级政府是资金投入的主体，中央和省级政府的资金投入责任缺位。以上特征是由政府资金投入行为的嵌入性所决定的：

首先，地方政府的资金投入行为是嵌入在其对模糊政策的执行策略当中的。中国对农村居家养老服务的认识定位是社会福利政策，主张政府资金对居家养老服务体系的投入以及强调政府引导社会资金参与居家养老服务体系的建设[1]。从政策文本内容来看，发展农村居家养老服务政策内容大多是以发展方向与价值取向的阐释为主，缺少具体的政策执行规划，中央政府要求地方政府自行探索本地区的社会化养老服务，没有对地方政府提供工作指导和技术建议[2]。由此可见，发展居家养老服务是一个典型的模糊政策。而对于科层制组织来说，执行政策时需要政策的精确性而非模糊性，执行模糊性政策时，胡业飞等提出科层制下政策执行者的基本行动策略是削减政策的模糊性、提升政策的清晰度，进而实施科层制组织所熟悉和明确的"行政性执行"，他们提出了两种科层制组织执行模糊政策的行动策略工具：一是"求解"，也就是根据上级政府对模糊政策的解释、规划或配套政策确认上级政府的意图，同时上级政府的这种意图是以资金支持为背书的，上级政府对基层政府项目投入的资金越大，说明对基层政府的认同越高。由此，我们可以解释为什么在发展农村居家养老服务时，市、县（区、市）两级政府是资金投入的主体，并非是因为中央和省级政府没有资金，而是因为政策本身的模糊性，上级政府资金投入越多，越可能说明上级政府对某种发展模式是认同的，

---

[1] 张歌：《居家养老服务资金的政策效果分析——以上海为例》，《河南大学学报》（社会科学版）2015年第2期。

[2] 胡业飞、崔杨杨：《模糊政策的政策执行研究——以中国社会化养老政策为例》，《公共管理学报》2015年第2期。

而这有悖于中央和省级政府引导地方政府发展符合地方实际需求的居家养老服务的政策初衷。二是"替代",也就是通过分析政策内容,挑选出相对明晰的政策内容,将其替代或者是部分替代模糊政策,进而开展政策执行工作。对于农村居家养老服务政策执行来说,居家养老服务机构建设与运行较为清晰,能够转化成为量化的发展指标,也能够较好地应对上级传递下来的政策执行压力。因此,我们可以看到在农村居家养老服务的资金投向上,更多投向居家养老服务的供方。

其次,地方政府的资金投入行为是嵌入在福利国家转型过程中地方政府的角色当中的。2003年以来中国福利转型的一个重要结果是社会保障的地域化倾向,这种地域化倾向的动力,一是来源于自改革开放以来所形成的地方政府在发展过程中的主动角色传统,只不过过去地方政府主要在经济发展中承担这一角色,并形成了所谓"地方国家组合主义模式的政治经济关系"[1];二是来自中央与地方政府权力关系变动,中央向地方政府放权以及条块关系之间的权力变动使得地方政府在政策执行过程中拥有很大的执行裁量权。回到居家养老服务,我们看到由于这一福利项目不同于新农保作为一般社会保险必须遵守人数法则的基本原理。从政策需求来看,由于老龄化水平不同、家庭照料资源不同造成各地所面临的养老照料社会问题的严重程度不同;从应对资源来看,国家纵向财政管理体制的刚性和其他非预算内收入的柔性,决定了各地在应对养老照料问题时可以动用的财力水平不同。由此可见,一方面,经济与社会发展的地方分权与各地自行发展的政治逻辑,以及中国福利权力类别阶层化发展的演进路径,决定着中国社会保障发展的地域化背景;另一方面居家养老服务供需的现实与地域化背景的契合又进一步强化了地域化倾向[2]。反映到地方政府的资金投入行为上,地方政府会根据养老照料问题的严重程度决定投入的大小,进而形成资金投入的不稳定特征;地方政府会尽量选择非预算收入使用的柔性特征,进而形成资金投入依赖

---

[1] Oi, Jean C., "The Role of Local State in China's Transitional Economy", *China Quarterly*, No. 144, December 1995.

[2] 施世骏:《社会保障的地域化:中国社会公民权的空间政治转型》,《台湾社会学》2009年第18期。

福利公益金的局面。

（二）社区在居家养老服务投入的嵌入性分析

除了地方政府，由于农村居家养老服务的机构建设与日常运营都离不开村级社区的支持，因此，社区是农村居家养老服务筹资的另一重要主体。从实地访谈的情况来看，各地村级社区在居家养老服务资金投入上呈现以下特征：一是社区对居家养老服务投入的方式更加多元化，社区不一定以资金的形式进行投入，也通过场地、设施设备、劳务或链接服务的方式进行投入，社区的投入具有鲜明的"因地制宜"特征；二是社区通过社区内社会组织承担组织化再造社会福利（居家养老服务）的功能，农村社区内的老年人协会等自治社会组织一方面通过链接社会资源的方式为社区居家养老服务筹集资金、物资和服务，另一方面也组织社区内不同年龄段村民参与为老年人提供养老服务的志愿服务；三是社区通过项目引进带动村民个人购买居家养老服务，通过各种方式争取各类政府或民间养老服务项目进村，通过项目为村庄提供公共养老服务增强了村民购买养老服务的自愿性。以上村级社区对居家养老服务投入的特征，本质上是嵌入在中国农村公共物品的供给模式和中国基层社会治理模式当中的。

首先，村级社区的投入行为是嵌入在农村公共物品供给模式当中的。虽然农村居家养老服务只具有准公共物品的属性，但由于其服务的递送离不开一定的基础设施和服务人员，因此，需要纳入农村公共物品的供给中统筹考虑。村级社区应该提供哪些公共物品？这一问题的结果具有地方性特征，是在村民与村干部的互动中明确的，受到村庄集体记忆、村庄资源禀赋和机会结构、村干部的角色定位、国家对农村的政策等方面的影响[①]。居家养老服务作为准公共物品进入村级社区，很大程度上是国家政策倡导和基层现实需求相结合的结果。同时一般村民对于居家养老服务这一准公共物品内涵的理解与国家的界定存在差异性，村民与村级社区对居家养老服务公共物品属性的理解水平和达成一致程度决定了村级社区投入行为的权变特征。总的来说，农村社区公共物品的供给经

---

① 李翾、孙飞宇：《从草根工业到项目制：对村庄公共品提供传统的回归——兼论村庄治理的物质基础》，《学术论坛》2017 年第 1 期。

历了由国家主体退去后的农村社区多方力量共同运作下的自我供给（具体表现为乡村工业化过程中的能人治村模式和家族福利功能的复兴），向国家主体回归背景下"项目制"为主的多元化供给转变的过程，特别是随着以民生发展为主的社会政策的快速扩张，通过项目带动的"一事一议，财政奖补"已经成为中国村庄公共物品配置的新模式①。对于居家养老服务这种国家政策倡导的公共物品供给，村级社区的投入动力不足，主要来自对上级"项目"的争取和配套上，因此，村级社区的投入会呈现出发动社区内社会组织的人力资源配套上级"项目"的特征。

其次，村级社区的投入行为是嵌入在村庄治理模式转变当中的。组织和提供公共物品是村庄治理的重要基础，反过来村庄治理模式也影响着村级公共物品的供给方式。治理主体、资源和方式是村庄治理模式的三个重要方面，随着时代的变迁以上三方面的变化形塑着村庄的治理模式。随着中国进入"以社会建设为重心"的民生时代，"项目制"一方面成为改善农村公共福利的重要途径，另一方面也在客观上成为国家治理农村的重要方式。民生项目作为一种外在资源，项目的经营和维持成为村庄治理的重要手段。项目治村的模式表现出明显的经营性治理特征：一方面项目成为村庄发展的战略，另一方面按照成本—受益的原则经营项目②。居家养老服务项目由于是以服务供给为目标，不同于其他资金投入量较大的基础设施建设项目，村级社区参与此类项目的逐利动机不强。因此，村级社区更愿意以场地、设备设施的方式投入居家养老服务项目当中，并与基层政府的"替代"式政策执行实现共谋。在居家养老服务项目引入村庄后围绕着利益分配进行具体实施，将项目资金转到能够实现"政绩"和实在利益的设施建设项目中去，而对于具体的服务供给目标，尽可能通过社区内社会组织发动村民的方式去实现。这种村级社区投入行为本质上反映了一种项目进村背景下的分利秩序型乡村治理模式下村级社区管理者的行动逻辑。

---

① 徐琰超、尹恒：《村民自愿与财政补助：中国村庄公共物品配置的新模式》，《经济学动态》2017 年第 11 期。

② 谢小芹、简小鹰：《从"内向型治理"到"外向型治理"：资源变迁背景下的村庄治理——基于村庄主位视角的考察》，《广东社会科学》2014 年第 3 期。

三 农村居家养老服务供给机制的嵌入性分析

在农村发展居家养老服务必须立足于供给分析,居家养老服务与一般市场物品相比具有一定的特殊性,具体表现在:一是本身兼具公共物品与私人物品的双重属性;二是养老服务本身的专业性和复杂性;三是由于老年人作为服务对象的特殊性,需要通过合适的递送方式实现服务的送达和老年人的有效使用。这三个特点决定了供给分析应关注于服务供给的主体、内容和递送方式三方面内容。特别值得关注的是,居家养老服务的递送方式起到连接需求、供给主体的作用,同时又与服务内容密切相关,行动机制更加复杂,并且居家养老服务在供给主体和服务内容上的特征还通过服务递送方式表现出来。

从服务供给主体来看,当前农村居家养老服务的提供者主要包括社区服务机构、社区志愿者、社区医疗机构以及专业化养老服务机构等。从各地实践来看,特别是先行地区成功实践的经验来看,基本形成了社区主导,政府、市场和其他社会组织多元协同参与的格局。从功能上来说,村级社区主要发挥组织运营的作用,成为居家养老服务的主导者;政府扮演着政策制定与资源输入者的角色,社会组织起到专业化技术支持与指导的功能[①]。由此可见,当前农村居家养老服务供给主体之间构成了一种结构功能状态,供给结构中的不同主体承担着不同的功能,同时功能需求的变化又带来供给结构的变化。从服务内容上来看,居家养老服务应包括基本医疗、康复保健、精神慰藉等专业化服务,也包括基本生活照料等专业化程度较低的服务内容,服务内容的满足需要连接不同类型的服务主体。以上是关于居家养老服务供给机制的理论分析,服务递送方式则反映了各地实际运行的情况,实证调查结果显示各地居家养老服务递送呈现以下特征:一是村级社区作为服务的组织者,通过服务提供者和生产者的本地化进行服务供给,服务的方式一般分为集中式服务和上门服务两种;二是服务内容普遍以"保基本"为主,以"便民食堂"为主的家政服务加上村卫生室提供基本医疗保健,构成了基

---

① 班涛:《社区主导、多元主体协同参与:转型期农村居家养老模式的路径探讨与完善对策》,《农村经济》2017年第5期。

本服务；三是尽可能发挥农村社区自治组织的作用，实现本地多元化供给；四是专业化组织和机构参与程度低，养老服务质量不能得到保证。总的来说，农村居家养老服务的供给是一个依托村级社区的本土化自我组织化供给的递送模式。这样一种供给模式实际上是当前农村基本公共服务供给的一个缩影，但同时也明显带有项目制推动下"自上而下"的特征。

首先，居家养老服务供给机制是嵌入在农村社区治理当中的。近年来随着基本公共服务迈向城乡一体化发展，公共服务社区化逐渐成为农村公共服务供给和服务资源调配的新模式，这种模式的特征是以社区为平台，不断扩大公众参与的广度和深度，以社区自组织为媒介，加强区域服务资源调配，从而满足居民的公共服务需求①。从农村居家养老服务供给的特征来看，其运行是典型的公共服务社区化模式，而公共服务的社区化必须建立在一定的内生动力和外在刺激的基础上，并在社区层面上实现公共服务的整合，也就是说，公共服务社区化与农村社区治理息息相关。一方面，农村社区的公共性是保证村民参与公共服务的基本保障，农村的现实情况是流动性和阶层差异性日益削减了村民的地域认同和承担村庄公共责任的意识，公共服务的参与依赖于基于人情、面子的社会动员和个人现实利益的综合考量，缺少自愿参与的动力源。这种社区公共性状况决定了居家养老服务本地化生产的质量和水平，通过定性访谈也发现通常社区公共性程度高的村级社区其居家养老服务开展得也好。另一方面，村级组织的自组织能力决定着社区公共服务的供给能力，虽然村级社区在税费改革后自身汲取资源提供公共服务的能力大为削弱，但在项目制治理背景下，村级社区对接项目、开展项目和管理项目等方面的自组织能力直接决定了公共服务的供给能力，进而对村民的公共服务"获得感"和公益活动参与行为产生影响。实证调查结果也表明，村级社区内部具有较强自组织能力的村庄，其居家养老服务往往发展得也好。

其次，居家养老服务供给机制是嵌入在碎片化的项目制运行结构中

---

① 任贵州、杨晓霞：《农村公共服务社区化的内生机制》，《重庆社会科学》2016 年第 7 期。

的。项目制供给已经成为分税制改革之后政府在农村进行公共服务供给的重要方式，作为公共服务之一的农村居家养老服务也不例外。项目制虽然在制度设计上打破了条块分割的科层制体系，但在实际运作过程中却无法完全冲破科层制体系的束缚。农村公共服务项目在实际运作过程中仍然要遵循区域划分和部门划分，这种对科层制体系的依附关系导致农村公共服务项目也呈现出碎片化现象[①]。这种科层制对项目的深度介入特征使得农村公共服务从分税制改革以前的"块块供给"转变为"条条为主，块块为辅"的供给方式，横向部门成为项目制资金在村庄的分配者和项目运行的推动者。农村居家养老服务项目通常是由民政部门负责推动，按照这种"条条化分"原则，民政部门缺乏专业养老服务、医疗服务人才以及管理经验的劣势就显现出来，导致居家养老服务供给在内容上单一化。除了科层制的介入，项目制运作过程还是一个利益秩序形成的过程，并且这种分利秩序是由基层组织的自利性、地方政府的逐利性以及农民趋利性共同主导的[②]。由于居家养老服务属于国家所倡导的普惠型社会福利，国家主要在政策层面上而非项目资金上进行投入。因此，对于逐利性的地方政府来说，推动农村居家养老服务的动力不足，通过项目试点的方式进行试验性执行成为其一种理性选择。而对于自利性的村级基层组织来说，通常按照"成本—收益"的原则来运行项目。与其他公共服务项目不同的是，居家养老服务项目对于村级组织的"吸引力"不高，究其原因：一是因为居家养老服务项目开展的"成本"高，通常需要牵扯进村级组织大量的精力和人力；二是项目开展的收益低，特别是作为后续投入的居家养老服务运行经费远没有其他基础设施项目"有油水"。项目制中两级主体在利益分配格局中的不利处境在现实中表现为，居家养老服务几乎成为科层制中上级政府"派给"基层的项目，对于项目组织者的村庄社区只能采取服务提供者和生产者本地化的策略进行服务供给。

[①] 杜春林、张新文：《农村公共服务项目为何呈现出"碎片化"现象？——基于棉县农田水利项目的考察》，《南京农业大学学报》（社会科学版）2017年第3期。

[②] 李祖佩：《项目进村与乡村治理重构——一项基于村庄本位的考察》，《中国农村观察》2013年第4期。

第三章　中国农村居民养老行为的嵌入性分析

第一节　研究设计

一　研究方法

（一）基本方法

本书主要采取定量研究方法，辅助以一定的定性研究，具体通过以下方法获取研究资料。

1. 文献分析法

通过查阅相关文献，了解中国在农村养老保障方面的政策过程，特别是在市场化改革以来探索建立"老农保"、新农保的发展历程以及进入21世纪以来中国探索发展社会化养老服务的过程，通过整理文献资料对农村养老保障制度发展的来龙去脉进行详细分析，是对新农保和农村社会养老服务制度变迁和制度设计进行嵌入性分析的基础。

2. 定量研究法

定量研究主要建立在对问卷调查数据资料的分析之上。其中，针对农村居民新农保参保行为前后进行两次问卷调查，针对农村老年人居家养老服务需求与利用进行一次问卷调查。定量研究的主要目的是分析农民的新农保参保行为逻辑和居家养老服务需求与利用的影响因素，为农民养老行为和政府政策执行的嵌入性分析提供数据基础。

新农保参保行为两次问卷调查的内容既有相同之处，也有不同之处。第一次问卷调查倾向于测量被调查对象的基本属性、对新农保制度的认知程度、对新农保制度的评价和信任程度、养老观念与需求、具体的参保行为等内容。第二次问卷调查较之与第一次问卷调查内容基本接近，也包括被调查对象的基本属性、对新农保制度的认知程度、对新农保制度的评价和信任程度，参保行为的变动，与之不同的是更强调对新农保制度和政策变动的认知和评价，同时增加了对新农保的政策期望以及新农保对被调查对象消费和其他行为的影响等部分。

居家养老服务问卷调查主要测量被调查对象的基本属性、家庭与代际关系、养老意愿、居家养老服务的供给、需求与利用、对居家养老服务政策的认知程度、对多元养老服务主体的评价和信任程度、对居家养老服务政策的评价和期望等内容。

3. 质性研究法

质性研究主要包括两部分内容：一是宏观的政策分析，包括对新农保制度和社会养老服务制度变迁及其设计的嵌入性分析，新农保制度和农村居家养老服务可持续发展的对策分析；二是定性研究，主要是对定性资料的深入分析，包括对农民的参保行为逻辑、新农保和农村社会养老服务政策执行进行嵌入性分析。

定性研究的资料主要来自访谈，访谈对象包括以下几类人：调查地区中青年农民、低龄和高龄老年人、基层村干部、村医、养老机构负责人、新农保管理人员和民政干部。具体的资料获得过程如下：对新农保管理人员和民政干部就新农保和农村社会养老服务实施过程、难点和问题、建议和想法等展开访谈；对村干部的访谈包括：新农保的参保工作和发展居家养老服务是否对其基层工作产生很大的压力，为了达到上级的考核标准采用了哪些方式动员农民参保，这些动员工作的效果如何，如何开展居家养老服务项目，如何动员多元福利主体参与居家养老服务，自己如何看待新农保和居家养老服务工作，有什么好的发展建议等；对高龄老人、低龄老人、中青年农村居民三类人群的访谈内容包括：对新农保缴费、保障能力、经办管理等各方面的评价和看法，对新农保制度本身的期待，以及从方便参保的角度和提高保障能力的角度有哪些具体建议等；对农村居家养老服务的需求和评价，对提升居家养老服务水平的期待和建议等。

（二）研究中主要用到的计量模型

在定量分析部分，考虑到因变量主要是二分变量、有序变量和连续变量，因此，本书的定量分析主要采用以下三种计量模型。

1. 二元 Logistic 模型

该模型的因变量分别为：农民是否参保和农民是否连续性参加新农保，其中"参保"和"没有参保"，以及"连续参保"与"未能连续参保"两种选择，都属于二分型因变量（其中：参保、连续参保，定义为 $y=1$；没有参保、未能连续参保，定义为 $y=0$）。设定概率为 P，则 y 的分布函数为：

$$f(y) = P^y(1-P)^{1-y}; y = 0,1 \qquad (3-1)$$

本书采用两分变量的 Logistic 回归模型进行分析，将因变量的取值限定在范围内，并采用最大似然估计法对其回归参数进行估计。Logit 模型的基本形式如下：

$$P_i = F(a + \sum_{j=1}^{m}\beta_j X_{ij} + \mu) = 1/\{1 + exp[-(a + \sum_{j=1}^{m}\beta_j X_{ij} + \mu)]\} \qquad (3-2)$$

(3-2) 式中，P_i 是农民参加新农保或连续参加新农保的概率，i 是第 i 个农户；β_j 表示影响因素的回归系数，j 是影响因素的编号；m 代表影响因素的个数；X_{ij} 是自变量，表示第 i 个样本的第 j 种影响因素；a 是截距；μ 是误差项。

2. 有序 Probit 模型

作为因变量的新农保个人账户缴费档次以及缴费档次变动是典型的超过两类的有序离散变量，因此本书采用有序 Probit 模型作为分析工具。解释变量 x_{1i}—x_{mi} 构成向量 X_i，因变量为参保农民个人账户缴费档次或缴费档次变动分布 Y_i，Y_i 定义为分组变量，因此，定义一个连续隐变量 Y^*，它是 Y_i 的映射。此变量符合普通最小二乘法的条件，与 X_i 构成线性关系：

$$Y^* = \beta' X_i + \varepsilon_i \qquad (3-3)$$

(3-3) 式中，β' 代表参数向量，ε 为标准正态分布的随机误差。样本中被调查对象按照 4 个等级给出缴费档次变动区间值。若 $Y^* \leq 0$，对应等级 1（无变动）；$0 < Y^* \leq \delta_1$，对应等级 2（200 元以下）；$\delta_1 < Y^* \leq \delta_2$，对应等级 3（200—300 元）；$\delta_2 < Y^*$，对应等级 4（300 元以上）。这里，$\delta_1$、$\delta_2$ 均为 Y_i 值突变的临界点，又称阈值，和 β' 一样都是待估计参数。上述等级划分条件可改写成下列形式：

等级 1：

$$\varepsilon_i \leq \beta' X_i \quad (3-4a)$$

等级 2：

$$-\beta' X_i < \varepsilon_i \leq \delta_1 - \beta' X_i \quad (3-4b)$$

等级 3：

$$\delta_1 - \beta' X_i < \varepsilon_i \leq \delta_2 - \beta' X_i \quad (3-4c)$$

等级 4：

$$\delta_2 - \beta' X_i < \varepsilon_i \quad (3-4d)$$

ε_i 的概率密度为：

$$f(\varepsilon_i) = \frac{1}{\sqrt{2\pi}} e^{\frac{\varepsilon_i^2}{2}} \quad (3-5)$$

由于 ε_i 服从标准正态分布，因此，第 i 个样本出现于某等级 j 的或然率为：

$$L_i = \frac{1}{\sqrt{2\pi}} \prod_{j=1}^{4} \left[\int_{l_{j-1}}^{l_j} e^{-\frac{t^2}{2}} dt \right]^{D_j} \quad (3-6)$$

(3-6) 式中，$l_0 = -\infty$，$l_1 = -\beta' X_i$，$l_2 = \delta_1 - \beta' X_i$，$l_3 = \delta_2 - \beta' X_i$，$l_4 = \infty$。$D_j$ 为等级标识符。只有 $j = y_i$ 时，$D_j = 1$；$j \neq y_i$ 时，$D_j = 0$。各个农民缴费档次变动分布式相互独立，因此，样本数为 n 时，总或然率为 $L = \prod_{i=1}^{4} l_i$。其中，能使得 L 值最大的 β 和 δ 值即是所求参数。参数估计方法一般采用极大似然估计法。

另外农民参保的个人缴费档次的对应等级为四级，分别是等级 1（100元），等级 2（200元），等级 3（300元），等级 4（400元及以上），其计量基本模型套用上述公式获得，这里就不再赘述。

3. 多元线性模型

该模型的因变量是农村老年人居家养老服务需求水平，该变量为连续性变量，可以使用多元线性回归模型进行分析，将倾向性因素、促进性因素和感知性因素 3 个方面的 17 个变量（见表 3—5）作为自变量，构建回归模型如下：

$$y = \beta_0 + \beta_1 x_1 + \beta_2 x_2 + \cdots + \beta_n x_n + \varepsilon \quad (3-7)$$

(3-7) 式中，β_0 为常数项，β_1，β_2，$\cdots$，β_n 为各解释变量的回归系数，反映其对因变量影响的方向和程度，ε 为误差项。

二 数据与样本

（一）数据来源

1. 新农保参保行为调查

2012年2月，国务院新农保试点工作领导小组第二次会议决定将原计划到2020年前基本实现全覆盖的目标提前到2012年年底前。事实上，到2012年9月底全国就已经实现了新农保制度的全覆盖，也就是说，新农保只用了三年的时间就实现了从试点到全覆盖。与已有研究不同，本书通过两次调查对新农保实施以来农民参保行为进行连续性研究，其中，虽然两次调查的地区并不一致，但基本上能够反映新农保实施以来农民参保行为的变化趋势。因此，本书的数据来源分为两部分，即在全覆盖之前和全覆盖之后分别进行了一定规模的问卷调查和访谈，具体情况如下：

第一次调研由课题组于2010年7—8月分别在江苏、浙江、安徽和四川等地开展问卷调查。具体采取分阶段机械抽样的方法获得样本。本次调查共发放问卷约1200份，回收有效问卷1063份。访谈工作与问卷调查同步进行，访谈对象为农村居民、村组干部和新农保管理人员。

第二次调研由课题组于2013年7—8月分别在江苏、河南、安徽、四川等地开展问卷调查。具体采取分阶段机械抽样的方法获得样本。本次调查共发放问卷约1000份，回收有效问卷856份。访谈工作与问卷调查同步进行，访谈对象为农村居民、村组干部和新农保管理人员。

2. 农村居家养老服务调查

农村居家养老服务调研由课题组于2013年7—8月分别在江苏、安徽和四川等地开展问卷调查。具体采取分阶段机械抽样的方法获得样本。本次调查共发放问卷约1000份，回收有效问卷868份。访谈工作与问卷调查同步进行，访谈对象为农村老人、村干部、村医、养老机构负责人、民政干部。

（二）样本概况

1. 新农保参保行为第一次调查样本情况

第一次调查样本从基本属性来看，男性要明显高于女性，年龄结构以40岁以上中年人为主，文化程度不高，只有不超过三成的人受教育程度在高中及以上，将近八成的受访者有两个及以上的孩子，大部分家庭都有60岁及以上的老年人，这可能与农村近年来家庭结构的核心化趋势密切相关。健康自评水平较差，只有大约40%的受访者对自己的健康水平较为满意，这可能与受访者当中中老年人为主有较大关系。家庭年收入水平不高，有一半的受访者家庭年收入在2万元以下，这可能与问卷中询问了受访者的净收入有关。总体来看，样本基本符合被调查地区农村人口的主要特征，具有一定的代表性。在对新农保政策的信心方面，大部分受访者对新农保制度的信心不足，并且对国家财政能否持续支持新农保表现出一种观望心态，这反映了在新农保制度实施之初，农民对新农保制度的真实心态。与新农保相关信息方面，由于制度实施时间不长，大部分受访者对新农保政策了解程度较低，"不了解"或"有一点了解"的受访者占到了80%；在经办服务方面，虽然30%的受访者认为新农保的缴费不太方便，但是对新农保的服务满意程度尚可，一半的受访者对新农保的服务表示满意，这说明在新农保政策实施之初，国家投入了大量的人力、物力用于新农保政策实施，并且取得了一定的成效。

2. 新农保参保行为第二次调查样本情况

第二次调查样本从基本属性来看，男性占比略高，年龄结构以40岁以上中年人为主，文化程度较低，70%在初中及以下，将近60%的受访者有两个及以上的孩子，将近七成家庭有60岁以上的老人。总体来看，样本基本符合被调查地区农村人口的主要特征，具有一定的代表性。另外，即使是以中年人为主，仍有四成受访者有迁居城市的意愿；绝大部分受访者认为村庄和谐程度尚可，但对村庄内的信任程度评价较低，这反映了当今中国城乡关系和农村社会变迁的基本特征。与新农保相关信息方面，大部分受访者对新农保政策了解程度不高，充分了解的不到15%；大部分受访者的年缴费承受力在400元及以下（占70.5%），但同时44.4%的受访者希望老年后月收入能在450元以上，这说明受访者对新农保保障水平的期待较高；将近80%的受访者受到了各类参保动员，对经办服务的满意度较高，这说明基层政府比较重视新农保工作，工作执行力度较大。

3. 农村居家养老服务调查样本情况

农村居家养老服务调查样本从基本属性来看，男性占比略高于女性，老年人年龄结构70岁上下各占一半左右，文化程度较低，超过三成老人处于丧偶或独身状态。总体来看，样本基本符合被调查地区农村老年人口的主要特征，具有较好的代表性。从收入情况来看，一半以上老年人没有稳定收入，有稳定收入来源的主要是60—70岁很多仍在工作的年轻老年人；收入分布上，一半老年人年均收入不足8000元，收入较高的老年人也主要是60—70岁仍在工作的年轻老年人。从老年人的客观健康指标来看，农村老年人健康水平不高，将近六成老年人患有各种慢性病，更是超过三成老年人在近5年内动过大手术。从老年人的居住安排来看，与子女居住仍是农村老年人的主流居住模式，与子女居住老年人当中固定与一个子女居住或轮养的各占大致一半，独居老人的比例非常低，这说明家庭对于农村老年人来说仍是最重要的和可依赖的养老资源。从政策知晓程度来看，大部分老年人不知道居家养老服务相关政策，政策宣传有待加强。

4. 访谈对象基本情况

本书将三次调查的访谈对象进行了编码，编码的代码含义如下：F1代表第一次新农保访谈，第二次新农保访谈用F2代表，居家养老服务访谈用F3代表，C1是case的首个字母加上阿拉伯数字代表某个具体的个案，横线后的第一个大写英文字母代表被访者的类型，其中P代表农村居民，V代表村干部，H代表村医，N代表养老机构负责人，G代表新农保管理人员或民政干部，横线后面的第二个大写字母代表被访谈对象的姓氏。比如F1C2—PW即代表在第一次访谈当中的第二个个案，是一位姓王的农村居民。

考虑到被访谈对象的类别不同，因此，又特意将被访谈的农村居民从个案当中单列出来进行分析，从访谈对象的基本构成来看，男性居多，占到了65%，这当然与农村男性掌握家庭话语权和主导权有一定的关系，但从已有研究来看，社会性别是分析社会保障权利的重要视角，因此，这也有一定的缺陷，如果能够倾听更多女性对于新农保和居家养老服务的看法可能会获得更多有意义的信息。在年龄结构上，中老年人占到了绝大多数，这反映了农村劳动力外流的基本现实，实际上由于农村中青年人大多数外出务工，可能他们作为老年人赡养者和照料者所关注的新农保和农村居家养老服务制度设计的问题与其他年龄段有很大差异，这也是本书在访谈资料上的一个缺陷。

三 变量与测量

（一）新农保参保行为第一次调查变量选择与测量

1. "是否参保"的变量选择与测量

因变量。因变量为农民是否已经参加新农保，属于二分变量，包括"已经参保"和"尚未参保"两个选项。具体通过"您目前是否已经参加了新型农村社会养老保险"来进行测量。

自变量。自变量包括个人特征、对新农保制度的信任和新农保政策推广实施三个方面。其中：①个人特征，反映的是个人基本属性对是否参加新农保的影响。考虑到新农保参保行为属于投资行为的理性选择，因此与投资行为相关的个人属性变量被纳入用来测量个人特征，具体包括性别、受教育程度、年龄这三项基本人口学特征变量。同时，考虑到参加新农保往往是一个家庭决策行为，特别是在农村，家庭往往在个体决策上具有压倒性影响，因此，本书当中用家庭年收入代替个人年收入来衡量个体参加新农保的缴费能力。考虑到健康状况是影响寿命预期的重要变量，同时也是影响个体老年后劳动能力的重要变量，对自己老年劳动能力越没有预期的农村居民，也越有可能选择参加新农保。另外，对于中年农民来说，对未来养老资源的预期除了健康水平，还有子女数量也是重要的个人特征指标，通常子女数量越多的农民预期的养老资源会更多，因此，子女数量也是重要的个人特征变量。新农保在实施之初采取了捆绑缴费的政策，也就是说家中60岁以上老年人要领取基础养老金，其符合参保条件的子女都必须参保，这是影响农民参保的重要因素，因此，本书用"家中有没有60岁以上的老人"来测量捆绑参保政策的影响程度。②对新农保制度的信任。态度决定个体的行为，因此农民对新农保制度中政策内容的信任程度将会直接影响到其是否会参加新农保。这里的信任程度主要包括对新农保制度总体的信任程度，还包括国家对新农保进行财政补贴持续性的信任程度等。③新农保政策推广实施，反映的是新农保推广实施的效果，以及农民对新农保政策推广措施的反应，其中结合已有研究的结果，主要用对新农保政策的了解程度来测量新农保政策推广实施的效果。另外，新农保实施过程中新农保经办服务的便捷程度、对服务的满意程度也是影响农民参保与否的重要因素,简言之,如果农民对新农保政策推广实施的认同和满意程度越高,就越可能选择参加新农保。

控制变量。考虑到不同经济社会发展地区的新农保政策执行力度不同,以及不同地区在参保行为上存在一定的整体性差异,因此,将"所在地区"列为控制变量。表3—1列出了所有具体变量的处理方法。

表3—1　　　　　　　　"是否参保"的变量测量

变量名称	变量定义与赋值
因变量	
是否参加新农保	二分,没有参保=0;参保=1
自变量	
个人特征	
性别	分类,男=1;女=2
年龄	定序,40岁及以下=1;41—50岁=2;51—55岁=3;56—59岁=4
文化程度	定序,小学及以下=1;初中=2;高中及其他=3;大专及以上=4
健康状况	定序,不太好=1;一般=2;比较好=3;很好=4;非常好=5
子女数量	定序,1个及以下=1;2个=2;3个及以上=3
家庭年收入	定序,1.5万元以下=1;1.5万元—2万元=2;2万元—2.5万元=3;2.5万元以上=4
家中是否有60岁以上老人	分类,有=1,没有=2
政策信任	
对新农保制度信任程度	定序,不信任=1;比较信任=2;非常信任=3
对国家持续补贴的信心	定序,没有信心=1;比较有信心=2;非常有信心=3
政策推广	
对新农保政策的了解程度	定序,不了解=1;有一点了解=2;比较了解=3;很了解=4
缴费方式便利程度	定序,不方便=1;不太方便=2;一般=3;方便=4

续表

变量名称	变量定义与赋值
对新农保经办服务评价	定序，不太满意=1；一般=2；比较满意=3；满意=4
控制变量	
所在地区	分类，东部=1；中部=2；西部=3

2. "选择何种缴费档次"的变量选择与测量

因变量。因变量为参保农民选择了何种缴费档次，按照新农保缴费档次的高低，属于定序变量，具体缴费档次包括"100元""200元""300元""400元及以上"四个档次。具体通过"您参保选择了哪个档次进行缴费的"来进行测量。

自变量。自变量包括经济理性、信任水平、认知水平三个方面。其中：经济理性，反映的是"经济人"假设下农民参保行为的理性选择，具体涉及的是投入和产出的利益问题。因此，这里的经济理性是指农民追求个人经济利益的最大化。考虑到在农村家庭不仅是一个生活共同体，更是一个家计单位，家庭的经济能力是个体社会行动的基础。因此，本书用"家庭年收入水平"来测量对新农保缴费档次选择的投入能力，用"对养老收入的期望水平"来测量对新农保投入的产出要求。选择何种缴费档次参加新农保不仅反映了参保农民的个体经济理性，还反映了个体对新农保制度的信心程度，信任作为一种社会态度直接决定着参保者的行为方式，因此本书用"对新农保制度的信任程度"来测量个体对新农保的信任水平。除了信任之外，对新农保制度本身的认知水平也决定了其参保行为，认知水平不同反映了个体对某一项事务的判断，并直接影响到其行动，特别是作为一种投资型经济理性行动必须建立在信息充分的基础之上，因此本书用"对新农保政策的了解程度"来测量参保者的信息掌握程度，用"对新农保划算程度评价"来测量参保者对新农保经济理性程度的评价。

控制变量。为了更好地检验经济理性、信任水平与认知水平对缴费档次选择的净效应，需要将其他可能影响因变量的因素设定为控制变量。从已有关于新农保参保意愿与行为的研究结果来看，农民的个体与家庭禀赋是重要的影响因素，这些特征因素包括性别、年龄、文化程度、健康状况和收入等。因此，将农民个体与家庭层面的5个变量列为控制变量；同时考虑到不同经济社会发展地区参保行为的整体性差异，也将农民所属地区变量列为控制变量。表3—2列出了所有具体变量的处理方法。

表3—2　"选择何种缴费档次"的变量测量

变量名称	变量定义与赋值
因变量	
缴费档次	定序，100元=1；200元=2；300元=3；400元及以上=4
自变量	
经济理性	
全家年收入	定序，1.5万元以下=1；1.5万元—2万元=2；2万元—2.5万元=3；2.5万元以上=4
对养老收入的期望水平	定序，250元及以下=1；251—350元=2；351—450元=3；450元以上=4
信任水平	
对新农保制度信任程度	定序，不信任=1；比较信任=2；非常信任=3
认知水平	
新农保政策的了解程度	定序，不了解=1；有一点了解=2；比较了解=3；很了解=4
新农保划算程度评价	定序，很不划算=1；不太划算=2；无所谓=3；比较划算=4；非常划算=5
控制变量	
性别	分类，男=1；女=2
年龄	定序，40岁及以下=1；41—50岁=2；51—55岁=3；56—59岁=4
文化程度	定序，小学及以下=1；初中=2；高中及其他=3；大专及以上=4
子女数量	定序，0个=1；1个=2；2个=3；3个及以上=4
健康状况	定序，不太好=1；一般=2；比较好=3；很好=4；非常好=5
所在地区	分类，东部=1；中部=2；西部=3

（二）新农保参保行为第二次调查变量选择与测量

1. "是否连续性参保"的变量选择与测量

因变量。因变量为农民的参保连续性，属于二分变量，包括"连续性参保"和"非连续性参保"两个选项。具体通过"参加新农保以来是否每年都连续按时缴费"来进行测量。

自变量。自变量包括经济理性、社会理性、外部激励三个方面。其中：经济理性，反映的是"经济人"假设下农民参保行为的理性选择，具体涉及的是投入和产出的利益问题。因此，这里的经济理性是指农民追求个人经济利益的最大化。其中，本书用"对年缴费水平的承受能力"来测量对新农保的投入能力，用"对养老收入的期望水平"来测量对新农保的产出要求。在信息经济学看来，最大限度获取效益的绝对经济理性行为，必须是在信息充分对称的前提下才能实现，因此，对新农保政策信息的了解程度决定着人们参保行为有限理性水平的高低，本书用"对新农保政策的了解程度"来测量经济理性选择中信息的了解程度。社会理性，是对经济理性"社会化不足"的一种克服，反映的是农民参保行为的嵌入性，亦即格兰诺维特所说的经济行动是嵌入在社会结构当中的，"行动者会不断和周围的社会网络交换信息，搜集情报，受到影响，甚至改变偏好。行动者既是自主的，但同时也是嵌入到其所在的社会关系当中的"[①]。由此可见，社会关系结构构成了个体社会理性行动的基础，已有的实证研究也表明社会资本与社会互动等社会结构性因素对个体的社会保险参与和商业保险购买都有显著的正向效应[②]。而就作用机制而言，社会资本等是通过信息共享与信任等促进个体参保行为的，社会互动关系和网络提供了一种信任和规则，这些网络、信任和规则就是社会

---

① Granovetter, M., "Economic Action and Social Structure: The problem of Embedded – ness", *American Journal of Sociology*, Vol. 91, No. 3, Nov. 1985.

② Beiseitov, Eldar, Jeffrey D. Kubik and John R. Moran, "Social Interaction and Health Insurance Choices of the Elderly: Evidence from the Health and Retirement Study", *Working Paper*, *Center for Policy Research. Syracuse University*, 2004；张里程等：《社会资本对农村居民参与新型农村合作医疗支付意愿的影响》，《中国卫生经济》2004 年第 10 期；何兴强、李涛：《社会互动、社会资本和商业保险购买》，《金融研究》2009 年第 2 期。

资本。因此，本书用"村庄内和谐程度"和"村庄内信任程度"来对社会互动和社会资本进行测量，并以此来反映个体社会理性行动的社会基础。外部激励，在中国任何针对农村居民的社会计划都离不开外部刺激，这构成了中国式社会政策执行的基本要素，也反映了政策实施的"自上而下"过程。新型农村社会养老保险从制度设计上来看本身就属于一种诱致性制度，而利益驱动和社会动员是诱致性制度的基本特征，因而也构成了新农保外部激励的主要内容。其中，政府的经济刺激主要体现在参保补助和调整基础养老金两个方面，亦即通常所说的"补进口"与"补出口"。考虑到农民的现金偏好以及对政策进行短期收益评估的特点，本书用"实施新农保以来，当地是否上调过基础养老金标准"来测量经济激励程度。考虑到国家与农民关系的变迁以及国家社会动员效力的下降，本书用"是否连续被干部动员缴费"来测量社会动员程度。连续性参保行为由决策到实施，必须转化为缴费行动，因此，缴费方式的便利程度是连续性参保行为链条上的最后一个环节，具有很强的行为惯性，也是影响参保连续性的重要外部激励因素。

控制变量。为了更好地检验经济理性、社会理性与外部激励对连续参保的净效应，需要将其他可能影响因变量的因素设定为控制变量。从已有关于新农保参保意愿与行为的研究结果来看，农民的个体与家庭禀赋是重要的影响因素，这些特征因素包括性别、年龄、文化程度、健康状况和收入等[①]。通过卡方检验剔除了一些不显著变量，本书最终将农民个体与家庭层面的5个变量列为控制变量；同时考虑到不同经济社会发展地区参保行为的整体性差异，也将农民所属地区变量列为控制变量。表3—3列出了所有具体变量的处理方法。

[①] 穆怀中、闫琳琳：《新型农村养老保险参保决策影响因素研究》，《人口研究》2012年第1期；王永礼、林本喜、郑传芳：《新农保制度下农民参保行为影响因素分析——对福建656户农民的实证研究》，《福建论坛》（人文社会科学版）2012年第6期；高文书：《新型农村社会养老保险参保影响因素分析——对成都市的实地调查研究》，《华中师范大学学报》（人文社会科学版）2012年第4期；钟涨宝、李飞：《动员效力与经济理性：农户参与新农保的行为逻辑研究——基于武汉市新洲区双柳街的调查》，《社会学研究》2012年第3期。

表3—3　　"是否连续性参保"的变量测量

变量名称	变量定义与赋值
因变量	
持续性参保选择	二分，没有持续性参保=0；持续性参保=1
自变量	
经济理性	
对新农保政策的了解程度	定序，不了解=1；有一点了解=2；比较了解=3；很了解=4
对年缴费水平的承受能力	定序，400元及以下=1；401—800元=2；800元以上=3
对养老收入的期望水平	定序，250元及以下=1；251—350元=2；351—450元=3；450元以上=4
社会理性	
村庄内和谐程度	定序，不和谐=1；一般=2；和谐=3
村庄内信任程度	定序，不信任=1；基本信任=2；完全信任=3
外部激励	
基础养老金是否上调	二分，没有上调=0；上调=1
是否连续被干部动员缴费	二分，没有被动员=0；被动员=1
缴费方式便利程度	定序，不方便=1；不太方便=2；一般=3；方便=4
控制变量	
性别	分类，男=1；女=2
年龄	定序，40岁及以下=1；41—50岁=2；51—55岁=3；56—59岁=4
文化程度	定序，小学及以下=1；初中=2；高中及其他=3；大专及以上=4
从业类别	分类，农业生产=1；本地务工经商=2；外地务工经商=3；其他=4
子女数量	定序，1个及以下=1；2个=2；3个及以上=3
所在地区	分类，东部=1；中部=2；西部=3

2. "缴费档次变动情况"的变量选择与测量

因变量。因变量为农民参保缴费档次选择的变动性，具体操作过程如下：通过两个问题分别获得农民首次参保和本年度参保的缴费档次，将前后两次缴费档次相减获得缴费档次变动的数值。考虑到相当比例农民缴费档次没有发生变化，以及各地缴费档次设置存在较大的差异，本书没有直接将变动数值作为因变量进行分析，而是进一步将变动数值划分成"没有变化""200元以下""增加200—300元"和"增加300元以上"四个档次的定序变量。

自变量。自变量包括经济理性、认知激励、制度激励三个方面。其中：经济理性反映的是"经济人"假设下农民参保行为的理性选择，具体涉及的是投入和产出的利益问题。因此，这里的经济理性是指农民追求个人经济利益的最大化。考虑到在农村家庭不但是一个生活共同体，更是一个家计单位，家庭的经济能力是个体社会行动的基础。因此，本书用"家庭年收入水平"来测量对新农保缴费档次选择的投入能力，用"对养老收入的期望水平"来测量对新农保投入的产出要求。参加新农保的需要是新农保参保需求存在的前提条件，参保需要反映了个体对其养老风险级别的评判程度。本书用"对自己老年后生活来源的担心程度"来测量个体的参保需要程度。在中国任何针对农村居民的社会计划都离不开外部刺激，这构成了中国式社会政策执行的基本要素，也反映了政策实施的"自上而下"过程。新型农村社会养老保险从制度设计上来看本身就属于一种诱致性制度，而社会动员和利益驱动是诱致性制度的基本特征，因而也构成了新农保外部激励的主要内容。由社会动员形成的认知激励，反映的是对新农保制度认知判断的正向影响程度，这也是社会动员中的宣传动员作用于参保行为的中介机制。本书用"对新农保政策的了解程度"来测量认知激励的外在结果，用"对新农保养老保障程度评价"和"对新农保划算程度评价"来测量认知激励的内在结果。由利益驱动主导的制度激励，反映了政策制定中的经济刺激程度，制度的经济激励主要体现在参保补助和调整基础养老金两个方面，即通常所说的"补进口"与"补出口"。考虑到农民的现金偏好以及对政策进行短期收益评估的特点，本书用"实施新农保以来，当地是否上调过基础养老金标准"和"是否在缴费上实施缴费档次差异化补贴"来测量制度的经济激励程度。缴费档次的变动还涉及新农保制度本身所能提供的缴费选择程度，因此，本书还用"缴费档次是否增加"来测量制度激励的诱导程度。

控制变量。为了更好地检验经济理性、认知激励与制度激励对缴费档次选择变动的净效应,需要将其他可能影响因变量的因素设定为控制变量。从已有关于新农保参保意愿与行为的研究结果来看,农民的个体与家庭禀赋是重要的影响因素,这些特征因素包括性别、年龄、文化程度、健康状况和收入等[①]。通过卡方检验剔除了一些不显著变量,本书最终将农民个体与家庭层面的4个变量列为控制变量;同时考虑到不同经济社会发展地区参保行为的整体性差异,也将农民所属地区变量列为控制变量。表3—4列出了所有具体变量的处理方法。

表3—4　　　　　　"缴费档次变动情况"的变量测量

变量名称	变量定义与赋值
因变量	
缴费档次变动	定序,没有变动=1;200元以下=2;200—300元=3;300元以上=4
自变量	
经济理性	
家庭年收入	定序,6000元及以下=1;6001—10000元=2;10001—14000元=3;14001—18000元=4;18001—22000元=5;22001—26000元=6;26000元以上=7
养老收入来源担心程度	定序,非常担心=1;比较担心=2;无所谓=3;不太担心=4;完全不担心=5
养老收入期望程度	定序,150元及以下=1;151—250元=2;251—350元=3;351—450元=4;451—550元=5;550元以上=6

---

①　穆怀中、闫琳琳:《新型农村养老保险参保决策影响因素研究》,《人口研究》2012年第1期;王永礼、林本喜、郑传芳:《新农保制度下农民参保行为影响因素分析——对福建656户农民的实证研究》,《福建论坛》(人文社会科学版)2012年第6期;高文书:《新型农村社会养老保险参保影响因素分析——对成都市的实地调查研究》,《华中师范大学学报》(人文社会科学版)2012年第4期;钟涨宝、李飞:《动员效力与经济理性:农户参与新农保的行为逻辑研究——基于武汉市新洲区双柳街的调查》,《社会学研究》2012年第3期。

续表

变量名称	变量定义与赋值
认知激励	
新农保政策的了解程度	定序，不了解=1；有一点了解=2；比较了解=3；很了解=4
新农保保障程度评价	定序，完全能=1；基本上能=2；不太能=3；完全不能=4
新农保划算程度评价	定序，很不划算=1；不太划算=2；无所谓=3；比较划算=4；非常划算=5
制度激励	
基础养老金是否上调	二分，没有上调=0；上调=1
缴费档次是否增加	二分，没有增加=0；增加=1
缴费补贴是否差异化	二分，不是=0；是=1
控制变量	
性别	分类，男=1；女=2
年龄	定序，40岁及以下=1；41—50岁=2；51—55岁=3；56—59岁=4
文化程度	定序，小学及以下=1；初中=2；高中及其他=3；大专及以上=4
子女数量	定序，0个=1；1个=2；2个=3；3个及以上=4
所在地区	分类，东部=1；中部=2；西部=3

（三）农村居家养老服务调查变量选择与测量

因变量。因变量为农村老年人对居家养老服务的需求程度，将老年人对各项服务的需求水平分为"不需要""不太需要""一般""较需要"和"很需要"5个等级，由低到高分别赋值1—5分。本次调查列出了5项在农村能够开展的居家养老服务项目，对于老年人来说这五项服务项目的重要性会根据服务项目对老年人日常生活功能的实现程度而各不相同，通过个案访谈和专家法确定了五项居家养老服务项目的权重构成如下：上门做家务（0.15）、上门看病（0.35）、上门护理康复（0.25）、聊天解闷（0.1）、餐桌供餐（0.15）。将每项服务需求赋值得分乘以对应的权重然后加总即获得老年人居家养老服务需求的总体水平。

自变量。自变量包括倾向性因素、促进性因素、感知性因素三个方面。其中倾向性因素，是指倾向于利用居家养老服务的人群特征，包括人口学（年龄、性别等）、社会结构性特征两方面内容。考虑到政策介入主要是与社会结构性特征相关，因此，本书主要将社会结构性变量来代表倾向性因素。社会结构性因素当中，"未富先老"带来的经济压力和崇尚节俭、为子女着想等文化因素被广泛认为是抑制养老服务需求的重要因素[①]。在农村，老年人经济收入一方面影响着其与子女的代际关系水平和能够获得的代际支持，经济收入越高获得的代际支持越高，其也可能越不选择居家养老服务；另一方面又影响着其购买居家养老服务的能力。在本书中用"有无稳定性收入"和"个人年收入水平"来测量农村老年人经济收入的稳定性和水平。考虑到文化程度是各种文化因素对个体产生影响的重要中介因素，本书用文化程度来测量各种文化因素的综合性影响及其结果。促进性因素，主要包括家庭养老资源和社区养老资源两部分内容，其中本书用"是否有配偶"来测量来自配偶的养老支持，在中国农村儿子依然在伦理和习惯上承担赡养老人的主要责任，而随着女儿越来越多地在娘家老年人的赡养上扮演重要角色[②]，本书用"儿子数量、女儿数量"来测量家庭代际支持的潜在资源，用"居住方式"来测量这种潜在代际支持资源的限制性条件。对于居家养老服务资源，则直接用所在村级社区"是否开展了居家养老服务"进行测量。感知性因素反映的是老年人表达居家养老服务需求的一种前定变量，这里的感知性因素主要包括对需要的感知和对供给的感知两部分内容，对需要的感知是对自身身体机能状况感知并产生养老服务需求，本书用"一般健康自评"和"生活自理能力评价"来测量对身体机能的感知；对供给的感知是居家养老服务供给产生需求的中间机制，本书用"对居家养老服务政策了解程度"和"对居家养老服务提供的信任程度"进行测量。

控制变量。为了更好地检验倾向性因素、促进性因素和感知性因素

---

① 王琼：《城市社区居家养老服务需求及其影响因素——基于全国性的城市老年人口调查数据》，《人口研究》2016年第1期。
② 唐灿、马春华、石金群：《女儿赡养的伦理与公平——浙东农村家庭代际关系的性别考察》，《社会学研究》2009年第6期。

对居家养老服务需求的净效应，需要将其他可能影响因变量的因素设定为控制变量。从已有关于社会养老服务需求的研究结果来看，年龄和性别都是显著的影响因素①，也是需要控制的变量。疾病是短期或长期影响老年人身体机能的重要因素，进而在短期或一定阶段影响其养老服务需求，因此，本书将测量疾病的"是否患有慢性病"和"五年内是否动过大手术"列为控制变量。同时考虑到不同经济社会发展地区居家养老服务发展的整体性差异，也将被调查对象所属地区变量列为控制变量。表3—5列出了所有具体变量的处理方法。

表3—5　　　　　　"农村居家养老服务需求"的变量测量

变量名称	变量定义与赋值
因变量	
居家养老需求水平	连续变量
自变量	
倾向性因素	
文化程度	定序，文盲或半文盲＝1；小学＝2；初中＝3；高中及以上＝4
有无稳定性收入	分类，否＝0；有＝1
个人年收入水平	定序，0.4万元以下＝1；0.4万元—0.8万元＝2；0.8万元—1.2万元＝3；1.2万元以上＝4
促进性因素	
配偶情况	分类，丧偶或无配偶＝0；有配偶＝1
儿子数量	连续变量
女儿数量	连续变量
居住方式	分类，独居＝1；与配偶居住＝2；固定与某个子女同住＝3；在不同子女家轮养＝4

---

① 黄俊辉、李放：《哪些老年人更倾向于入住养老院？——基于江苏农村地区的实证调查数据》，《西北人口》2013年第3期；田北海、王彩云：《城乡老年人社会养老服务需求特征及其影响因素——基于对家庭养老替代机制的分析》，《中国农村观察》2014年第4期；张国平：《农村老年人居家养老服务的需求及其影响因素分析——基于江苏省的社会调查》，《人口与发展》2014年第2期。

续表

变量名称	变量定义与赋值
是否开展居家养老服务	分类，否 =0；是 =1
感知性因素	
一般健康自评水平	定序，不好 =1；不太好 =2；一般 =3；比较好 =4
生活自理能力评价	定序，不太能自理 =1；部分能自理 =2；基本能自理 =3；完全能自理 =4
对居家养老服务政策了解程度	定序，不了解 =1；有一点了解 =2；比较了解 =3；很了解 =4
对居家养老服务提供的信任程度	定序，很不信任 =1；不太信任 =2；说不清 =3；比较信任 =4；非常信任 =5
控制变量	
性别	分类，男 =1；女 =2
年龄	定序，61~70 岁 =1；71~80 岁 =2；80 岁以上 =3
是否患有慢性病	分类，否 =0；有 =1
近五年内有无动过大手术	分类，否 =0；有 =1
所在地区	分类，东部 =1；中部 =2；西部 =3

第二节 农村居民养老行为的基本现状分析

一 农村居民参加新农保的基本现状

（一）试点下的农村居民参加新农保现状

2009 年新农保正式在全国范围内开展试点工作，为新农保在全国各地推广做准备工作。在试点阶段，由于新农保制度实施的是自愿参保的原则，而非一般社会保险的强制性参保原则。在新农保制度实行之初，农村居民是否参加新农保是衡量新农保政策执行情况的重要指标，也是国家层面进行"自上而下"考核的关键内容。因此，关于农村居民参保行为的研究主要关注参保率，这也是早期关于新农保实证研究的主要议题。同时，在新农保政策执行之初，就已经发现了参保农民选择最低缴费档次参保的问题，因此，农民这种参保方式背后的影响因素对于后续新农保政策的改进十分重要。总之，新农保在实施初期的参保广度和深度都是掌握新农保制度实施情况的关键指标，本书关于农民参保行为的分析，在第一次调查中也主要关注这两个问题。

1. 参保广度及其影响因素分析

（1）分析框架与研究假设

通过上文的回顾可以发现，各位学者对于农村居民参保行为和参保意愿影响因素的发现多种多样，并没有一个稳定而确切的结论。并且大部分影响因素又散见于一两位学者的研究成果中，因果关系有待进一步论证。由于新农保实施时间不长，在这一领域的研究都还处于探索期。只有经过不断地探索和验证，才能确定影响农村居民参保与否的决定因素。在这一意义上，学者们反复进行对农村居民参保行为和意愿的考察是很有价值的。总的一个研究趋势是，越来越多的相关因素被纳入分析框架当中去，不同的研究者根据自己所要检验的研究假设选择不同侧重点的影响因素进行分析。因此，可以认为由于行为的复杂性，本书只能尽可能选择更多的影响因素纳入分析框架之中，而不可能穷尽所有的变量。

本质上来说，农民的参保行为一方面是基于养老保障的需要，另一方面也是对年老后潜在生活风险的规避。因此，需要理论和风险理论构成了本书进一步讨论农民参保影响因素的理论基础。依据需要理论，需要就是人对某种目标的渴求或欲望，人的行为都是由需要引起的。马克思认为"需要是人的本质属性"。人为了自身和社会的生存与发展，必然会对客观世界中的某些东西产生需求，例如衣、食、住、行、婚配、安全等，这种需求反映在个人的头脑中就形成了特定的需要。需要引起动机，动机产生行为，行为驶向目标。故而需要能够推动人以一定的方式进行积极的活动；需要被人体会得越强烈，所引起的活动就越有力、有效。具体到本书，农村居民参加新农保也可看作一种由需要引起的行为。从逻辑上说，农村养老保险是对农村居民年老之后生活的一种保障。当农村居民认为或者预期自己在年老时不能够依靠其自身或家庭的力量养老时，便会倾向于参加养老保险。个体在对自己的养老需求进行判断和选择的时候，除了受需要理论影响，还会受到理性选择理论影响。个体都是根据自己的属性特征来进行理性的判断，因此，个人属性当中的性别、年龄、文化程度、个人及家庭收入情况会对个体的判断能力和行为选择能力产生重要影响。另外，个体决策行为也会受到地域性的文化传统、经济社会发展水平、政府政策执行情况等综合因素的影响。在这些分析的基础上，本书提出假设1。

假设1：农村居民的个人背景因素越不利（如女性、年龄大、收入低、无子女等）越倾向于参加新农保。

在风险社会理论看来，进入现代社会以后，人类面临的风险从自然风险占主导逐渐演变成人为的不确定性占主导，并且越来越多地出现了风险的"制度化"和"制度化"的风险。人类具有冒险的天性，但也有寻求安全的本能。与市场有关的诸多制度为冒险行为提供了激励，而现代国家建立的各种制度则为人类的安全提供了保护。但是无论是冒险取向还是安全取向的制度，其自身带来了另外一种风险，即运转失灵的风险，从而变成一种"制度化"的风险。对于农村居民来说，养老保险可以被看作一种为了养老风险问题而提供的保护措施。然而，如果农村居民不信任该制度，或者对其不够了解，便无法确信其抗御养老风险的能力；同时，如果其本身运转不畅，也有可能转变成为一种制度化的风险。据此，本书提出假设2。

假设2：农村居民越能确信新农保制度的有效运转，越倾向于参保。

新农保制度本身就定位为政府主导与自愿参与相结合的模式，其中政府主导一方面体现在政府对新农保进行财政补贴上，另一方面体现在各级政府在推动新农保覆盖的政策执行上，在目标考核制管理和运动式治理的双重推动下，各级政府特别是基层政府在宣传和动员农村居民参加新农保上做了大量的工作。事实上，这些新农保的推广实施工作对于农民参保起到了重要作用。因此，本书提出假设3。

假设3：新农保推广实施工作效果越明显，农村居民就越倾向于参保。

（2）研究结果：参保率及其影响因素

①试点初期的参保情况

试点初期，各级部门十分重视新农保的试点工作，大力宣传新农保政策的好处，并大力动员农村居民参加新农保，从调查地区的参保情况来看，最终参保率为73.8%，参保率维持在一个较高的水平上。来自人力资源和社会保障部的数据,全国新农保的覆盖率达到了90%以上,考虑到这一数据是包括60岁以上未缴费、直接领取基础养老金的那部分老年人,因此实际参保率应该要更低一些。从问卷调查结果来看,参保率达到了73.8%,应该是比较高的一个水平,这说明试点初期在强大的运动式政策执行的推动下,新农保政策的覆盖水平较高。

②试点初期参保率影响因素

因变量是两分变量,采用Logistic回归进行分析。将个体所在地区变量作为控制变量,来研究个人属性、政策信任和政策执行对是否参保的影响效应。根据这一研究目标使用逐步回归法,得到了3个回归模型,其中:模型1是个人属性对农民是否参保的影响,模型2加入了政策信任变量,模型3又增加了政策执行变量。表3—6给出了具体分析结果。

政策信任的影响。比较模型2和模型1可以看到,当加入政策信任变量后,模型的决定系数从0.131提高到0.171,模型的拟合优度得到提高,解释力也增强了,这说明农民的政策信任变量对其是否参保有显著影响。其中,对新农保制度的信任程度影响力显著,对新农保制度"比较信任"和"非常信任"的农民其是否参保的发生比分别是对新农保制度"不信任"农民的2.033倍($e^{0.710}$)和2.869倍($e^{1.054}$)。可见,农民对新农保制度的信任度越高,其参保的积极性也就越大。但是值得关注的是对新农保补贴持续性的信任程度对农民是否参保没有显著影响,这可能是因为被调查对象将新农保补贴的持续性已经纳入对新农保制度的整体性信任当中去了,总体性信任变量的存在淹没了"对新农保补贴持续性的信任程度"的影响。总的来说,农民对于新农保制度的信任程度是一种整体性的信任,包括对新农保政策持续性的信任,对农民基础养老金的发放,对所缴纳的个人账户资金安全性等多方面的信任。

政策执行的影响。比较模型3和模型2发现,引入政策执行变量后,模型的决定系数进一步由0.171提高到0.257,模型的拟合优度又得到提高,解释力也更加增强,这说明政策执行变量对农民是否参保具有显著影响。农民对新农保的了解程度、对经办服务的评价以及缴费方式便利程度都对农民是否参保具有显著影响。其中,对新农保政策有一点了解、比较了解和很了解的农民其参保的发生比分别是对新农保政策不了解的农民的1.944倍($e^{0.665}$)、4.649倍($e^{1.537}$)和5.398

($e^{1.686}$)。这说明随着对新农保政策了解程度的增加,农民的参保可能性不断提升。对经办服务的评价方面,评价一般和比较满意的农民其参保的发生比分别是评价不满意的农民的 6.501 倍($e^{1.872}$)和 2.639 倍($e^{0.970}$)。在新农保缴费方式的便利程度方面,认为缴费方式不太方便、一般和方便的农民其参保的发生比分别是认为缴费方式不方便的农民的 2.137 倍($e^{0.759}$)、2.873 倍($e^{1.055}$)和 3.420 倍($e^{1.230}$),可见,缴费方式越便利,越有利于提高农民的参保积极性。在引入政策执行变量之后,农民对新农保制度信任程度的显著性没有发生太大变化,说明对新农保制度的信任和政策执行之间的影响力是相互独立的。在最终完全模型 3 中,将各个变量的 wald 值进行比较后可以看到,政策执行的影响力较大。其中影响力最大的是缴费方式的便利程度(12.014),其次是对新农保政策的了解程度(11.645),再次是对新农保制度的信任程度(10.593),最后才是控制变量——所在地区(9.465)。由此可见,政策执行对农民是否参加新农保具有十分重要的影响。另外,通过对比模型 2、模型 3 的决定系数变化可以看到,政策信任、政策执行对模型拟合优度的贡献率分别为 4%、8.6%。新农保的政策执行变量对农民是否参加新农保的影响程度更高。

农民属性因素的影响。在农民属性变量当中,性别、子女数量、家中是否有 60 岁老人等因素是影响其是否参保的重要变量。在模型 1 至模型 3 中,这 3 个变量都对其是否参保产生显著影响。从性别上来看,男性的参保率显著高于女性。这说明在农村家庭关系当中,男性的家庭地位要明显高于女性,通常女性的社会保障权利不能得到充分保障。从性别变量影响力的稳定性来看,这种男女家庭地位的影响并不因为新农保政策的推行而有所改变。从子女数量上来看,家里有 3 个及以上子女的其参保率要显著低于家里有 1 个及以下子女的农民,由此可见,在农村老年人仍然十分依赖子女养老,在子女较少的情况下才会更多地考虑参加社会保险。不过子女数量的显著性在引入政策信任变量之后有所下降,这说明政策信任对子女数量具有一定的消解作用,也就是说,子女越少的农民往往更加信任新农保制度,这也反映了身处两种不同养老模式下的人们对国家制度信任水平的差异,也可能是因为子女少的农民除了能够相信国家,没有其他更多可以依赖的资源。另外,家中有 60 岁以上老人的农民比家中没有60岁以上老人的农民更加倾向于参加新农保,并且其影响的显著性一直保持不变,这充分说明新农保的捆绑参保政策对农民参保行为具有较强的影响,有相当一部分参保者是为了帮助父母获得基础养老金而参加新农保。

表3—6　　农民是否参保的Logistic回归模型估计结果

	模型1		模型2		模型3	
	B	Exp(B)	B	Exp(B)	B	Exp(B)
控制变量						
所在地区（东部地区）						
中部地区	-0.181	0.996	-0.018	0.982	0.034	1.034
西部地区	1.057**	2.878	1.101**	3.007	1.221**	3.390
个人属性						
性别（男性）						
女性	-0.519*	0.595	-0.573*	0.564	-0.518*	0.595
年龄（40岁及以下）						
41—50岁	0.157	1.170	0.093	1.098	0.147	1.158
51—55岁	0.179	1.197	0.258	1.294	0.460	1.584
56—59岁	-0.518	0.596	-0.254	0.776	-0.053	0.948
文化程度（小学及以下）						
初中	0.261	1.298	0.210	1.233	0.106	1.112
高中（含中专、中职等）	0.415	1.514	0.440	1.553	0.359	1.431
大专及以上	0.339	1.404	0.253	1.287	-0.139	0.870
健康状况（不太好）						
一般	-0.173	0.841	-0.046	0.955	-0.191	0.826
比较好	-0.056	0.946	-0.066	0.936	-0.158	0.854
很好	0.047	1.048	0.180	1.197	0.228	1.256
非常好	-0.089	0.915	-0.205	0.815	-0.230	0.795

续表

	模型1		模型2		模型3	
	B	Exp（B）	B	Exp（B）	B	Exp（B）
子女数量（1个及以下）						
2个	-0.419	0.658	-0.389	0.678	-0.488	0.614
3个及以上	-0.945**	0.389	-0.848*	0.428	-0.806*	0.447
家中是否有60岁以上老人（否）						
有	0.640*	1.897	0.594*	1.811	0.659*	1.933
家庭年收入（1.5万元以下）						
1.5万元—2万元	-0.492	0.612	-0.408	0.665	-0.297	0.743
2万元—2.5万元	-0.017	0.983	0.046	1.047	-0.110	0.896
2.5万元以上	0.035	1.036	-0.004	0.996	-0.072	0.930
政策信任						
对新农保制度信任程度（不信任）						
比较信任			0.710**	2.033	0.623*	1.865
非常信任			1.054*	2.869	1.289**	3.628
对国家持续补贴的信心（没有信心）						
比较有信心			0.400	1.492	0.217	1.243
非常有信心			0.585	1.795	0.566	1.761
政策执行						
新农保政策的了解程度（不了解）						
有一点了解					0.665*	1.944
比较了解					1.537**	4.649
很了解					1.686*	5.398
对经办服务的评价（不太满意）						
一般					1.872*	6.501
比较满意					0.970*	2.639
满意					0.633	1.884

续表

	模型1		模型2		模型3	
	B	Exp（B）	B	Exp（B）	B	Exp（B）
缴费方式便利程度（不方便）						
不太方便					0.759*	2.137
一般					1.055**	2.873
方便					1.230**	3.420
常量	1.203*	3.331	0.285	1.329	-1.515*	0.220
卡方值	41.516**		54.774***		84.978***	
似然值	467.514		453.636		422.809	
调整后的 R^2	0.131		0.171		0.257	
样本数	989		978		976	

注："*"，$p<0.05$；"**"，$p<0.01$；"***"，$p<0.001$。

（3）基本结论

通过对农民参加新农保的频次统计和 Logistic 回归分析，考察了农民参加新农保的广度情况及其影响因素，主要得到以下结论。

第一，在试点初期，新农保具有较高的参保率，不同地区之间的参保率存在显著差异。就其结果来看，西部地区的参保率水平要显著高于东部地区，这主要是由不同经济社会发展水平下农村居民对养老保障水平的不同需求所引起的。对于东部地区的农村居民来说，可能更多希望通过参加城镇职工基本养老保险来获得更高的养老保障，无论是从就业类别还是经济支付能力上看，他们也具有这种能力。而对于西部地区农村居民来说，外出务工仍然占其就业类别的主要部分，由于职工养老保险在转移接续上存在的种种问题，以及其自身的流动性，他们往往需要在家乡参加新农保来获得一份托底的养老保障。另外，不同地区在新农保政策执行上的力度不同，可能也是导致新农保参保率存在显著差异的重要原因。

第二，在试点初期，新农保参保决策是一项家庭决策行为。从模型回归结果来看，个人属性层面上的变量除了性别有影响，其他变量都没有显著影响，而家庭人口结构对是否参加新农保具有重要影响，主要表现在"子女数量"和"家中是否有 60 岁以上老人"两个变量的显著性上。就后者而言，主要与新农保制度的捆绑缴费政策相关；就前者而言，则更多反映了参保者未来养老资源预期对参保的影响。性别变量的显著性本质上也是反映了农村家庭结构中的性别关系。因此，本书认为，个体是否参加新农保是农民从家庭整体利益格局出发作出的选择，本质上应属于一种农户行为。从长远来看，有关新农保的制度设计应符合中国农村家庭的人口结构和关系结构，这样才能更好地带动农民参保。

第三，在试点初期，新农保能够获得如此高的参保率，是地方政府政策执行的结果。从上文的回归结果来看，政策执行对整个模型优度的贡献率较大，远超出了政策信任，这说明在试点初期来自基层管理者的社会动员以及新农保经办服务能力的提升对农民参加新农保有重要的带动作用。因此，本书认为新农保初期的参保率较高，有一定的虚高成分，特别是与新农保制度当中的捆绑缴费政策密切相关。这也充分说明新农保实行自愿参保的做法虽然在法理上具有优势，但是在实际操作过程中具有一定的难度，离不开基层管理者的社会动员，很大程度上也增加了实施新农保的行政成本。但是从回归结果来看，最具影响力的自变量是新农保缴费的便捷程度，这说明新农保的末端执行非常重要，对于参保农民来说，尽量方便其缴费是确保社会动员直接转换为参保率的重要前提条件。

2. 参保深度及其影响因素分析

(1) 分析框架与研究假设

从已有研究发现来看，无论是农民参保积极性不高还是参保后选择较高档次缴费的积极性不高都反映了新农保制度本身所具有的激励性不足问题，其中缺乏多缴多补的激励措施导致参保农民不倾向选择高缴费档次[1]。已有研究表明，对于绝大多数农民来说，新农保缴费并不存在经济上的压力并且具有可持续性[2]，即使是选择中高档缴费标准也并未对农

---

[1] 金刚、柳清瑞：《新农保补贴激励、政策认知与个人账户缴费档次选择——基于东北三省数据的有序 Probit 模型估计》，《人口与发展》2012 年第 4 期。

[2] 王翠琴、薛惠元：《新型农村社会养老保险收入再分配效应研究》，《中国人口·资源与环境》2012 年第 8 期。

民构成经济上的负担①。但是以上结论的得出是站在一种静态视角上，没有充分考虑农村居民日常生活支出的结构，特别是家庭人口结构的影响。对于绝大多数农民来说，参加新农保选择何种档次参保是一个经济理性选择的过程。这里的经济理性涉及投入和预期产出要求两个部分，由于新农保作为经济投资的收益率是大致明确的，因此，农民缴费档次的理性选择实际上就体现在投入能力和产出要求两点上，而不是像一般理性选择注重投入产出的比较。本书提出假设1和假设2。

假设1：农民的缴费能力越强，越有可能选择较高档次的缴费标准。

假设2：农民对老年后的养老金需求越高，越有可能选择更高档次的缴费标准。

任何一种经济理性行为都是尽可能规避风险的行为，虽然从理论上来说，新农保制度设计上几乎没有任何风险，并且比农村一般投资品具有更高的收益率②，但是这种分析也仅仅是一种理论上的分析，新农保制度的低风险性本质上是由政府为其信用进行背书所决定的。因此，参保农民是否认同这种低风险性和稳定收益率，是以其是否信任新农保制度为前提的。理论上来说，参保本身已经反映了农民对新农保制度的信任水平，选择何种标准参保，则更加深入地反映了这种信任水平的高低。据此，本书提出假设3。

假设3：农民对新农保制度的信任水平越高，越有可能选择更高档次的缴费标准。

已有研究通常将农民选择低档次缴费归因于新农保的财政激励机制不完善，不能对提高缴费标准产生激励作用，并且认为"差别化"财政补贴方式的激励作用要明显强于"一刀切"方式③。还有研究从两种补贴方式对各缴费档次收益率的影响进行分析，发现现有的激励机制都产生

---

① 邓道才、蒋智陶：《知沟效应、政策认知与新农保最低档次缴费困境——基于安徽调查数据的实证分析》，《江西财经大学学报》2014年第1期；赵建国、海龙：《"逆向选择"困局与"新农保"财政补贴激励机制设计》，《农业经济问题》2013年第9期。

② 薛惠元：《新型农村社会养老保险农民缴费意愿的可持续性分析》，《西北人口》2014年第2期。

③ 金刚、柳清瑞：《新农保补贴激励、政策认知与个人账户缴费档次选择——基于东北三省数据的有序Probit模型估计》，《人口与发展》2012年第4期。

了负向激励效应，这是引发农民在参保档次上逆向选择的关键①。事实上，后者其实讨论了新农保制度中一个更深层次问题，即新农保个人账户的收益率问题，按照现有的投资收益方式，只能导致投入越多收益率越差。因此，本书认为在新农保参保初期更多反映的是财政补助金额的激励作用，而不是基于长期收益率比较下的激励作用。并且也有研究表明，这种财政补助金额的激励作用必须建立在提高农民对新农保政策认知水平的基础之上②。据此，本书提出假设4。

假设4：农民对新农保政策的了解程度越高，越有可能选择更高档次的缴费标准。

(2) 研究结果：缴费档次选择及其影响因素

①试点初期的缴费档次选择情况

新农保制度在设计之初对缴费档次作了5个档次的规定，在一些新农保较早进行试点的经济发达地区对参保档次进行了上调，考虑到实际选择500元缴费的比例很低，本书将其与400的缴费档次进行了合并，具体缴费档次选择情况如下：选择100元缴费标准的最多，占到了67.8%；其次是200元的，占比为17.0%；再次是300元标准的，占比为7.8%；最后是选择400元及以上标准的，占比为7.4%。

②试点初期缴费档次选择影响因素

因变量是定序变量，采用有序Probit回归进行分析。将农民个体、家庭和地区三个层面上的6个变量作为控制变量，来研究经济理性、信任水平和认知水平对缴费档次选择的影响效应。根据这一研究目标使用逐步回归法，本书得到了4个回归模型，其中：模型1是控制变量对农民缴费档次变动的影响，模型2加入了经济理性，模型3又增加了信任水平，模型4在模型3的基础上再增加了认知水平。表3—7给出了具体分析结果。

---

① 赵建国、海龙：《"逆向选择"困局与"新农保"财政补贴激励机制设计》，《农业经济问题》2013年第9期。

② 金刚、柳清瑞：《新农保补贴激励、政策认知与个人账户缴费档次选择——基于东北三省数据的有序 Probit 模型估计》，《人口与发展》2012年第4期。

表3—7 农民"参保缴费档次选择"的有序Probit回归模型估计结果

	模型1		模型2		模型3		模型4	
	B	S.E	B	S.E	B	S.E	B	S.E
控制变量								
性别（女性）								
男性	0.268	0.215	0.216	0.221	0.219	0.222	0.215	0.225
年龄	-0.015	0.134	0.042	0.141	0.038	0.142	0.018	0.143
文化程度	0.316*	0.135	0.244*	0.139	0.210	0.141	0.216	0.143
子女数量	-0.136	0.108	-0.038	0.144	-0.039	0.143	-0.027	0.144
健康水平	0.151!	0.090	0.104	0.093	0.095	0.093	0.097	0.094
所在地区（西部地区）								
东部地区	0.343	0.317	0.058	0.334	0.112	0.337	0.082	0.341
中部地区	0.535!	0.335	0.236	0.349	0.269	0.350	0.218	0.354
经济理性								
全家年收入			0.203**	0.062	0.199**	0.062	0.206**	0.062
养老收入期望水平			0.214**	0.078	0.203!	0.079	0.218**	0.079
信任水平								
对新农保制度信任程度					0.154!	0.099	0.165!	0.100
认知水平								
新农保政策的了解程度							0.012	0.154
新农保划算程度评价							0.285*	0.163
似然值	696.994		766.729		768.430		765.284	
调整后的R^2	0.057		0.120		0.125		0.133	
样本数	729		723		720		718	

注："!"，$p<0.10$；"*"，$p<0.05$；"**"，$p<0.01$；"***"，$p<0.001$。

经济理性的影响。比较模型2和模型1可以看到，当加入经济理性后，模型的决定系数有较大幅度的提高，从0.057提高到0.120，模型的拟合优度得到提高，解释力也增强了，这说明农民的经济理性对其缴费档次选择有显著影响。在模型2中，反映农民经济理性的两个变量对农民缴费档次选择的影响都通过了显著性检验。其中，参保对象"全家年收入水平""对养老收入期望水平"都是在0.1%的统计水平上显著正向影响农民的缴费档次选择，也就是说，农民全家年收入水平越高、对养老收入期望程度越高，其缴费档次越高。对比这三个变量的回归系数可以发现，"对养老收入期望程度"的影响程度最高，这说明农民选择何种缴费档次参加新农保主要是基于对预期收入水平的考量，家庭年收入的影响力要低于"对养老收入期望程度"，这在一定程度上验证了高档缴费标准也并未对农民构成经济上的负担[①]。值得注意的是，在引入信任水平后，经济理性中"养老收入期望水平"的显著性下降了，同时经济理性两个变量的影响效应程度都有所下降，但下降幅度非常小；在进一步引入认知水平后，经济理性两个变量的显著性又恢复到了模型2当中的水平，并且效应较之模型2有所增加。这意味着信任和认知水平的加入并不能解释农民的经济理性对其缴费档次选择的影响，模型1、模型2、模型3、模型4之间的比较都能够证明农民缴费档次选择的经济理性假设是成立的。也就是说，假设1和假设2都得到了证明。

信任水平的影响。比较模型3和模型2发现，引入信任水平后，模型的决定系数进一步由0.120提高到0.125，模型的拟合优度有所提高，考虑到信任水平只设置了一个变量，虽然模型的解释力有所增强，但也说明农民的信任水平对其选择更高的缴费档次有一定影响。其中，"对新农保制度信任程度"在10%统计水平上对农民选择更高的缴费档次有正向影响。进一步对比模型4和模型3后发现，在引入了认知水平之后，"对新农保制度的信任程度"的显著性没有出现明显下降，但对缴费档次选择的效应有所上升（从0.154到0.165）。由此可见，农民对新农保制度的信任水平对缴费档次的选择具有较为明显的作用，假设3基本上得到

---

① 邓道才、蒋智陶：《知沟效应、政策认知与新农保最低档次缴费困境——基于安徽调查数据的实证分析》，《江西财经大学学报》2014年第1期；赵建国、海龙：《"逆向选择"困局与"新农保"财政补贴激励机制设计》，《农业经济问题》2013年第9期。

了证实。

认知水平的影响。加入认知水平的模型4较之于模型3,决定系数有所增长,模型的拟合优度和解释力有所提升。模型4的估计结果表明,认知水平在5%的统计水平上对农民的缴费档次选择具有显著影响。其中,对新农保划算程度的评价越高,越倾向于选择更高的缴费档次。但值得关注的是,"新农保政策了解程度"对缴费档次选择没有显著影响,这一结果与钟涨宝等和常伟的研究相符合[1],但与金刚等和邓大松等的研究结果相悖[2]。相比而言,几乎所有的实证研究都证实了"对新农保政策的了解程度"对是否参保具有正向效应,这说明较之于是否参保,提高缴费档次的决策所需要的认知支持力度和程度是不同的。可能对于是否参保来说,对新农保政策的认知是重要的影响因素;而对于选择何种档次参保来说,参保农民可能对新农保政策已经有了较为全面的认识,选择何种档次参保则更多是一种经济理性选择的结果。因此,认知水平的显著影响集中在对新农保制度的划算程度评价上。通过对比模型2、模型3、模型4的决定系数变化可以看到,经济理性、信任水平和认知水平对模型拟合优度的贡献率分别为6.3%、0.5%和0.8%,呈现出明显的下降趋势。在完全变量模型4中通过对比所有显著自变量的Wald值后发现,"家庭年收入水平"(10.915)是最重要的影响变量,其次是"对养老收入的期望水平"(7.516)。总的来说,农民的缴费档次选择更多的是一种经济理性选择的结果。

农民个人特征的影响。在没有引入其他自变量的情况下,农民的个体特征与区域变量对其缴费档次选择有一定影响。模型1显示,文化程度变量、健康水平和区域变量分别在5%、10%和10%的统计水平上对缴费档次选择有显著影响,其中农民的文化程度越高,越倾向于选择高档次缴费,

---

[1] 钟涨宝、李飞:《动员效力与经济理性:农户参与新农保的行为逻辑研究——基于武汉市新洲区双柳街的调查》,《社会学研究》2012年第3期;常伟:《新农保建设中的农民参保标准选择研究——基于安徽省的实证分析》,《统计与信息论坛》2013年第4期。

[2] 金刚、柳清瑞:《新农保补贴激励、政策认知与个人账户缴费档次选择——基于东北三省数据的有序Probit模型估计》,《人口与发展》2012年第4期;邓大松、李玉娇:《制度信任、政策认知与新农保个人账户缴费档次选择困境——基于Ordered Probit模型的估计》,《农村经济》2014年第8期。

健康水平越高，越倾向于选择高档次缴费；相比于西部地区农民，中部地区农民更倾向于选择高档次缴费。文化程度变量的显著性在纳入了信任水平的模型3中消失了，这说明文化程度的影响被农民的信任水平消解了。一定程度上文化程度高的农村居民对党和国家政策的解读能力更强，也更容易对国家政策作出理性的判断，因此，对新农保制度的信任程度也更高。农民健康水平的影响在引入经济理性变量后消失了，这说明农民的健康水平与其收入水平具有较强的关联性，健康水平的影响被"家庭年收入水平"和"对养老收入期望水平"等变量的影响削减了。

（3）基本结论

本书通过对样本的频次统计和有序 Probit 回归分析，考察了农民参加新农保的缴费档次选择情况及其影响因素，主要得到以下结论。

第一，在新农保政策实施之初，农民的参保行为存在明显的"象征性"参保倾向，参保农民大部分都选择了最低档次缴费。这说明在新农保政策实施之初，在政策连续性和稳定性还不明朗的情况下，参保者大多选择参加但不深入作为自己的参保策略。这种"象征性"参保倾向反映了社会动员对农民参保行为的影响。

第二，农民的参保缴费档次选择本质上是一种经济理性行为。如果说农民在是否参保上不仅仅是经济理性行动的结果，也反映了人们在社会动员之下的社会理性结果。那么，人们在参保缴费档次的选择上则更多体现了经济理性的结果。从回归的完全模型结果来看，经济理性的两个变量都具有显著影响，而在信任水平和认知水平当中，"对新农保制度的信任程度"和"对新农保划算程度评价"具有显著影响，这两个变量是参保农民作出经济理性选择的重要前提条件。因此，从数据结果来看，特别是从不同变量对模型拟合度的贡献来看，农民的参保缴费档次选择更多倾向于是一种经济理性行为。

第三，鼓励农民不断提高缴费档次是一个综合性政策结果。从已有研究结果来看，大多数研究认为增加财政激励是鼓励农民不断提高缴费档次的重要方法。而从结果来看，缴费档次选择是以经济收入为基础的，因此，应通过提升农民收入水平进而提高其新农保支付能力。同时，应不断提升农民对新农保制度的信任程度，这需要改善整个新农保政策共同体之间的关系结构。另外，也应加大对新农保政策的宣传力度，按照理论测算，参加新农保的收益率达到了8%，这是超过农村一般投资收益的[①]。但是参保农民由于对政策缺乏深度认识，往往不能掌握这一信息，这就需要对新农保的动员摆脱机械的说教，而是从投资收益视角加强深度分析，进而强化参保农民对新农保是优质投资物的认知。

（二）全覆盖下的参保行为

2012年9月新农保在全国范围内实现了全覆盖，从全国各地的统计数据来看，各地的新农保参保率已经维持在一个较高水平上，人力资源和社会保障部的统计数据显示，到2013年年底，全国新农保、城居保参保人数已达4.98亿人，其中领取待遇人数达1.38亿人。应该说，经过新农保政策第一阶段的推广实施，农民在新农保参保的广度上已经维持在一个较高水平上，或者说通过几年的运动式推广，新农保已经基本上解决了参保率问题。但与医疗保险缴费与受益的当期性不同，养老保险往往需要较长的缴费周期才能受益，因此，一般社会养老保险通常以立法的形式规定其连续缴费的强制性。新农保虽然在形式上属于社会养老保险，但就其本质是一种政府鼓励的自愿储蓄型养老金计划，其成功实施的关键不在于参保的"广度"与"深度"，而在于参保的连续性。除了参保的连续性，新农保要能够实现养老保障的功能，实现其可持续发展的目标，必然会要求农民提高缴费档次，通过多缴费来提高未来养老金的替代率。因此，在新农保实现全覆盖的背景下，对于农民参加新农保的行为研究，应从试点阶段的参与广度和深度分析转向农民参保的连续性和缴费档次的变动性上来。本书重点围绕这两个问题开展实证分析。

1. 参保行为的连续性分析

（1）分析框架与研究假设

虽然目前缺少有关新农保参保连续性行为的实证研究，但考虑到新农保参保连续性是一个始于是否参保以及如何参保的连续性过程。因此，有理由相信有关新农保参保广度与深度的大量实地研究结果对形成参保连续性分析框架具有重要参考意义。现有关于农民参保行为的分析框架

---

① 薛惠元：《新型农村社会养老保险农民缴费意愿的可持续性分析》，《西北人口》2014年第2期。

虽然还比较零散、缺乏系统性，但大致都反映了"行动—结构"的分析路径，几乎所有研究都将参保行为看作个体或家庭的一种社会行动，并且这种行动不仅是一种基于经济理性的行动，也受制于其他非经济的社会结构因素。除此之外，由于新农保自身在制度设计和运行机制方面存在缺陷，在实施初期必然十分重视实施过程的组织动员与舆论推动①，这说明外部激励也是影响新农保参保行为的重要因素。总的来说，参保行为不仅是农民个体的决策行动，也受到外部激励的影响；不仅反映了个体的经济理性结果，而且是社会结构等多因素综合作用的结果。

连续性参保涉及农民的连续性支出，并且这种支出是一种收益滞后性很强的投资性支出。从这个意义上来说，新农保参保行为也是一种金融投资行为，属于典型的经济行动。按照古典经济学的"经济人"理性假定，个体的经济行动必然遵循"追求代价最小化和追求利益最大化"的"经济理性"原则。来自调查数据和基于统计数据的分析都证明新农保的缴费金额对农民不构成经济上的负担②，也就是说，农民持续参保不存在生存理性上的压力。而在中国农户经济行为从生存理性转向经济理性的时代背景下③，农民的连续参保行为更多是基于一种追求利益最大化的判断，因此这种经济理性判断不仅来自投入上的经济负担分析，而更多的是基于一种"成本—收益比"的判断。因此，本书提出假设1。

假设1：经济理性假设。农民根据个体的基本情况作出连续性参保的利润判断，连续性参保的预期收益越大，农民越可能做到不间断连续参保。

关于农民的经济行为，学术界一直以来存在关于传统农民"经济理性"与"社会理性"之争的"斯科特—波普金论题"④。这种带有明显二

---

① 林义：《破解新农保制度运行五大难》，《中国社会保障》2009 年第 9 期。
② 邓道才、蒋智陶：《知沟效应、政策认知与新农保最低档次缴费困境——基于安徽调查数据的实证分析》，《江西财经大学学报》2014 年第 1 期；薛惠元：《新农保个人筹资能力可持续性分析》，《西南民族大学学报》（人文社会科学版）2012 年第 2 期。
③ 翁贞林：《农户理论与应用研究进展与述评》，《农业经济问题》2008 年第 8 期。
④ 黄鹏进：《农民的行动逻辑：社会理性抑或经济理性——关于"小农理性"争议的回顾与评析》，《社会科学论坛》2008 年第 8 期。

元对立色彩的争论很大程度上应归咎于认识论上的"理想类型"工具，我们很难并且也没有必要将农民的具体行为归为某种理论，而更多地应该从农民行动的现实图景出发进行具体分析。文军从社会学的理性选择理论出发指出农民的理性选择存在层次性，"社会理性"是在"经济理性"基础上更深层次的"理性"表现，是"理性选择"的更高表现形式，满意准则和合理性是"社会理性"行动者的行动基础①。无论如何争论，来自"社会理性"学派的波兰尼所提出的经济行为是嵌入在社会关系之中，应将经济行为当作社会制度过程来研究的"实体经济学"观点，是适用于农民的新农保参保行为的，事实上也有研究注意到了诸如社会互动、社会资本、信任等非经济因素对农民是否参保的作用②，并在一定程度上证明了文军所说的"社会理性"的存在。由此可见，农民在持续性参保上的决策过程是比较复杂的，特别是在参保不存在生存理性压力的背景下，其"理性选择"行为也是多元的，非经济因素起着重要的作用。正如科尔曼所说，"理性行动需要理性的考虑对其目的有影响的各种因素，但是判断'理性'与'非理性'不能以局外人的标准，而是要用行动者的眼光来衡量"③。据此，本书提出假设2。

假设2：社会理性假设。农民的参保行为不仅是寻求利润的最优，也是最大限度地获取社会的、文化的或情感的效益，参保行为对农民来说越是满意和合理的，就越可能连续参保。

事实上，新农保虽然属于社会保险范畴，但仍然采取自愿参保的形式，特别是与新农合、农村养殖种植保险等农村自愿性保险以年度作为缴费和受益周期所不同的是，新农保的缴费周期更长，预期收益更具有不确定性。由于缺乏法律上的强制性，因此，在新农保参保实际操作过程中往往十分强调运用外部激励来促使农民参保，这些外部激励包括组

---

① 文军：《从生存理性到社会理性选择：当代中国农民外出就业动因的社会学分析》，《社会学研究》2001年第6期。
② 吴玉锋：《新型农村社会养老保险参与行为实证分析——以村域社会资本为视角》，《中国农村经济》2011年第10期；吴玉锋：《新型农村社会养老保险参与实证研究：一个信任分析视角》，《人口研究》2011年第4期。
③ Coleman, J. S., *Foundation of Social Theory*, Cambridge: Belknap Press of Harvard University Press, 1990, p. 20.

织动员、舆论推动、利益挂钩、新农保制度本身的制度激励等内容。这些外部激励大多是要解决以下几个问题：一是农户对新农保政策信息的了解不充分；二是农户对政府的信任不充分；三是农户对于现金的过度偏好。已有研究表明，宣传动员有助于提升农户信息了解程度进而提升参保广度[①]。而对政府的信任以及适度的现金偏好则是实现连续性自愿参保的重要因素，也是外部激励作用于参保行为的中间机制。基于此，本书提出假设3。

假设3：外部激励假设。外部激励与农民的连续性参保行为相关，农民感知并认可的外部激励越强烈，越是能够做到连续性参保。

（2）研究结果：参保连续性及其影响因素分析

①参保连续性情况

数据结果显示，79.9%的参保者能够做到连续参保，20.1%的参保者没有连续参保；在没有能够连续参保的被调查者当中，"只缴费过一次"的占57.5%，"缴费过两次"的占29.3%，"缴费过三次及以上"的占13.2%。也就是说，参保连续性上存在马太效应，其中连续缴费两次是一个节点，绝大部分未能连续参保者的参保次数都在两次及以下。由此可见，加强对农民连续参保影响因素分析对新农保制度可持续发展具有重要现实意义。

②参保连续性影响因素

因变量是两分变量，采用Logistic回归进行分析。将农民个体、家庭和地区三个层面上的6个变量作为控制变量，来研究内部理性选择与外部激励对连续性参保的影响。根据这一研究目标使用逐步回归法，本书得到了4个回归模型，其中：模型1是控制变量对农民连续性参保的影响，模型2加入了经济理性，模型3又增加了社会理性，模型4在模型3的基础上再增加了外部激励。表3—8给出了具体分析结果。

---

① 钟涨宝、李飞：《动员效力与经济理性：农户参与新农保的行为逻辑研究——基于武汉市新洲区双柳街的调查》，《社会学研究》2012年第3期。

表3—8 农民"是否连续参保"的Logistic回归模型估计结果

	模型1		模型2		模型3		模型4	
	B	Exp(B)	B	Exp(B)	B	Exp(B)	B	Exp(B)
控制变量								
性别（男性）								
女性	-0.420[1]	0.657	-0.354	0.702	-0.360	0.698	-0.337	0.714
年龄（40岁及以下）								
41—50岁	-0.040	0.961	-0.105	0.900	-0.115	0.892	0.070	1.073
51—55岁	0.280	1.323	0.223	1.250	0.181	1.198	0.272	1.313
56—59岁	0.103	1.108	0.127	1.135	0.135	1.144	0.338	1.402
文化程度（小学及以下）								
初中	0.463[1]	1.589	0.335	1.397	0.288	1.333	0.085	1.089
高中（含中专、中职等）	0.746**	2.108	0.502	1.652	0.536	1.709	0.413	1.511
大专及以上	0.719	2.051	0.269	1.309	0.239	1.270	0.091	1.095
从业类别（农业活动）								
本地务工经商	-0.228	0.796	-0.302	0.739	-0.319	0.727	-0.242	0.785
外地务工经商	-0.022	0.979	-0.066	0.936	-0.077	0.926	-0.015	0.985
其他	0.358	1.431	0.240	1.271	0.261	1.299	0.356	1.427
子女数量（1个及以下）								
2个	-0.578[1]	0.561	-0.552[1]	0.576	-0.601[1]	0.548	-0.725*	0.484
3个及以上	-1.130***	0.323	-0.978**	0.376	-0.972**	0.378	-0.956*	0.384
所在地区（东部地区）								
中部地区	0.181	1.198	0.201	1.223	0.199	1.220	0.189	1.208
西部地区	1.148***	3.152	1.113**	3.042	1.171**	3.226	0.967*	2.631
经济理性								
新农保政策的了解程度（不了解）								
有一点了解			0.466[1]	1.593	0.593*	1.810	0.765**	2.150
比较了解			1.344**	3.836	1.440**	4.223	1.547**	4.698
很了解			0.011	1.011	-0.201	0.818	-0.393	0.675

续表

	模型 1		模型 2		模型 3		模型 4	
	B	Exp(B)	B	Exp(B)	B	Exp(B)	B	Exp(B)
年缴费水平承受能力（400 元及以下）								
401—800 元			0.323	1.382	0.340	1.405	0.018	1.018
800 元以上			1.138	3.122	0.989	2.687	1.149	3.155
对养老收入的期望水平（250 元及以下）								
251—350 元			0.391	1.479	0.332	1.394	0.411	1.509
351—450 元			0.411	1.508	0.340	1.405	0.374	1.454
450 元以上			0.538[1]	1.712	0.255	1.291	0.315	1.370
社会理性								
村庄内和谐程度（不和谐）								
一般					0.718[1]	2.051	0.459	1.582
和谐					1.028*	2.797	0.773	2.166
村庄内信任程度（不信任）								
基本信任					0.594*	1.811	0.476[1]	1.610
完全信任					1.317**	3.733	1.386**	3.997
外部激励								
基础养老金是否上调								
是							0.632*	1.881
是否连续被动员缴费								
是							1.325***	3.762
缴费方式便利程度（不方便）								
不太方便							0.784*	2.190
一般							0.949**	2.584
方便							0.836[1]	2.307
常量	1.281**	3.599	0.569	1.767	−0.512	0.599	−2.088**	0.124
卡方值	41.307***		60.974***		80.857***		120.019***	

续表

	模型1		模型2		模型3		模型4	
	B	Exp(B)	B	Exp(B)	B	Exp(B)	B	Exp(B)
似然值	538.289		517.245		496.901		457.277	
调整后的 R^2	0.109		0.159		0.208		0.299	
样本数	772		769		768		767	

注:"!", $p<0.10$; "*", $p<0.05$; "**", $p<0.01$; "***", $p<0.001$。

经济理性的影响。比较模型2和模型1可以看到,当加入经济理性后,模型的决定系数从0.109提高到0.159,模型的拟合优度得到提高,解释力也增强了,这说明农民的经济理性对其连续性参保有显著影响。其中,"对新农保政策的了解程度"和"对养老收入的期望水平"影响力显著,对政策"有一点了解"和"比较了解"的农民其连续参保的发生比分别是"不了解"农民的1.593倍($e^{0.466}$)和3.836倍($e^{1.344}$);相比之下对政策"非常了解"的农民反而并不倾向连续参保,这可能与他们试图钻政策漏洞的"理性选择"有关。对养老收入期望在"450元以上"的农民其连续参保的发生比是"250元及以下"农民的1.712倍($e^{0.538}$),这说明只有当新农保能产生较高收益时才能对拉动农民连续参保产生显著影响。缴费承受力对连续参保没有显著影响,再一次验证了之前关于缴费能力与是否参保无关的研究发现①。值得注意的是,经济理性在引入社会理性之后,"对养老收入的期望水平"的显著性消失了,而"对新农保政策了解程度"的显著性反而得到了增强;进一步引入外部刺激后,"对新农保政策了解程度"的显著性进一步增强。由此可见,虽然对比模型2与模型1能够证明经济理性假设,但通过与模型3和模型4的对比发现,农民在是否连续参保上的理性选择遵循的并不是一般意义上的利益最大化经济理性。因此,农民是否连续参保的经济理性假设没有得到证实。

社会理性的影响。比较模型3和模型2发现,引入社会理性后,模型

---

① 邓道才、蒋智陶:《知沟效应、政策认知与新农保最低档次缴费困境——基于安徽调查数据的实证分析》,《江西财经大学学报》2014年第1期;薛惠元:《新农保个人筹资能力可持续性分析》,《西南民族大学学报》(人文社会科学版)2012年第2期。

的决定系数进一步由 0.159 提高到 0.208，模型的拟合优度又得到提高，解释力也更加增强，这说明农民的社会理性对其连续性参保有显著影响。其中，随着村庄内和谐与信任程度的提升，农民也更倾向于连续参保。与"村庄内不和谐"的农民相比，"村庄内和谐程度一般"和"村庄内和谐"的农民连续参保的发生比分别是前者的 2.051 倍（$e^{0.718}$）和 2.797 倍（$e^{1.028}$）。与"村庄内不信任"的农民相比，"村庄内基本信任"和"村庄内完全信任"的农民连续参保的发生比又分别是前者的 1.811 倍（$e^{0.594}$）和 3.733 倍（$e^{1.317}$）。村庄内和谐程度越高，村民的社会互动频率越高，同时通过互动传播的正向信息越多。理论上说，社会互动主要通过信息传递、交流感受和一致性规范三个方面促进农民连续参保行为[1]，模型3控制了新农保信息了解程度变量，说明和谐的村庄环境有利于形成关于新农保的正向交流感受，并且在村庄内形成关于参保的一致性行为规范，进而促进了农民的连续性参保行为。同样，村庄内信任程度除了有利于农民获得有关新农保信息，更重要的是有助于其将村域范围内信任这种积极的情感激发为对国家惠农政策和新农保制度的普遍信任，降低了交易成本，进而产生连续性参保行为。另外，村庄内信任程度还作为一种宏观社会资本能够促进农民将参保当作一种群体内的合作行为。进一步比较模型4和模型3可以看到，在引入"外在刺激"变量后，"村庄内和谐程度"的显著性消失了，而"村庄内信任程度"的显著性基本保持不变。由此可见，农民的连续参保行为是嵌入在村庄社会结构当中的，农民是否连续参保并不是孤立的"成本—收益"核算，也不是规避风险原则下的有限理性选择，而是通过村庄内社会互动形成关于新农保制度正向社区共识的基础上实现的。因此，社会理性假设得到了证实。

外部激励的影响。模型4的估计结果表明，外部激励对农民的连续参保行为选择有非常重要的影响。加入外部激励变量的模型4较之于模型3，决定系数有较大幅度增长，模型的拟合优度和解释力有较大提升，外部激励假设得到了证实。其中，基础养老金上调、连续动员和缴费方式便利都能够显著提高农民连续参保的比率。基础养老金"上调"地区

---

[1] 吴玉锋：《社会互动与新型农村社会养老保险参保行为实证研究》，《华中科技大学学报》（社会科学版）2011年第4期。

农民的连续参保发生比是"未上调"地区的1.881倍（$e^{0.632}$）；受到连续动员农民的连续参保发生比是未受到动员农民的3.762倍（$e^{1.325}$）；与"感受缴费很不方便"的农民相比，感受缴费"不方便""一般"和"方便"的农民，其连续参保发生比分别增长了119%（$e^{0.784}-1$）、158.4%（$e^{0.949}-1$）和130.7%（$e^{0.836}-1$）；由此可见，无论是经济刺激还是社会动员或是直接作用于缴费行为都有助于农民的连续参保。通过比较外部激励各变量的Wald值后发现，"是否连续被动员"最高（25.042），其次为"缴费方式便利程度"（10.610）和"基础养老金是否上调"（5.918），这说明持续的社会动员是最重要的外部激励因素。事实上，基础养老金上涨的绝对数相对于农村人均纯收入微乎其微，能够产生的经济激励效果很低；在控制了"新农保政策了解程度"变量后，"是否连续被动员"仍有很强的影响力，这说明这里的动员主要是指通过村干部的信任、面子、群体压力等在行为上促进农民连续参保的情理动员[①]。另外，通过对比模型2、模型3、模型4的决定系数变化可以看到，经济理性、社会理性和外部激励对模型拟合优度的贡献率分别为5%、4.9%和9.1%；在完全模型4当中通过比较所有显著自变量的Wald值后发现，"是否连续被动员"（25.042）是最具影响力的变量，其次是"对新农保政策了解程度"（14.134）。因此，外部激励对农民是否连续参保的影响力要大大超过了其经济理性和社会理性。

农民属性因素的影响。在农民的属性变量当中，子女数量和所在地区是影响其连续参保的重要变量。在模型1至模型4当中，子女数量与是否连续参保都呈现出负相关，子女数量越多，连续参保的可能性越低。这反映出农民子女越多，年老后的供养资源越丰富，对新农保的依赖程度越低。在各个模型当中，西部地区农民的参保连续性显著要高于东部地区，但这种显著性随着其他变量的增加而下降，特别是外部激励的加入使得地区变量显著性明显下降（$P<0.05$）。通过详析分析的基本原理，可以将动员变量看作地区变量与连续性参保之间的阐明变量，一般来说西部地区政府的政策执行更加强调锦标赛式的评比，这客观上导致西部

[①] 钟涨宝、李飞：《动员效力与经济理性：农户参与新农保的行为逻辑研究——基于武汉市新洲区双柳街的调查》，《社会学研究》2012年第3期。

地区地方政府的参保连续性动员力度更大，进而影响农民的连续性参保结果。在模型1当中，男性较之女性，文化程度更高的农民更倾向于连续参保；但随着经济理性变量的加入，其显著性在模型2中消失了。这说明性别和文化程度对连续参保的影响本质上是农民对新农保政策了解程度的差异。文化程度高的农民更容易和准确掌握新农保政策的内容；而在农村男性的文化程度一般高于女性，接触外界信息的渠道和机会也更多，这使得男性对国家政策的了解和掌握普遍高于女性。

（3）基本结论

与以往研究注重从参保的广度和深度来考察农民的新农保参保行为不同的是，本书从农民参保行为的连续性来对新农保制度的可持续发展进行实证研究，通过对样本的频次统计和 Logistic 回归分析，考察了农民参加新农保的连续性情况及其影响因素，主要得到以下结论。

第一，农民的参保行为具有较强的惯性作用。从缴费连续性结果来看，缴费次数2次以上的农民绝大多数倾向于连续性参保。一方面这显示新农保实现可持续发展有较好的社会行动基础，另一方面也说明开始参保后的前3年至4年对于农民能否实现连续参保至关重要。新农保作为一项惠农政策，政策的连续有效执行应成为其可持续发展的基础。

第二，农民的连续参保行为是一种社会理性选择行为。新农保在制度设计上是有利于农民的无风险行为，从经济理性上来说参保是一种自然的理性选择，已有的研究也表明只有当信息不充分时，社会动员等社会性因素才能提升农户的参保广度[①]。本书进一步发现，无论是基于村域社会互动和信任的社会理性还是社会动员为主的外在激励都不是"新农保政策了解程度"发挥作用的中介变量，这说明在控制"新农保政策了解程度"变量之后，农民的连续参保行为主要受制于受到的连续动员程度以及村庄内信任程度等社会因素的影响。因此，农民的连续性参保行为并不是基于"成本—收益"比较的经济理性，而是一种遵从社会情理规范的社会理性。

第三，农民的连续参保行为是地方政府社会政策执行的结果。无论新

---

① 钟涨宝、李飞：《动员效力与经济理性：农户参与新农保的行为逻辑研究——基于武汉市新洲区双柳街的调查》，《社会学研究》2012年第3期。

农保信息充分与否，农民的连续性参保都首先受制于其受到的连续动员程度，同时缴费方式便利程度和是否上调基础养老金等外在激励因素的贡献也远高于其他因素。这说明农民连续参保的结果主要取决于地方政府新农保政策的执行程度，面对中国农村离散性的政策共同体，利益导向型的政策工具成为一种无奈的现实选择①。但在基础养老金上涨所产生的当期经济激励不足的情况下，社会动员和加强经办能力建设的重要性会日趋凸显出来。与前一种政策工具受制于制定者的层级限制（主要是由中央和省级政府制定）和巨大的财政成本不同，后两种政策工具的政策门槛相对较低且行政成本不高，更多反映了基层政府的政策执行能力。

2. 参保变动性及其影响因素分析

（1）分析框架与研究假设

考虑到新农保缴费初期绝大部分参保者选择最低缴费档次，因此其缴费档次变动都可以被看作提高缴费档次，提高缴费档次，意味着追加投资额度，并且这种增加的支出是一种收益滞后性很强的投资性支出。通常投资行为会遵循利益最大化的"经济理性"原则。来自调查数据和基于统计数据的分析都证明即使是选择中高档缴费标准也并未对农民构成经济上的负担②，也就是说，农民选择中高档标准参保不存在生存理性上的压力。农民的缴费档次变动行为更多是基于一种追求利益最大化的判断。因此，本书提出假设1。

假设1：经济理性假设。农民根据个体的基本情况作出变动缴费档次的利润判断，提高缴费档次的预期收益越大，农民提高缴费档次的幅度会越大。

事实上，新农保虽然属于社会保险范畴，但仍然采取自愿参保的形式，特别是与新农合、农村养殖种植保险等农村自愿性保险以年度作为缴费和受益周期所不同的是，新农保的缴费周期更长，预期收益更具有不确定性。由于缺乏法律上的强制性，有研究者提出实现诱致性制度变迁是新农保制

---

① 姚俊：《新型农村社会养老保险的制度困境分析：嵌入性的视角》，《学海》2013年第5期。

② 邓道才、蒋智陶：《知沟效应、政策认知与新农保最低档次缴费困境——基于安徽调查数据的实证分析》，《江西财经大学学报》2014年第1期；赵建国、海龙：《"逆向选择"困局与"新农保"财政补贴激励机制设计》，《农业经济问题》2013年第9期。

度可持续性发展的重要路径①。因此，在新农保参保实际操作过程中十分强调运用外部激励来促使农民参保，这些外部激励大致可以分为两个层面：一是政策实施层面的激励，包括组织动员、舆论推动、利益挂钩等；二是制度设计层面的激励，包括缴费补贴、超期缴费补贴和基础养老金补贴等内容。通常，政策实施层面的激励解决的是参保者对新农保政策的了解不充分和对制度的信任不足问题，而制度设计层面的激励则是要解决参保者对于现金的过度偏好问题。政策实施层面的社会动员可以分为情理动员和宣传动员两部分，已有研究发现情理动员只能提升参保的广度，但无助于提升参保的深度②。这一结果是与基层管理者的行动逻辑相一致的，他们进行社会动员的动力来自上级的考核压力而不是新农保制度最大限度发挥养老保障功能。而对于宣传动员的作用，已有研究通过对新农保政策的了解来控制社会动员中的宣传动员效力，并得出"宣传动员无助于参保深度"的结论。由此可见，宣传动员的作用在于改变了农民对新农保制度的认知，并以此影响农民的参保行为。但对新农保的认知不仅表现为对新农保政策的了解程度这一维度，还应该表现在对新农保制度的收益水平和保障程度的认识等更深层次的认知上，并且这些更深层次的认知对农民选择何种缴费档次参保有显著影响③。因此，本书提出假设2。

假设2：认知激励假设。新农保政策实施中的宣传动员能够产生认知激励，农民对新农保制度的认知程度越高，其提高缴费档次的幅度会越大。

在制度设计层面，新农保制度中财政补贴机制无论是从统计数据建模还是从调查数据统计结果来看，都发现其对农民选择更高的缴费档次具有激励作用④。由此可见，制度激励的作用是直接的物质激励。基于此，本书提出假设3。

---

① 余桔云：《强制性制度变迁到诱致性制度变迁——"普惠制"新农保可持续发展的变迁路径》，《兰州学刊》2010年第6期。

② 钟涨宝、李飞：《动员效力与经济理性：农户参与新农保的行为逻辑研究——基于武汉市新洲区双柳街的调查》，《社会学研究》2012年第3期。

③ 聂建亮、钟涨宝：《新农保养老保障能力的可持续研究——基于农民参保缴费档次选择的视角》，《公共管理学报》2014年第3期。

④ 赵建国、海龙：《"逆向选择"困局与"新农保"财政补贴激励机制设计》，《农业经济问题》2013年第9期；金刚、柳清瑞：《新农保补贴激励、政策认知与个人账户缴费档次选择——基于东北三省数据的有序Probit模型估计》，《人口与发展》2012年第4期。

假设3：制度激励假设。制度激励直接作用于农民的缴费档次选择行为，农民感知并认可的外部激励越强烈，提高缴费档次的幅度会越大。

（2）研究结果：农民参保缴费档次变动及其影响因素

①参保农民缴费档次变动情况

大多数被调查者初次参加新农保时选择的就是最低缴费档次，因此，没有被调查对象降低缴费档次。调查结果显示，缴费档次"没有变动"的占到了52.2%，缴费档次增加了"100元"的占到了22.5%，缴费档次增加了"200—300元"的占到了16%，缴费档次增加了"300元以上"的占到了9.3%。由此可以判断，在新农保实施一段时间后，虽然一半以上的参保者仍然选择最低缴费档次，但是提高缴费档次的参保者在不断增加。这说明，随着新农保的推行，参保的"逆向选择"困局得到了一定程度的缓解，但仍然存在。

②参保农民缴费档次变动影响因素

因变量是定序变量，采用有序Probit回归进行分析。将农民个体、家庭和地区三个层面上的5个变量作为控制变量，来研究内部经济理性与外部激励变量对缴费档次变动的影响效应。根据这一研究目标使用逐步回归法，本书得到了4个回归模型，其中：模型1是控制变量对农民缴费档次变动的影响，模型2加入了经济理性变量，模型3又增加了认知激励变量，模型4在模型3的基础上再增加了制度激励变量。表3—9给出了具体分析结果。

表3—9　农民"参保缴费档次变动"的有序Probit回归模型估计结果

	模型1		模型2		模型3		模型4	
	B	S.E	B	S.E	B	S.E	B	S.E
控制变量								
性别	-0.086	0.164	-0.032	0.169	-0.024	0.172	-0.040	0.172
年龄	-0.061	0.104	-0.003	0.109	-0.046	0.111	-0.052	0.112
文化程度	0.245*	0.105	0.139	0.109	0.097	0.112	0.079	0.113
子女数量	-0.324**	0.108	-0.233**	0.112	-0.194!	0.113	-0.179	0.115
所在地区（西部地区）								
东部地区	0.084	0.223	-0.158	0.237	-0.161	0.241	-0.228	0.243
中部地区	0.008	0.239	-0.202	0.250	-0.243	0.253	-0.293	0.255

续表

	模型 1		模型 2		模型 3		模型 4	
	B	S.E	B	S.E	B	S.E	B	S.E
经济理性								
家庭年收入			0.137**	0.047	0.144**	0.048	0.137*	0.049
养老收入来源担心程度			0.132!	0.071	0.120!	0.072	0.125!	0.073
养老收入期望程度			0.290***	0.062	0.295***	0.063	0.269***	0.064
认知激励								
新农保政策的了解程度					−0.100	0.119	−0.058	0.121
新农保保障程度评价					−0.411**	0.127	−0.392**	0.131
新农保划算程度评价					0.188*	0.078	0.167*	0.079
制度激励								
基础养老金是否上调							0.029	0.176
缴费档次是否增加							0.302!	0.182
缴费补贴是否差异化							0.450!	0.174
似然值	786.747		1250.366		1241.348		1230.936	
调整后的 R^2	0.069		0.145		0.174		0.189	
样本数	775		767		767		766	

注:"!", $p<0.10$;"*", $p<0.05$;"**", $p<0.01$;"***", $p<0.001$。

经济理性的影响。比较模型 2 和模型 1 可以看到,当加入经济理性后,模型的决定系数有较大幅度提高,从 0.069 提高到 0.145,模型的拟合优度得到提高,解释力也增强了,这说明农民的经济理性对其缴费档次变动有显著影响。在模型 2 中,反映农民经济理性的三个变量对农民缴费档次变动的影响都通过了显著性检验。其中,参保对象对"养老收入期望程度""全家年收入水平"和"对养老收入来源担心程度"分别在 0.1%、1% 和 10% 的统计水平上显著正向影响农民的缴费档次变动,即农民对养老收入期望程度越高、全家年收入水平越高、对养老收入来源的担心程度越高,其缴费档次提高程度越高。对比这三个变量的回归系数可以发现,"对养老收入期望程度"变量的影响程度最高,这说明农民调整缴费档次的幅度主要是基于对预期收入水平的考量,家庭年收入的影响力大幅度低于"对养老收入期望程度",这在一定程度上验证了高档缴费标准也并未对农民构成经济上的负担①。值得注意的是，在引入认知激励变量后，经济理性变量中三个变量的显著性仍然保持不变，并且"对养老收入期望程度"和"全家年收入"的效应与模型2相比还出现了一定程度的上升（分别是从0.290到0.295，从0.137到0.144）；在进一步引入制度激励变量后，"全家年收入"的显著性有所下降，但效应保持不变，而"养老金收入期望程度"和"养老收入来源担心程度"的显著性保持不变，但效应有所下降。这意味着认知和制度激励变量的加入并不能解释农民的经济理性对其缴费档次变动的影响，从模型1、模型2、模型3、模型4之间的比较都能够证明农民缴费档次变动的经济理性假设是成立的。

认知激励的影响。比较模型3和模型2发现，引入认知激励后，模型的决定系数进一步由0.145提高到0.174，模型的拟合优度又得到提高，解释力也更加增强，这说明农民的认知激励对其连续性参保有显著影响。其中，对新农保保障程度的评价越高，农民越可能大幅度提高缴费档次；而对新农保划算程度评价越高，农民也越可能提高缴费档次，并且"对新农保保障程度评价"的效应要大幅高于"对新农保划算程度评价"。值得注意的是，"新农保政策了解程度"对缴费档次变动没有显著影响，这一结果与钟涨宝等和常伟的研究相符合②，但与金刚等和邓大松等的研究结果相悖③，这说明不同研究对政策认知的测量方式可能会导致不同的研究结果。对新农保保障程度和划算程度的评价反映了农民对新农保政策的深层次认知，相比而言，几乎所有的实证研究都证实了"对新农保政策的了解程度"对是否参保具有正向效应，这说明较之于是否参保，提

---

① 邓道才、蒋智陶：《知沟效应、政策认知与新农保最低档次缴费困境——基于安徽调查数据的实证分析》，《江西财经大学学报》2014年第1期；赵建国、海龙：《"逆向选择"困局与"新农保"财政补贴激励机制设计》，《农业经济问题》2013年第9期。

② 钟涨宝、李飞：《动员效力与经济理性：农户参与新农保的行为逻辑研究——基于武汉市新洲区双柳街的调查》，《社会学研究》2012年第3期；常伟：《新农保建设中的农民参保标准选择研究——基于安徽省的实证分析》，《统计与信息论坛》2013年第4期。

③ 金刚、柳清瑞：《新农保补贴激励、政策认知与个人账户缴费档次选择——基于东北三省数据的有序Probit模型估计》，《人口与发展》2012年第4期；邓大松、李玉娇：《制度信任、政策认知与新农保个人账户缴费档次选择困境——基于Ordered Probit模型的估计》，《农村经济》2014年第8期。

高缴费档次的决策需要更深入的认知支持,这种认知不仅是为经济理性选择提供信息保障,也是行动的决定因素。进一步比较模型 4 和模型 3 可以看到,在引入"制度激励"变量后,两个对新农保政策深层次认知变量的显著性没有下降,但对缴费档次变动的效应有所下降(分别是从 -0.411 到 -0.392,从 0.188 到 0.167)。由此可见,农民对新农保政策的深层次认知对缴费档次变动具有显著的激励作用,认知激励假设得到了证实。

制度激励的影响。模型 4 的估计结果表明,制度激励在 10% 的统计水平上对农民的缴费档次变动具有显著影响。加入制度激励的模型 4 较之于模型 3,决定系数有一定增长,模型的拟合优度和解释力有所提升,制度激励假设得到了证实。其中,实施缴费差异化补贴政策和增加缴费档次都对农民提高缴费档次具有显著正向效应,同时"缴费补贴是否差异化"的效应要高于"缴费档次是否增加",这说明实施差异化缴费补贴是最重要的制度激励因素,这一结果也与已有的实证调查结果或数据模型分析结果相一致[①]。而通过对比模型 2、模型 3、模型 4 的决定系数变化可以看到,经济理性、认知激励和制度激励对模型拟合优度的贡献率分别为 7.6%、2.9% 和 1.5%,呈对半衰减趋势。在完全模型 4 中通过比较所有显著自变量的 Wald 值后发现,"对养老收入期望程度"(17.709)是最具影响力的变量,其次是"对新农保保障程度评价"(9.000)和"家庭年收入"(7.879)。由此可见,农民的缴费档次提升行为更多表现为一种经济理性选择,只是部分受到了来自认知和制度激励的影响。

农民属性因素的影响。在没有引入其他变量的情况下,农民的个人及其家庭禀赋特征对其缴费档次变动程度有一定影响。模型 1 显示,文化程度变量和子女数量变量分别在 5% 和 1% 的统计水平上对缴费档次变动有显著影响,其中农民的文化程度越高,越倾向提升缴费档次;农民的子女数量越多,越不倾向提升缴费档次。但是,文化程度变量的显著性在纳入经济理性的模型 2 中就消失了,这说明文化程度的影响被农民的经济理性削减了。文化程度对农民提升缴费档次的影响实质上是农民

---

① 赵建国、海龙:《"逆向选择"困局与"新农保"财政补贴激励机制设计》,《农业经济问题》2013 年第 9 期。

在家庭年收入和对养老收入期望程度的差异，因为文化程度高的农民其家庭年收入也可能较高；文化程度高的农民对老年后的生活质量要求较高，因此其对养老收入的期望程度也较高。子女数量影响的显著度在模型2中保持不变，在模型3中降低，在模型4中消失，这说明对新农保认知产生的激励和制度激励与农民子女数量具有一定的关联性，子女数量的影响被"对新农保保障程度评价"和"对新农保划算程度评价"等变量的影响削减了。

（3）基本结论

与以往研究注重从静态的视角来考察农民参加新农保的广度和深度等参保行为不同的是，本书从动态的角度来考察农民参保行为的前后变动性，特别是对事关新农保制度可持续发展的缴费档次变动情况进行实证研究，通过对样本的频次统计和有序 Probit 回归分析，考察了农民参加新农保的个人账户缴费档次变动情况及其影响因素，主要得到以下结论。

第一，农民的参保行为既具有惯性也具有变动性。从缴费档次变动结果来看，有一半参保农民的缴费档次没有发生变动，考虑到最低缴费档次所占比重通常在90%左右，因此，可以近似认为接近一半参保农民仍然选择最低缴费档次。由此可见，农民的参保行为具有很强的惯性，但同时也应看到随着新农保制度的实施，"参与但不深入"的参保逻辑正在发生变化，提高缴费档次的参保者比重逐步提高，这说明作为一项惠农政策的新农保制度在政策实施上取得了一定效果，但仍具有较大的改进空间。

第二，农民对缴费档次的选择本质是出于经济理性的考量。关于农民的经济行为，学术界一直以来存在关于传统农民"经济理性"与"社会理性"之争的"斯科特—波普金论题"[①]。这种争论也波及农民的参保行为分析上，已有研究证明农民是否参保受到诸如社会互动、社会资本和信任等非经济因素的影响，具有"社会理性"的特征；但也有研究发现无论处于何种政策认知水平，面临何种外部动员激励，农户在广度和

---

① 黄鹏进：《农民的行动逻辑：社会理性抑或经济理性——关于"小农理性"争议的回顾与评析》，《社会科学论坛》2008年第8期。

深度上的参保行为都是一个经济理性行为①。从上文数据结果可以看到，无论是从逐步回归得到的不同变量对模型拟合优度的贡献率，还是从完整模型中各变量的影响效应来看，经济理性变量对农民缴费档次变动具有决定性作用。另外，在认知和制度激励变量当中，具有显著影响的变量要么体现了"多缴费、多补贴"的利益激励，要么体现了经济理性行动前的认知判断水平，无疑这些激励都是有助于农民在提升缴费档次上作出经济理性选择的。

第三，农民缴费档次的提升离不开地方政府的社会政策执行。新农保在制度设计上是有利于农民的无风险行为，从缴费的经济负担来看，对于大部分农民来说即使是最高缴费档次也基本上能够承受得起。在这一前提之下，地方政府的政策执行的重要性就凸显出来了，在国家政权动员能力下降的情况下，基层政权更多地采取利益导向型政策工具，而往往这种利益激励会被制度认知所产生的激励所覆盖或以之为前提。这说明新农保作为一项好的社会制度，如果单纯依靠农民自然的认识参与，其发挥养老保障作用的进程将会非常缓慢。因此，通过必要的社会动员来加深农民对新农保政策的认知就显得尤为重要，特别是"对新农保保障程度和划算程度的评价"这些深层次制度认知的改变有赖于基层政府持续不断的宣传动员等政策工具的实施。

二 农村老年人居家养老服务需求与利用现状

农村老年人居家养老服务这种养老服务供给模式相对应的是服务需求与利用，发展这种养老服务模式的基础是中国老年人具有很强的居家养老意愿。而作为一种仍处于由试点向全面铺开过渡阶段的养老服务供给模式，在实证分析上要掌握农村老年人的居家养老服务需求和服务利用状况，这些有助于我们了解农村居家养老服务发展的现状，同时也为居家养老服务政策的制度改进与政策的更好执行提供数据基础。

---

① 钟涨宝、李飞：《动员效力与经济理性：农户参与新农保的行为逻辑研究——基于武汉市新洲区双柳街的调查》，《社会学研究》2012 年第 3 期。

(一)农村老年人居家养老意愿状况

农村老年人受传统观念和社会养老服务滞后的影响,更倾向于选择居家养老(见表3—10)。对比三次"中国城乡老年人口状况抽样调查"的全国数据与本书的抽样调查数据结果可以看到,农村老年人选择居家养老的意愿比较稳定,本书数据结果与历次全国抽样数据结果基本接近,一方面反映了农村养老机构的发展和农村养老观念的转变,另一方面也可能是由样本的地区偏差所造成的,样本县地处农村劳动力重要输出地,中青年人口外流,加剧了老年人选择机构养老的比例。农村老年人居家养老意愿是发展农村居家养老服务的需求基础,从数据结果看,大部分农村老年人愿意居家养老,但考虑到老年人文化程度普遍不高带来的理解误差,他们更多的是将居家养老等同于家庭养老。

表3—10　　　　　　农村老年人居家养老意愿状况　　　　单位:%

	居家养老	机构养老
2000年全国调查	85.6	14.4
2006年全国调查	84.7	15.3
2010年全国调查	84.8	15.2
2013年抽样调查	84.6	15.4

(二)农村老年人对居家养老服务的认知状况

问卷调查结果显示,大部分农村老年人具有居家养老的意愿,但本质上来说他们理解的居家养老是家庭养老,以往的研究也发现大多数空巢老人并不了解居家养老是什么,也不知道居家养老的具体服务形式,居家养老能给他们带来哪些服务和实惠,对于服务对象的条件和申请程序也不清楚,由此可见,服务认知是影响老年人服务利用的重要因素[①]。以新农保参保行为为例,宣传动员能够产生认知激励,进而促进农民缴费档次的提升[②],因此,农村老年人对居家养老服务的认知水平是影响其

[①] 江海霞、陈雷:《养老保障需求视角下的城市空巢老人居家养老服务模式》,《前沿》2010年第3期。

[②] 姚俊:《经济理性、外部激励与新农保缴费档次变动》,《人口与经济》2018年第2期。

居家养老服务需求与利用的重要影响因素，也反映了农村居家养老服务政策执行的宣传效果。从调查结果来看，农村老年人对养老服务政策的总体认识水平偏低，对政策比较了解及以上的不足15%；具体到养老服务内容和收费的了解，被调查农村老人的了解程度变得更低；对养老服务内容相关信息完全不了解的占到了将近四成，对收费相关信息比较了解及以上的不足10%（见表3—11）。

表3—11　　　农村老年人对居家养老服务的认知状况　　　　单位:%

	不了解	有一点了解	比较了解	很了解
对农村居家养老服务政策了解程度	30.6	55.1	11.2	3.1
对本地居家养老服务内容了解程度	36.9	48.2	12.2	2.7
对本地居家养老服务收费了解程度	46.2	47.4	6.2	0.2

（三）农村老年人居家养老服务需求、供给与利用状况

参考2010年中国城乡老年人口状况追踪调查问卷设计内容，主要调查了老年人对上门做家务、上门看病、上门护理康复、聊天解闷、餐桌供餐5项居家养老服务项目的需求情况，并调查了老年人所在村庄是否有这些服务，以及服务利用的情况。考虑到对需求和供给以及利用比例进行对比，在数据处理阶段将对某项养老服务需求选择为"不需要""不太需要"和"一般"的归类为"不需要"，将选择为"较需要""很需要"的归类为"需要"，进而形成有关需要的二分选择结果，结果表明（见表3—12），农村老年人对"上门看病"和"上门护理康复"的服务需求比例最高，分别达到了34%和30.9%，其他服务需求的比例比较接近都维持在20%左右，相对比较高的是"上门做家务"（24.1%）。从居家养老服务供给情况来看，除了上门看病有较高比例的供给，其他居家养老服务的供给水平较低，都维持在10%以下，这说明目前农村居家养老服务的发展水平仍然较低。农村居家养老服务的实际利用水平较低，除了上门看病有较高的利用比例，其他服务利用都在5%以下，甚至更低。

表3—12　农村老年人居家养老服务项目的需求、供给与利用状况　　单位:%

	服务需求 （A）	服务供给 （B）	服务利用 （C）	需求差 （A-B）	利用差 （B-C）
上门做家务	24.1	8.4	1.2	15.7	7.2
上门看病	34	44.8	23.7	-10.8	21.1
上门护理康复	30.9	7.9	5.6	23	2.3
聊天解闷	17.8	5.6	2.5	12.2	3.1
餐桌供餐	18.2	2.7	0.4	15.5	2.3

参考丁志宏等的做法将服务需求比例（A）减去服务供给比例（B）得到需求与供给之间的差值"需求差"，该值越大说明供需缺口越大，将服务供给比例（B）减去服务利用比例（C）得到供给与利用之间的差值"利用差"，该值越大说明服务过剩越多[①]。结果表明，农村居家养老服务存在明显需求较高、供给不足的现象，同时居家养老服务项目的利用水平也仍然偏低。从需求差来看，除了"上门看病"，农村居家养老服务供给小于服务需求的情况非常明显，上门做家务、上门护理康复、聊天解闷和餐桌供餐的需求差分别达到了15.7%、23%、12.2%、15.5%，呈现出严重的供给不能充分满足需求的特征。而从利用差来看，农村老年人居家养老服务的利用率不高又造成了居家养老服务的供给相对过剩，其中上门看病的利用差最高，达到了21.1%，上门做家务其次高，达到7.2%，聊天解闷、上门护理康复、餐桌供餐的利用差分别为3.1%、2.3%和2.3%。

第三节　农村居民参加新农保行为的嵌入性分析

一　参保行为的嵌入性分析：一个中观的视角

本节将建立在实证分析结果和访谈资料的基础上，对农村居民参加新农保的行为进行更为深入的嵌入性分析。在进入具体分析之前，有必要对新农保制度对于农村社会、家庭与传统的意义进行一个简要的回顾。

---

① 丁志宏、王莉莉《我国社区居家养老服务均等化研究》，《人口研究》2011年第5期。

这种回顾有助于我们更好地认识为什么农村居民的参保行为是嵌入在其家庭结构以及更大的社会网络乃至村庄结构之中的。

如果我们从一个更加宏观的视角来看的话，农村居民的参保行为更可以看作一种在家庭养老和社会养老模式之间的偏向性选择。因此，我们可以认为参保行为除了是一种经济选择还更多地具有文化和社会意义。我们现在所熟知的社会保险制度是19世纪末在欧洲工业化国家当中诞生，并在20世纪逐渐完善起来的。关于社会福利的产生一直以来就存在工业成就和政治斗争两种学说的争论，事实上至少在养老金上反映了欧洲政治转型和就业结构转型双重影响的结果。除此之外，欧洲的社会养老保险制度的出现也具有重要的历史和制度文化的根源，是西方特定的社会结构的产物。而家庭养老在中国则有着上千年的历史，并通过婚姻、子嗣、财产等一系列与家族、宗族相关的制度安排得以保障，因此我们可以将其看作中国传统社会的养老制度。家庭养老因为具有深厚的文化和心理传统，也能够为绝大多数中国人，特别是农村居民所接受。在迈向市场化的过程中，国家将家庭在社会福利和社会保护制度上高度工具化了，国家和家庭的福利责任边界被推向家庭一边。因此，即使是在强调社会建设的今天，国家仍然没有放弃家庭在养老保障上的作用，仍然强调通过家庭保障、新农保和土地保障等多种形式共同解决农村老年人口的养老问题。虽然国家通过立法形式确认了家庭在养老上的责任和义务，但是家庭养老模式也不断面临来自家庭人口结构、家庭生活方式、家庭就业与居住模式以及思想观念变化等方面的冲击。

由于这两种养老模式背后反映的是传统和现代社会在养老上的不同制度安排，因此具有明显的二元化思维倾向。这种二元化思维也反映在对于新农保参保行为的解释上，有研究者认为新农保作为一种社会养老保险，代表的是社会养老模式，是属于能够促进社会更好发展的社会制度。这种结论本质上存在一个理论预设，那就是作为现代社会特征的社会养老模式必然会取代家庭养老模式。这也是许多西方社会养老保障模式对中国养老保障制度建构的启示性研究结论。实际上这里存在一个关于参保行为理论分析的视角取向问题。从已有研究来看存在两种研究视角：一是建立在理论分析基础上的结构主义决定论，这种研究大多从现代化理论出发，分析西方的社会养老保障模式是在工业化和城市化的背景下，家庭结构和人口结构变动、劳资冲突等因素影响下自然演化的必然结果①。从家庭养老向社会养老过渡是现代化进程中的普遍规律和必由之路，这种理论上的应然也决定着农村居民参保行为的特征，农村居民参保行为的特征反映了现代化过程中这种转变的阶段性。二是建立在实证和微观基础上的关于农民参与新农保的行为现状和影响因素的分析。这类研究的现状和问题，本书在文献回顾当中也进行了详细的剖析。其中面临的最大问题是缺乏理论视角而导致实证结果过于零碎化，虽然问题明确但往往因为所选取的变量不同、测量指标不同以及样本来源和构成不同，而得到了各不相同甚至是互相矛盾的结论。事实上无论是从宏观的变迁理论视角入手，还是从微观的行为特征视角入手，我们都无法在理论或是经验层面上对农村居民的参保行为作出一个更为合理的解释。因此，这就需要一个相对中观层面的理论视角来深入考察农村居民参保行为的机制和逻辑。在前文所述的研究视角部分，专门论述了从嵌入性视角分析农村居民参保行为的可行性和必要性，从社会行动的嵌入性分析上来看，任何一种社会行动都是嵌入在行动者的社会关系网络和一定的社会结构当中的。行动者的社会关系网络是确定的，但是社会结构却是一个相对复杂的大概念，在进行具体分析时必须要进行操作化处理。在进行操作化处理之前，我们还是有必要回到家庭养老和社会养老这两种模式的关系上来。对于农村居民来说社会养老是一种外生的养老模式，而家庭养老则是一种内生于农村家庭与村庄结构中的养老模式，新农保的参保行为本质上反映的是如何嵌入家庭养老的原有结构性领域当中去。换句话说，就是制度和环境是如何制约农村居民的新农保参保行为选择的，这在微观层面上表现为每个个体的年龄、务工经历、家庭人口结构、村庄的整体生计模式、与城镇的空间远近、市场化水平等诸多因素导致参保行为的多样化。总体上看，这些微观层面上的变动大体上反映了个体的家庭状况和所在村庄状态的影响，因此，除了行动者的社会网络，本书主要从家庭和村庄层面分析个体的参保行为是如何嵌入其中的，并对新农保的嵌入性建设机制进行分析，为对策建议的提出进行理论上的

---

① 范成杰、龚继红：《村庄性质与新型农村社会养老保险的嵌入性发展》，《天府新论》2012 年第 2 期。

铺垫。

二 参保行为与家庭性质

如上文所述，新农保制度本质上是对传统家庭养老制度的嵌入，而传统家庭养老制度是与中国农村家庭的人口结构、生计模式、就业结构、居住结构、代际关系等诸多属性因素紧密结合在一起的，在传统社会或者说农村社会上述家庭属性是稳定存在的，并发展为一种内隐的文化模式，在本书中我们将以上这些特征都归入家庭性质的视角下进行分析。事实上，近年来农村家庭性质的变迁也影响着农村居民的养老模式和方式变迁，而新农保参保行为正是嵌入在这种变迁当中的。

（一）参保行为与代际关系

如果说数据分析的结果让我们明确了农村居民的参保选择不完全是一种经济投资的理性选择，而是一种对个人、家庭乃至村庄和社会关系的综合考量，那么通过比较细致的访谈资料，我们可以看到决定家庭养老最为重要的农村代际关系模式的转变对农村居民参保行为产生的巨大影响。

代际关系是家庭社会学研究的重要主题，通常养老是代际关系中的重要内容。关于代际关系的研究主要存在两种理论模式，这两种理论模式也都与养老息息相关的。第一种理论模式，是费孝通先生提出的"反馈模式"[①]。费先生提出，亲子关系是整个社会结构中的基本关系，这种关系不仅是人自身再生产的基础，同时也是社会群体存在的基础和个体亲密生活的核心内容。但是中国的亲子关系与西方社会不同的是，除了亲代对子代的抚养，还包括子代对亲代的赡养，而西方社会的亲子关系是不包括后者的。因此，他形象地将中国的代际关系比作是下一代对上一代进行反馈的"反馈模式"，而西方的代际关系则是向下一代接力的"接力模式"。对于这两种代际关系模式之间的异同，费先生非常强调两者都体现了互惠的原则。只不过中国社会更强调两代人之间的取予之间的均衡，而西方社会则会涉及跨代之间的取予均衡。也就是说，中国人

---

① 费孝通：《家庭结构变动中的老年赡养问题——再论中国家庭结构的变动》，《北京大学学报》（哲学社会科学版）1983年第3期。

非常强调代际互动之间的平衡性,当然中国人的"反馈模式"在一定程度上暴露了国家在养老责任上的缺失,但也是与中国人和西方人对于抚养的不同理解和行动有很大关联。中国社会的抚养责任不仅包括将子代抚养成人能够独立生活,还包括帮助子代"成家立业"并实现社会自立。因此,一般认为中国社会的代际之间有着更深刻的交换在里面。第二种理论模式是代际交换理论,这种理论本质上也是由代际之间的"双向反馈"模式演变而来。对于代际的交换模式,陈皆明提出代际间的社会交换更倾向于是一种非即时性交换,代际间的相互帮助代表了一种代际间相互履行责任、资源流动由"一般性互惠"原则所指导的这样一个社会过程,而这种经济利益和情感因素的一致性,是中国家庭长久以来保持社会凝聚力的原因[1]。

代际交换理论本身也处于不断演变之中,郭于华通过对河北农村存在的老年人生存状态恶化现象的观察,提出了代际交换逻辑变迁的观点[2]。她认为代际交换仍然适用于分析代际关系,代际间付出和回报的逻辑仍然存在,但内容发生了根本性变化:老年一代强调的是对子代的养育和抚养之恩,而年青一代则更加强调即时性的交换,特别是物质性的交换。这种交换逻辑的转变导致农村中缺乏物质资源的一代人在赡养上处于不利处境。延续郭的研究,王跃生在分析费孝通的"反馈模式"和代际关系交换理论局限性的基础上,进一步提出新的理论分析框架,他认为中国家庭代际关系中同时存在抚养—赡养反馈关系和交换关系,并且代际的交换关系重要性日益突出,为未来赡养关系的维系打下了基础[3]。由此可见,代际关系的演变对于中国家庭赡养行为产生了决定性的影响,特别是对于亲代来说如何解决老年后面临的养老问题,必然要将代际关系的转变考虑进去。其中,贺雪峰等人提出了分析农村代际关系的四个维度,这四个维度也为本书分析农村居民参保行为如何受到代际

---

[1] 陈皆明:《投资与赡养——关于城市居民代际交换的因果分析》,《中国社会科学》1998年第6期。

[2] 郭于华:《代际关系中的公平逻辑及其变迁——对河北农村养老事件的分析》,《中国学术》2011年第4期。

[3] 王跃生:《中国家庭代际关系的理论分析》,《人口研究》2008年第4期。

关系演变的影响提供了有效的分析视角①。

首先，代际交换的不平衡性和不稳定性以及由此造成的代际紧张状态和不确定状态，是新农保制度嵌入的农村微观社会情境。平衡感无论对于个体还是家庭关系来说都十分重要，传统社会中代际关系的平衡是一种文化安排的自然结果，因而对于两代人或更多代人来说都不存在不平衡的心理感受，这也是中国家庭结构高度稳定的重要原因。市场化以来，特别是物质主义和消费主义对农村年青一代的侵蚀之下，代际关系越来越多地转向一种交换关系，并且是一种非对等的交换关系。代际关系转向的另一种变化是越来越倾向于在两代人之间衡量交换关系的平衡性，而不是在更为长远的代际来看待这种平衡性，这可能与急速变迁的时代密切相关，本身农村代际关系也处于快速的变迁和调整之中。总体来说，中国农村代际关系的主流是父母责任大而子女义务轻的一种不平衡代际关系，但无论是子代和亲代都存在调整代际互动预期和代际互动策略的可能性，中国农村的代际状态从来没有向今天这样不确定过，这种不确定性构成了农村居民参与新农保的微观社会环境。除了经济理性的考量，个体的参保行为与选择实际上是在这种弥漫的对代际关系的不确定性中展开的。很大程度上，基层政府的社会动员应该密切关注这种代际关系的基本情境。

> 哪个知道以后会怎么样，没人知道，以后的年轻人还不知道会变成什么样子呢，等着他们以后来孝顺你，趁早不要做这种白日梦了，我们这代人还是自求多福吧，反正他们（指小辈）以后也要做长辈的，他们以后是什么样子的，就不关我们的事了，反正现在就是走一步看一步吧。总归还是要靠自己，这是大实话。你像我们这代人对上一代还是不错的，等到我们老了的时候还有没有他们那样的福气就不知道了。（F1C3PL—女性，52岁）

其次，代际紧张导致的代际行为模式调整，对农民参与新农保行为具有决定性作用。面对代际不平衡导致的代际紧张，亲代形成了两种消

---

① 贺雪峰、郭俊霞：《试论农村代际关系的四个维度》，《社会科学》2012年第7期。

除紧张的行为方式：一种是亲代将代际交换的意义上升到更高的精神和价值层面上，寻求一种价值上的"平衡感"，或是在更长的代际空间内寻找接近西方接力模式的"平衡"。对于这一代亲代来说，他们的困惑以及不平衡感主要来源于和他们自己的代际关系模式的比较，如果这种明显的代际不平衡已经成为一种代际传承的常态，则他们也不会产生冲突和紧张感。正如郭于华的研究所揭示的那样，农村社会的激烈变迁使得某一代人存在特殊性，正是城市消费主义向农村的渗透使得目前中年一代农村居民面临比他们上一代更大的物质交换压力，而不强调道德责任的个体化在年青一代中的盛行，又使得他们在代际非即时性交换中处于不确定的弱势态势。这种困顿的处境与这代中年农村居民所处的大变革时代相关，也决定着他们倾向于通过投资社会养老保险来实现老年后的自我养老，这表现在他们较高的参保率上。

另一种是亲代调整对子代的付出政策，在确保抚养付出的前提下尽可能减少在子代"成家立业"上的物质投入，同时对子代在养老回报上的预期也进一步降低，形成一种"双低"的平衡关系。显然这种调整策略只是存在于部分地区，具有较强的地域特征，根据贺雪峰的调查，主要集中在川西一带，但这可能也代表着未来中国农村代际关系变迁的一种新趋势，特别是在经历了城市化和个体化双重洗礼后的年青一代农民工在处理和子代的关系时，可能会更加倾向于这种模式。对于这一代来说，他们可能会更加认同养老是自己和政府的责任，而"成家立业"也是子代自己的责任，是和父代没有必然关联的。这种变化的趋势有助于年青一代农村居民选择缴费档次更高的新农保。

从代际紧张程度入手，我们也可以对定量研究部分的结果作出更加合理的解释，比如调查结果显示，中、西部地区的农民更加倾向于参加并且是持续参加新农保，从政策层面和经济理性层面的解释是中西部地区农村收入水平低，新农保养老金具有较高的替代率，同时中西部地区政府在执行中央政府政策上实施更为严格的考核，而从代际关系视角来看，能发现更加合理的解释。即中西部地区处在严重代际不平衡导致的代际冲突模式中，亲代正在调整自己的行为方式让代际关系恢复到一个平衡状态，进而减少代际冲突的发生。简而言之，代际之间的相互期待逐步减少，低度但平衡的代际关系模式正逐渐成为中国农村代际关系发展的一种趋势。这种调整对于新农保制度的推广是具有正向作用的。对此，一位来自西部的农村居民如此解释：

> 只能自顾自，否则一代接一代，你哪里忙得过来。做父母的就这么大的本事，你也不要埋怨父母，父母将来也不会给子女添多大的麻烦。这不国家也搞了养老保险，这个蛮好的，反正以后社会发展好了，肯定会越来越好的。攀比不得，都跟着有钱的人那样去学，要把没钱的父母搞累死了，没得意思。两代人就是要回到以前的那种样子当中去，而不是像现在这样，什么都要父母大包大揽，这哪里是在生小孩，就是在找罪受。（F1C8PD—男性，35岁）

（二）参保行为与生计模式

上文分析了代际关系对农村居民参保行为的影响，除了代际关系，市场化以来由于城市化和工业化的影响，农村居民的生计模式也发生了很大的变化，年龄、性别不同的家庭分工模式也对家庭成员中不同个体的参保行为产生很大的影响。因此，我们有必要对市场化以来农村家庭生计模式的转变进行简要的交代。

一般来说，国际上建立针对农民的社会养老保险通常都是在工业化水平达到一定程度，以及纯农业从业人口下降到一定比例之后实施的。也就是说，农民的社会养老保险与政府的农业政策密切相关，事实上市场化改革以来，中国的纯农业从业人口不断下降，这也是我们建立新农保制度的基础，这一点在上文中已经进行了充分的论述。但是对于中国来说，农业就业人口的下降是通过异地就业这种人口流动的形式完成的，这是中国工业化进程的特殊性。工业化与城镇化的非同步形成了农村家庭独特的生计模式：一是家庭作为一个经济单位而存在，农业和非农业仍然紧密地结合在一起。在非农业收入超过农业收入，农业逐步萎缩为一种家庭副业的背景下，农业生产对于家庭来说仍然是必需的。一方面农业可以增加部分收入，另一方面土地还具有一定的保障功能，可以用来应对非农就业的不确定性，这种生计模式也决定着即使是在家庭代际关系紧张的背景下，农村家庭代际之间也必然进行合作来确保家庭生计的稳定。也就是说，在全球化制造业和服务业不断制造非农就业机会的背景下，农村家庭仍然顽强地作为一个经济单位而存在①。二是流动性非农就业过程中，父代对家庭的功能性贡献比过去大大提升了。由于"拆分型"的劳动力再生产模式，农村流动家庭中孙辈的抚育，必然要依靠青年一代在农村的父辈劳动力和物质上的支持和帮助才能够完成，子代对父代的物质依赖程度反而比外出务工前提高了②。在这种家庭代际协作模式当中，父代和子代有着明确的分工和协作。

这种代际分工的家庭生计模式也反映到农村居民的参保行为上。目前，农民参保环节存在的筹资问题主要表现在年轻农民参保比例低和缴费档次低两个方面，这主要是由农村整体家庭利益最大化的生计模式所决定的③。通常农户中的年轻人因为距离退休年龄较远、面临的养老压力较小而尽量选择不参保，另外大量农村年轻劳动力向外流动使得年青一代对未来的发展预期处于变动之中，这也削弱了他们的参保意愿。相对于年轻人来说，中老年人的养老压力是现实存在的，参保对于他们来说是一种获得家庭经济利益最大化的有效手段，并且他们主要看重的是获得基础养老金这一普惠式社会福利，因此选择最低缴费档次参保对于大多数农村居民来说成为一种效用最大化的参保方式。对此，年青一代有着较为深刻的认识：

> 我们在外面打工，有的地方也都缴社保的，就没有必要在家里缴这个了，父母四五十岁的人可以缴的，反正也没有多少投入，他们过今年就可以拿到钱了，反正这个钱也是他们自己来出的。我们年轻人还是希望多挣点钱，离60岁还早着呢，谁知道以后会变成什么样子，大家肯定还是希望能够稳定下来以后能够参加社保（是指城镇职工养老保险），不过也听人家说缴社保不划算，谁知道呢。
> （F1C1P—男性，32岁）

---

① 黄宗智：《中国的现代家庭：来自经济史和法律史的视角》，《开放时代》2011年第5期。
② 姚俊：《新型农村社会养老保险的制度困境分析：嵌入性视角》，《学海》2013年第5期。
③ 尹静、秦增元：《对新型农村社会养老保险制度存在问题的思考》，《劳动保障世界》（理论版）2011年第1期。

另外，对于参保农民来说，农村家庭的这种"半工半耕"的生计模式实际上决定着农村当前的基本养老模式。之所以会出现"半工半耕"，本质上是因为农村土地承载力不足，农业劳动产出不足以养活这么多人口，农村市场化进程本质上就是农民的生计模式向非农产业渗透的过程，并且在消费主义和物质主义浪潮的推动下农村居民日益感受到来自生活的经济压力，在这种重压之下，"半工半耕"的生计模式本身也在不断发展：早期农业与非农业就业之间的分工是通过家庭中的男女性别分工或者是农忙和农闲的时间分工来确定的，而进入21世纪之后这种分工演变为农村家庭的全员参与，变成了一种一般劳动力参与非农就业，次级劳动力参与农业就业的分工模式。分工模式的不同，决定着农村老年人的养老模式也是一种多元化模式，也就是说，短期内中国农村家庭保障、土地保障、自我保障和新农保保障等多元化的养老保障模式并没有发生根本性变化。正如同多元化收入才能维持家庭生计一样，对于农村居民来说，多元化养老模式才能维持老年生活。虽然新农保从性质上看更加接近由国家财政作为主要筹资主体的普惠型养老金制度，但由于国家财政总量和增量上的制约以及从福利公平的视角出发，国家很难将新农保基础养老金水平提升到一个能够维持老年人退休后基本生活的水平上，在这种养老保障格局下，新农保所能够产生的筹资激励是非常有限的。诚如一位五十多岁的祖母所说：

> 一个月都没有一百块钱，能干点啥，啥也干不了，只能是有点贴补，还是要靠自己存下来钱才行，现在无论干点什么都还是能赚到钱的，种田也不吃亏，不收税，每亩都有补贴，这个怎么说还是划算的。反正子女和国家都是靠不上的，最后还是要靠自己的，实在忙不动的时候再说吧。人这一辈子就这么回事，就是在忙着讨生活而已。（F1C7PS—女性，56岁）

三 参保行为与社会网络

从行为上来说，农村居民参加新农保是一种经济行动或是理性选择，现有的实证分析也在很大程度上证明了农民参保行为的理性选择。并且问卷调查结果也证明了社会互动及其产生的社会资本、信任等对新农保参保行为具有显著性影响，结合本书在问卷调查同时进行的访谈结果来看，参保行为不仅受到个体社会网络变化的影响，同时个体社会交往世界的面向也改变了农村居民的价值观世界，这种价值观变化也深刻地影响着个体的参保行为变迁。

(一) 参保行为与农村居民社会网络的变化

市场化和城市化使得农村居民的工作、生活和日常交往半径大大扩大了，这也改变着他们的社会网络规模、结构和构成。对于宏观社会结构与个体微观社会网络之间的关系，张文宏等通过对天津农村社会网络的实证调查，分析论证了农民社会网络是经济和社会改革带给中国农村社会结构巨变在微观上的反映[①]。虽然从当时的研究结果来看，农村居民的社会网络仍然是高趋同性、高紧密性和低异质性的，但是他也预言，随着中国农村城市化和工业化的推进，农村居民社会网络的规模会进一步扩大、趋同性会进一步减弱，同时异质性程度逐步增强、紧密程度也会降低。事实上，与张文宏的预测相一致的是，进入 21 世纪之后，特别是务工经济在农村成为一种普遍现象之后，农村居民的微观社会网络的确发生着这样的变化，这种变化对农村居民的参保行为产生了何种影响，将是本书这部分内容要回答的问题。

如果我们将参保行为看作一种金融投资行为的话，关于社会网络或者社会资本与金融行为的关系，学术界进行了大量的研究。这种影响的结果，在上文的实证分析部分也都得到了证明。但是社会资本或者说社会网络如何作用于个体的参保行为，存在两种解释路径：一种是更加强调宏观社会资本当中所包含的信任和规范的作用，这也是上文定量分析部分的研究路径，这类研究的核心观点是突出了社会资本的组织特点，包括信任、规范和网络等内容，并且通过促进农村居民对新农保制度的信任以及群体性参保形成的规范性力量等影响个体的参保行为。正如格兰诺维特所说，个体的金融行为不是独立存在的，而是嵌入在社会关系和网络中，关系和网络提供了一种信任和规则，网络中的人们倾向于合

---

① 张文宏、阮丹青、潘允康：《天津农村居民的社会网》，《社会学研究》1999 年第 2 期。

作[①]。总的来说，村落共同体内部的社会资本在农村居民和新农保制度信任之间架起了一道桥梁，这种来自村庄共同体的宏观社会资本能够激发一种积极的情感，正是这种积极情感有利于人们普遍信任和制度信任的产生。

另一种是强调社会网络对于信息传递的作用，比如 Hong 等人就社会网络中互动情况对美国人参与股市行为进行了实证分析，结果发现社会互动程度越高的人越有可能参与到股市当中去，其分析发现，因为社会互动程度高，居民之间会更多地交流股市话题和进行观察性学习，因为信息更加充分，参与股市的可能性会更高[②]。当然也有些研究得出了与此相反的结论，Beiseitov 等用同样的方法来研究社会互动对老年人购买商业医疗保险的影响，结果发现那些经常和邻居、朋友交流的家庭反而购买商业医疗保险的可能性更低，这可能是因为他们在频繁的社会互动当中传递了关于医疗保险的负面信息，进而影响了人们的购买行为[③]。

总的来说，微观层面上的社会网络可能更多的是通过信息传递的方式来影响个体的参保行为，从上文的定量研究结果中我们也看到，对新农保制度的认知程度和水平是影响个体参保行为的重要变量。而个体的社会网络作为信息传播的重要方式，必然影响到其对新农保制度的认知状态。微观社会网络主要是充当了重要的信息传递载体，并以此降低了农民搜索新农保制度信息的成本。通过社会网络促进了不同生活面向、知识储备和认知水平的个体之间的信息共享，通过社会网络形成的社会互动，农民能够增加相互之间信息交换的广度、深度和效率[④]；而社会网络中的信任等社会资本存量的多少，会促使农民将有用的信息提供给对方分享，同时也接受对方的信息和影响，社会网络中的这种信息的传递

[①] Granovetter, M., "Economic Action and Social Structure: The problem of Embedded-ness", *American Journal of Sociology*, Vol. 91, No. 3, Nov. 1985.

[②] Hong, H., J. D. Kubik, and J. C. Stein, "Social Interaction and Stock Market Participation", *Journal of Finance*, Vol. 59, No. 1, Feb. 2004.

[③] Beiseitov, Eldar, Jeffrey D. Kubik and John R. Moran, "Social Interaction and Health Insurance Choices of the Elderly: Evidence from the Health and Retirement Study", *Working Paper*, Syracuse University, 2004.

[④] Nahapiet, J., S. Ghoshal, "Social Capital, Intellectual Capital, and the Organizational Advantage", *Academy of Management Review*, Vol. 23, No. 2, Apr. 1998.

和分享不需要过多地进行核实,一方面降低了交易成本,另一方面也提高了社会网络内部信息交流的准确性和及时性。由此可见,社会网络及其社会资本对于信息共享具有十分重要的作用。下面我们主要从农村居民社会网络的规模、密度、趋同性、异质性等方面分析其对个体参保行为的影响。

社会网络规模越大的农村居民能够越多地获取到各种信息,但是正如上述分析中提到的正反两种结果,信息可能会是正、反两个方向的,因此,信息对个体的影响也会是正、反两个方向的。从访谈结果来看,很多时候社会网络规模越大的农民越有可能将自己的生活面向转向村庄外部,反而会获得关于新农保的负面信息,进而会选择不参加新农保或者只是在村干部的动员之下象征性参加新农保。张文宏等1996年在天津农村所做的调查显示,农村居民的社会网络大部分是由关系亲密者所构成的,并且这种关系亲密者主要体现在亲属和本村邻里上[①]。由于该项调查是大约20年前进行的,已经不能代表今天中国农村的实际情况,而从本书访谈者的情况来看,对于相当一部分农村居民来说,其社会网络中的亲缘和地缘构成比例都在下降,而面向城市的业缘构成比在不断上升。另外,在外出务工经商过程中结识到的各类"朋友"也成为社会网络的重要组成部分。这说明对于农村居民来说,面向村庄内部的社会生活以及由此生成的信任、规范等宏观社会资本的约束性作用正在不断下降。就像一位外出务工青年所说:

> 现在大家上完初中或是高中就外出务工了,最多就是过年的时候回到村里,平时根本没什么时间在一起,老的也都不怎么认得小的,小的对村里的事情既不了解也不关心,这就是现在大家交往的情况,和以前大不一样了,主要是外出的人多了,没什么人整天窝在家里了,都在谈在外面的事情,赚了多少钱,年轻人哪里关心村里的事情,大家也不那么在乎村里人怎么样,怎么来说你什么的。(F2C2PJ—男性,26岁)

---

① 张文宏、阮丹青、潘允康:《天津农村居民的社会网》,《社会学研究》1999年第2期。

农村居民社会网络的规模和面向发生变化的同时,其趋同性和异质性却没有发生太大的变化,这也说明农村社会变迁或是农民向城市流动过程中的一些"内卷化"倾向。张文宏等的研究发现,天津农民的社会网络在教育程度和职业方面的分化较低,这种社会网络的趋同性主要是由于明显的群内选择所造成的[①]。一般来说,职业是经济社会阶层地位的重要指示器,而在现代社会当中受教育程度是获得职业地位的重要基础,因此,教育和职业分化对于个体社会网络的异质性程度具有决定性作用,与社会网络密切相关的资源和信息传递的质量和数量也主要取决于这两个社会网络指标。

虽然流向城市务工,农村居民社会网络的群内选择倾向降低了,特别是同事和朋友关系日益突破了地缘关系的范畴,这是他们与张文宏所调查的天津农村居民最根本的区别,但是农民在流向城市就业过程中,其职业类型往往是趋同的。通过访谈获得的资料可以看到,被调查村庄农民流向城市大多数从事制造业和建筑业两种行业,这两种行业大多数采取"宿舍劳动体制",这种资本对劳动力的使用模式使得外出农民工的社会交往被严格限制在了与工厂或建筑工地相关的有限空间里。他们所能接触到的交往对象主要就是自己工作的同事。另外,由于外出流动过程中的信息传递、信任,乃至出于维护自身劳动权益的需要,建立在地缘和亲缘基础上的社会网络仍然对外出务工者具有十分重要的作用。这种现象也导致了外出务工者的社会网络仍然停留在原有的结构上,没有随着工业化和城市化的推进而发生理想化的转变。这种网络结构导致农村居民在外出流动过程中一方面强化了内部信息交流的及时性,以及社会网络内部对这种信息的信任程度;但另一方面这种封闭化的信息交流网络也导致个体极其容易受到群体内信息的过度影响而不能对外部信息产生充分的信任,最终结果可能会导致错误或偏见性信息在社会网络内循环和重复。比如,在城市务工过程中资方因为逃避社会保险责任而对工人进行一种误导性的关于社会养老保险的宣传和信息传递,使得进城务工人员社会网络内部形成关于社会养老保险的偏见性信息,进而对其参保行为产生负向作用,甚至影响到其家庭其他成员的参保选择。这一

---

① 张文宏、阮丹青、潘允康:《天津农村居民的社会网》,《社会学研究》1999 年第 2 期。

点反映在外出务工者其他留守家庭成员的访谈上:

> 他们外出打工的人都说这个社保是骗人的,因为现在城里的那个养老保险的钱已经不够了,说是现在让我们农村人交了钱给城里人发退休金的,等到我们以后退休了就不知道还有没有钱发了,他们在外面见多识广,我觉得他们说得也是有一定道理的。反正看别人吧,要是大家都参加的话,我们肯定也是跟着参加的,不过也和村干部上门让大家参加有关,要是催得不紧,就不高兴参加了。(F2C5PH—男性,28岁)

(二) 参保行为与农村居民价值观变化

中国农村经过三十年市场化和城市化进程的洗礼,无论是个体的社会网络还是家庭的代际关系和结构都发生了巨大变迁。从上文的分析中我们看到,农村居民的社会网络无论是规模,还是异质性程度以及紧密性程度都发生了根本性变化。简而言之,农村居民的生活世界面向不再是村庄内部,而是面向村庄外部。这种社会交往对象的变化也使得农村居民的社会层面价值观发生了很大变化。传统社会的面子观、人情观等之所以能够对个体产生很大作用,是因为个体所处的社会网络是稳定的,人们大多生活在一个由亲缘和地缘构成的熟人社会当中,而生活世界面向的改变使得农村居民的社会价值观发生了变化。这种不同面向的社会价值观之间的竞争会给个体造成内在紧张,进而影响到个体的本体论价值观。简而言之,当前农村居民,特别是作为新农保重要参保对象的中年农民来说,面临着价值观的断裂和冲突,这种冲突也在一定程度上影响到了他们的参保行为。另外,他们在价值观上的变迁,也决定了其对新农保制度的保障期望既不同于老年一代,更加不同于年青一代。这是未来新农保制度发展和建设需要进一步思考的问题。

首先,农村居民中的中年一代具有较为特别的社会属性。在本书当中,我们称之为以1.5代农民工群体为主的一代。考虑到农村居民参加各类社会养老保险的现实情况,本书认为,中年农民工一代由于对未来有较为清晰的定位,因此他们可能更加倾向于参加新农保。这种倾向性是由两种因素决定的:一是中年农民工的流动取向,大部分中年农民工由于受到收入、家庭抚养等现实因素的影响，仍然倾向于回乡定居，或者是回乡后在集镇上定居，因此，新农保的保障能力虽然比较弱，但从投入产出的经济理性出发仍然是合适的投资产品；二是中年农民工的现实压力导致的高度现金偏好，对于中年农民工来说最大的生活负担来自"上有老、下有小"，特别是子代的"成家"开支成为每个被访农村居民多次提到的生活压力，这种压力传导导致中年农民工特别倾向于获得更多的现金收入，因此，他们会在流向城镇务工过程中有意放弃本应该获得的城镇职工养老保险待遇，而倾向于选择现金投入很少的新农保。

其次，中年一代农村居民的本体论价值观正发生着变化。如上文所述，市场化发展的三十多年就是农村社会剧烈变迁的三十多年，这种变迁投射到个体的价值观上，集中体现在个体对于主体性意义的认同出现偏差，这种偏差在中年一代身上表现得更加明显。贺雪峰将中国农民的本体论价值概括为民间信仰、传宗接代和"人活一口气"三种类型，并且他认为由于毛泽东时代的普遍唯物主义教育和市场化时代的城乡流动常态化，农民的本体论价值观主要表现在传宗接代上[①]。但即使这种观念也因为代际关系的严重不平衡现状而不断被削弱，对于中年农民来说，抚养子女特别是成家立业的宗教意义不断被解构，而更多地成为一种社会价值体现的时候，他们也转向将代际关系和赡养等原来本体价值观内所包含的价值考量纳入社会价值观念中去思考。其直接的结果就是，面对来自子辈的"代际剥削"和不平衡，中年一代农民工不再从本体论价值观去寻找一种平衡，而更多将帮助子辈"成家立业"看作一种个人能力的体现，一种对社会价值观的遵守。因此，正如贺雪峰所说，中国农村出现的本体性价值危机，是目前中国农村最大的危机，是千年之未有的大变局。这种本体论价值观的危机使得中年一代充分认识到来自子代的养老保障的不现实和不可靠性，他们更倾向于选择新型农村社会养老保险。对此，一位中年人是这样说的：

> 现在的社会都是强调"自顾自"，靠不得别人，老婆不可靠，儿子也不可靠，只有自己最可靠，你有什么办法呢。你说人活着为了

---

① 贺雪峰：《农村家庭代际关系的变动及其影响》，《江海学刊》2008 年第 4 期。

什么，谁也不知道，谁也说不明白，只能就是这样过吧，到什么时候说什么话，到什么时候做什么事情。你说人为什么要生小孩，忙大了成家立业，这么辛苦，也不能说指望他们什么了，说不清的事情。（F2C1PW——男性，44岁）

最后，本体性价值观的变化导致社会性价值观的异化发展。在个体的本体性价值稳定和明晰的状态下，个体对于社会性价值的追求会保持在一个合适的范围内，也就是费孝通先生所说的"安其所，遂其生"。但是在今天包括农村在内的整体社会发生剧烈变迁的时代，要实现这种价值观念的稳定几乎是不太可能的。正如上文所述，农村价值观念的剧烈变化至少在表层结构上要归因于个体生活世界面向的改变，但个体交往的社会网络与其本体性价值的实现没有任何关联的时候，个体只能通过在交往世界中的社会价值来实现个体的价值。这种社会价值就是消费主义、物质主义和活在当下，并且这种价值观在个体流动性状态下更呈现一种异化发展的状态。个体无论是在村庄内部还是外部都要通过物质和消费来证明存在和价值，本体性价值的缺失还导致个体对未来更加陷入不确定和迷茫之中，这种不确定性在个体行为层面上表现为利益的短视性。这集中反映在中年农民参保个人档次的选择上，大部分个体选择最低缴费档次并不仅仅表现为对政府和新农保制度缺乏信任，本质上更反映了个体在社会价值观上的变化。另外，本体价值观和社会价值观之间的冲突性共生也是造成个体参保档次选择的重要原因。一方面，从本体性价值出发中年农民日益认识到自我养老的重要性，由此推论中年农民的参保行为应当更加注重充分发挥新农保的保障功能，在普遍具有经济承受力的前提下提高缴费档次；另一方面，从社会性价值出发中年农民又不得不对自己未来的养老安排作出妥协，因为未来的预期对于个体社会性价值的实现并不具备很强的现实意义，这也是农村居民特别强调当下感的原因，出于帮助子女"安家立业"以及在社会网络中建立声望的现实考虑，中年农民持续投入过多现金参加新农保的动力是不足的。正如一位受访者所说：

看到老的一代，老了之后的生活，大家也都知道老了子女也不可靠,还是只有自顾自。但你老了过得好又能怎么样呢,以后的事情谁知道呢,过得好与不好,没有人评价你,没有人关心以后的事情。大家只知道现在的事情,只是在乎你现在混得好不好,有没有买房买车,特别是要为了儿女成家的事情,压力都特别大,也都没有太多精力去想以后的事情,只能是走一步算一步了。(F1C7PS—男性,40岁)

四 参保行为与村庄性质

如上文所述,村庄性质是我们分析农村居民参保行为是如何嵌入在农村社会的制度和文化环境中的中间变量,这种操作化处理使得嵌入性分析更加具有针对性。事实上,上一节中所分析的社会网络变量的影响,放大来说也是嵌入在更大的村庄结构当中的,这种村庄社会网络结构也是村庄性质的组成部分之一,是村庄共同体内部交往结果的反映。关于村庄的性质,学术界也进行了大量的研究,特别是关于市场化改革对农村社会结构和伦理性质冲击的分析更是汗牛充栋。综观这些研究,其基本特征就是要选择一定的分析维度来剖析村庄的性质,在结合前人研究成果的基础上,本书提出从市场化程度和城市化程度两个维度来对村庄的维度进行分析,之所以要选择这两个分析维度,是因为来自这两个方面的外力作用是改变传统农村村庄共同体规范和伦理的最关键性力量。

(一) 参保行为与村庄社会关联

"社会关联"的概念是由涂尔干提出,他眼中的社会关联是一种社会联结状态,个人与个人、个人与社会之间通过一定的社会联结联系在一起,构成了一个有机整体。一般来说,社会关联的基础是相同的情感、道德、价值体系,它存在于个体与个体之间、群体与群体之间、个体与群体之间[①]。社会关联与农村的村庄性质密切相关,同样,社会关联概念在被用于分析农村社会时也会被进行引申性分析。这种社会关联更加强调从村庄内部的视角进行分析,社会关联是能够形成村庄凝聚力的基础,同时,村庄内的社会关联并不同于社会网络意义上的社会关系,社会关

---

① 田毅鹏:《城乡结合部农业转移人口的社会关联与市民化》,《人文杂志》2015年第1期。

联并不是指人与人之间的个人关系，而是人与人之间关系所形成的行动能力，与公共生活具有更加密切的联系①。从这个意义上来说，村庄社会关联是指由血缘关系、地缘关系、业缘关系、互惠关系、权威关系等关联所结成的各种关系的总和。社会关联既可以来源于伦理和神性，也可以来源于社会契约和社会分工，前者构成了传统型关联，而后者构成了现代型关联。当前中国农村社会面临的重要问题是，传统型社会关联正在解体，而现代型的社会关联却还没有建立起来，这是导致当前农村社会各种危机爆发的根本原因。有关决定社会关联的因素，贺雪峰和仝志辉提出了将经济社会分化和社区记忆作为两个关键性因素来对村庄社会关联状况进行理想类型分析，并且他们进一步分析得出村庄社会关联的一个重要走向是社区记忆都逐步走向弱化②。本书认为，一方面，他们的研究代表的是新世纪之交中国农村社会演变的基本情况，十多年来中国村庄的社会关联发生了巨大的变化，这一分析框架自然也应该不断向前发展；另一方面，21世纪以来，中国社会最剧烈的变迁反映在城市化的迅速发展，农民工外出流动的数量和方式较之20世纪也发生了质的变化，城市化对中国农村社会和生活的影响体现在方方面面，因此，本书用城市化取代社区记忆作为分析村庄社会关联的另一维度。另外，农村社会的经济社会分化程度在21世纪以来还在不断变化，与之前不同的是，这种演变除了传统社会分层意义上的差异，还包括生活方式、价值观念上的变化，特别是城市消费主义文化对乡村的侵入极大地改变着村庄的社会联结构成。因此，本书用市场化水平来综合衡量村庄的经济社会分化和生活方式、价值观的分化水平。

事实上，新农保制度作为一种现代化的制度安排，其操作与执行过程需要得到农民的密切配合，即由国家动员或是参保对象自发形成的持续性参保行为需要得到农民自发行动的配合才能得以实现。要实现较高的参保率和缴费水平主要存在以下几种途径：一是国家力量的强制性规定，这种做法一方面有悖于新农保制度自身的设计，不符合国家的法律

---

① 贺雪峰、仝志辉：《论村庄社会关联——兼论村庄秩序的社会基础》，《中国社会科学》2002年第3期。

② 同上。

规定，不具有合法性；另一方面也有悖于新时期国家在农村治理的基本途径和方法，通过提高村民对公共事务的参与并以此实现村民自治是国家实现基层治理的基本策略。二是持续的社会动员和发动，这也正成为基层政府执行新农保政策的重要手段，已有研究也证明了在信息不充分的条件下，社会动员才能够发挥作用，而且无论是宣传动员还是情理动员都只是有助于提升参保广度，而对于参保深度没有显著影响①。三是村庄有效自治基础上的建设性功能，国家之所以选择通过村民自治的方式来实现农村的基层治理，是因为村民自治条件下实现的村庄秩序有利于实现建设性功能，通常当村庄社会关联度高的时候，一致行动能力也比较强，村庄内部能够实现公共工程的自我供给。本书认为，这里的公共工程不仅是水利建设、修桥铺路以及发展农业合作社等公共服务，也包括对国家公共事务的参与，比如参加新农合、新农保等。通过这三种路径，我们可以看到第三种途径，即村庄有效自治基础上的村庄秩序是提高农村居民参保水平的理想路径，甚至也是第二种路径能够实现的基础。这种新农保的参与性也反映了村庄的秩序与和谐状况，这一点我们可以从上文定量研究的结论当中看得出来，其中，村庄的和谐程度是决定农民是否连续性参保的显著因素。由此可见，新农保的参保行为反映了村民的行动能力，村庄内社会关联水平的高低也决定了农民的参保行为。

本书提出从市场化程度和城市化程度两个维度来对村庄的社会关联状态进行理想类型分析，通过表3—13我们可以看到关于村庄社会关联的四种理想类型。在这里需要特别做一个说明，这里的城市化影响程度不能等同于城市化，包括向城市流动的流动就业造成的影响等结果也都被统称为城市化影响。从理论上来说，这种村庄性质分化的理想类型与村庄的地域分布存在很大的关联性，A类型村庄，一般在空间上比较闭塞，经济社会发展水平较低，缺少建立现代性社会关联的能力，但面临大规模流动就业的影响，传统的社会关联又受到了较大的冲击，通常，这类村庄的社会关联状态较差，村民大多处于原子化状态之中。B类型村庄，经济社会发展水平比较低，同时也与世隔绝，没有大规模向外流动的务

---

① 钟涨宝、李飞：《动员效力与经济理性：农户参与新农保的行为逻辑研究——基于武汉市新洲区双柳街的调查》，《社会学研究》2012年第3期。

工现象发生，这种类型的村庄在今天的中国较为少见，大概只能存在于一些偏远的少数民族地区，这类村庄可能存在较强的传统社会关联。C类型村庄，村庄内部的经济社会分化水平较高，但同时也保存着较强的传统社会关联，村庄居民没有向城市流动就业，这类村庄大致存在于福建、广东等东南沿海的经济发达地区，这类村庄虽然有些本身就处于城乡结合部并且有较好的产业基础和经济收入，但生活方式和价值观念仍然保持着传统乡村社会的一些特征，比如宗族文化和势力比较强大等。D类型村庄，村庄内部的经济社会分化程度较高，具有建立现代型社会关联的基础，同时与城市生活交往密切，在生活方式、价值观念上与城市社会比较接近，传统社会关联基本瓦解，这种类型的村庄广泛存在于中东部经济发达的农村地区。总的来说，在城市化和市场化双重社会变迁力量的作用下，中国大部分村庄社会关联都向着A、D类社会关联演变，一定程度上城市化已经成为影响村庄社会关联的首要结构性力量。

表3—13　　　　　　　　村庄社会关联的理想类型

	市场化程度低	市场化程度高
城市化影响程度高	A	D
城市化影响程度低	B	C

正如上文所述，建立在村庄内部高度社会关联基础上的村庄社会秩序是形成稳定、连续参保行为的重要社会基础，而从中国农村社会关联的理想类型变动趋势来看，由传统型社会关联向现代型社会关联的转变是基本的趋势，并且由于各地市场化水平和受城市化影响程度不同，这种转变的程度和可能实现的方式也各不相同，但这种决定村民一致性行动能力的社会关联基础的作用是稳定的。正如一位农民无奈地说：

> 大家都说现在的人心散了，既不会回到以前那个样子，也不知道下面会变成什么样子，谁都说不清啊。毕竟时代不同了，没有什么人特别有号召力了，做什么事情都是七嘴八舌的，没有个准数，

都只能随大流吧。大家要是都能好好谈谈这个事情的三四五六来，这样大家就都信服了，现在的问题就是没有人愿意合在一起谈，也不知道从何谈起。(F1C8PS—男性，42岁)

(二) 养老风险与村庄性质

村庄的社会关联是影响农村居民参保行为的重要因素，除此之外，每个个体所面临的养老风险和可以用来应对的养老资源也是与个体所在村庄性质密切相关的。较之于新农保制度这一外生制度，农村居民所面临的养老风险及其可以应对的养老资源则是内生性的，这种内生性结果直接决定着外生性制度进入的可能性及其方式。因为新农保制度的建立本质上是养老模式的改变，也就是社会养老这种外生性模式要嵌入内生性家庭养老模式当中去（至少在当前及相当长一段时间内，在农村社会养老都无法取代家庭养老）。因此，将养老风险与村庄性质联系起来对养老模式的需求进行分析，为我们研究参保行为与村庄性质之间的关系开辟了一条新的路径。

如上文所述，我们将市场化影响与城市化影响程度看成分析村庄性质的两个基本维度，事实上由这两个因素主导下的村庄社会关联程度至少对村庄内代际关系与村庄公共舆论产生了重要影响。

首先，来看对代际关系的影响。有关代际关系演变及其对农村养老模式变化的影响在前文已经进行了详尽的论述，在这里我们重点分析村庄性质对代际关系的影响。无论是市场化还是城市化，都对个体行为产生了两种重要影响，一是经济理性越来越占据主导位置，二是消费主义极大地激发了人们的物质消费欲望。这种村庄社会关联的变化也从根本上改变了农村的代际关系，在经济理性和消费主义日益主导的村庄日常生活背景下，个体感觉到了前所未有的养老风险和危机，当然这种危机感表面上来自代际关系不平衡所导致的代际冲突，究其实质还是因为整个中国的村庄性质正发生着根本性改变。对此，一位中年家长是这样说的：

不是说现在的小的就变得不孝顺了，也不是以前的人就有多么孝顺，只能说是现在这个世道变了，好比一个孝顺的孩子，就是个孬孩子了，你这媳妇都说不上了呢。都是各种攀比之风啊，个个都希望自己的爹是那大财主,都想着过好日子,想着甩包袱,什么是包袱,老人就是包袱呢。这也不能全怪小的,就是这种风气,能有什么办法呢,老的以后怎么办,只有天知道了,还是自求多福吧。(F1C7PS—女性,56岁)

其次,是对村庄公共舆论的影响。在家庭养老模式当中,孝道作为一种文化和伦理在传统社会是依靠宗法制度作为保障的,进入现代社会以来家庭养老的孝道主要是通过村庄内的公共舆论来起到约束性作用的。村庄内社会关联在日益受到城市化影响,最重要的变化就是群体的生活面向日益走向村庄外部,对于个体来说这大大降低了村庄公共舆论的约束性作用,这也是导致农村无公德的个体四处涌现的重要原因。生活面向的外部化很大程度上是由工作和生活的流动性所造成的,因此,这种村庄公共舆论衰败的现象在大规模外出务工的村庄非常普遍。这当然也在一定程度上证明了为什么中西部农村的连续性参保积极性要高于东部地区。也就是说,当个体面临更多的养老风险,而没有太多可依靠的外部制度性保障时,个体的行为是倾向于接受新农保制度的嵌入性发展的。就像一位中年农民工所说:

至少在我们那里,现在已经没有人去谈论谁孝顺不孝顺的话题,这个大家都知道谈了也没什么意思,大家都已经习以为常了,也就麻木掉了,说了干什么呢,你自己不一定做得比别人好,或者你也不能保证自己以后老了会有一个更好的结果,所以大家都默不作声,就是这么个样子。现在大家都是这样,不愿意谈老人的事情。我们也就到了这个年纪就要好好考虑自己以后老了怎么办了,所以我就觉得参加农保蛮好的。(F2C7PS—男性,40岁)

第四节 农村居民养老服务的嵌入性分析

一 居家养老服务匹配性:农村居民养老服务选择的焦点问题

中国社会化养老服务的发展总体来说仍处于由试点向全面实施的扩

张阶段,总结和发现已有社会养老服务供给存在的问题显得非常必要。研究发现,当前居家养老服务存在服务内容单一、服务方式固定等问题,这种服务供给特征也导致一方面服务供给跟不上老年人服务需求,另一方面服务利用又远低于服务供给,需求得不到满足与服务得不到利用的矛盾并存[①]。这种居家养老服务"叫好不叫座"的结果大体上是由供需两方面的原因造成的。在供给侧,当前居家养老服务"自上而下"的服务供给模式存在明显的路径依赖。一方面,通过逐级推进的方式来构建居家养老服务网络,目标对象侧重于传统的民政服务对象和社区中生活困难的高龄、失能与空巢老年人;另一方面,在服务内容提供上主要从政府现有的基层服务资源和能力出发供给服务项目,而非从老年人的实际需求来制定,带有明显的"以服务为导向"的特点。解决以上难题的关键是如何从老年人的实际养老服务需求出发,将符合需求的服务有效地传递给老年人利用。因此,第一步必须要深入分析农村老年人的居家养老服务需求,这对于仍处于起步和试点阶段的农村居家养老服务发展来说尤为重要。

从本书的目标来看,分析制度设计及其政策执行在实证层面上应落脚到政策对象对政策的回应性行为上,比如我们研究新农保制度就需要在实证上分析作为政策对象的农民的参保行为,相应地,研究农村居家养老服务就需要在实证上分析作为政策对象的农村老年人的服务利用行为。但与新农合制度相比居家养老服务具有特殊性:一是政策执行的政策工具不同,前者是以目标责任考核制这样的强制性政策工具推开的,后者则是以项目制这样的自愿性、诱制性政策工具推动的;二是不同政策工具导致不同的执行方式,前者以县为单位开展试点逐步实现全覆盖,后者开展试点的单位不确定,县、乡、村都可能成为试点;三是政策的精确性不同,新农保制度的实施具有统一稳定性,居家养老服务的实施因政策模糊性而在服务供给上差异性较大。以上差异导致农村居家养老服务政策执行的结果具有分散性、多样性和不稳定性特征,这也使得对农村老年人居家养老服务利用行为的分析缺乏必要的一致性前提,比如各地是否开展居家养老服务、

---

① 王莉莉:《基于"服务链"理论的居家养老服务需求、供给与利用研究》,《人口学刊》2013年第2期。

开展了哪些服务内容都存在较大的差异。因此，居家养老服务的供给状况成为影响服务利用行为的重要前提变量。从全国性调查数据来看，除了"康复治疗"和"上门看病"，大部分居家养老服务利用率都在2%以下，严格来说这两项内容又属于医疗卫生服务利用的范畴，是基本医疗服务和公共卫生服务的内容，这就给直接对居家养老服务利用展开实证研究带来了困难，不同调查对象所在地区服务供给的差异会极大地遮蔽其他潜在分析变量的影响力。

诸多关于社会养老服务体系建设的政策分析中都提到了家庭养老的传统文化、勤俭节约的文化传统以及中国"未富先老"的经济基础制约了老年人社会养老服务需求的释放，也是上文提到的居家养老服务"叫好不叫座"的重要原因。总的来说，虽然从政策回应性来说实证分析更应该研究居家养老服务的利用，但基于目前居家养老服务供给的现实，制度设计和政策实施的重点仍在实现服务供给的"从无到有"，因此对居家养老服务需求进行实证分析更能够发挥指引政策的作用。

二 农村居家养老服务需求嵌入性分析框架

养老服务需求与一般性服务需求相比具有特殊性，即兼具刚性和弹性两种特征，并且这种对养老服务是刚性现实需要还是弹性主观预期的判断虽然可能是由老年人个人所作出的，但其作出判断的基础是家庭而非个体本人，这是因为无论城市或农村，家庭都是养老服务的首要来源，简言之，养老服务需求是以"家庭"为分析单位的，是嵌入在家庭生活当中的。当然，养老服务就其产生的根源来说是个人性的，即因衰老引起的功能性衰退，但是应对这种功能性衰退风险的过程是"嵌入性"的，最后在作出判断并输出养老服务需求结果的又是个人性的，也就是说养老服务需求的产生经历了由"个体"→"团体"→"个体"的过程。首先，个体层面上的"倾向性因素"，是指倾向于产生居家养老服务需求的人群特征，与居家养老服务需求并非直接相关，包括人口学变量（年龄、性别、一般健康水平等）、社会结构变量（包括文化程度、政治面貌、收入来源、收入水平等）；其次，团体层面上的"促进性因素"，是指获得居家养老服务的能力以及居家养老服务资源的可获得性，是居家养老服务需求的间接影响因素，反映了需求对家庭和社区的嵌入性，包括家庭养老资源（家庭结构、婚姻状况、子女数量、代际关系、居住安排等）和社区养老资源（社区养老服务的可及性、服务价格、服务送达的时间等）两类变量；最后，回到个体层面上的"感知性因素"，是形成居家养老服务需求的前提和直接影响因素，包括对需要的感知（对自身健康状况、生活自理的主观判断）和对居家养老服务的认知、评价（对居家养老服务的了解、信任水平等）两类变量。具体分析框架如图3—1所示。

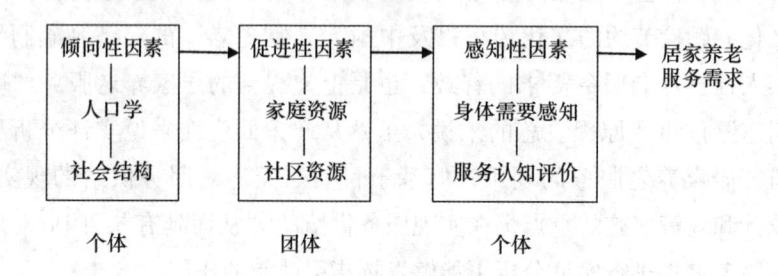

图3—1 农村老年人居家养老服务需求分析框架

在个体倾向性因素当中，人口学变量中纳入了年龄、性别、是否患有慢性疾病和近五年内有无动过大手术四个变量，从政策介入的角度来说，年龄和性别是不可控的自然现象，同时年龄和性别是影响身体机能衰退程度的重要因素，其对于养老服务需求的显著影响力也被已有实证研究所证实，因此需要纳入控制变量当中；疾病虽然在全年龄人群中是政策介入的重要对象，但对于处于生命历程末期的老年人来说，疾病更多反映了政策的结果而非政策介入的对象，因此对于老年人来说疾病同样是不可控的影响身体机能的重要因素，需要纳入控制变量当中。

通常，未富先老被认为是中国老龄化面临的最大挑战，居家养老服务虽然一部分是由政府补贴提供的，但仍需要付费，因此，与低收入水平相对应的低购买力抑制了社会养老服务需求。除此之外，文化因素也是抑制社会养老服务需求的重要变量，有的研究将这种文化因素定位为老年人崇尚节俭、为子女着想等行为习惯[①]，也有研究定位于养儿防老、面子文化等[②]，实证结果都证明了这些文化因素的抑制性影响力。虽然操作化面向不同，但都可以笼统看作传统文化因素的影响力，一般来说在农村文化程度越低的人越容易接受传统文化，因此，本书用文化程度就传统文化对居家养老服务需求的影响间接进行测量。基于以上分析，本书提出社会结构倾向性假设：

假设1：文化程度和经济收入是影响农村老年人居家养老服务的重要社会结构性变量，文化程度越高的老年人居家养老服务需求越高，经济收入越高，对居家养老服务的需求也会相应越高。

促进性因素反映了个体在应对身体机能衰退过程中可利用的资源水平，在传统社会应对这种身体衰退风险的资源仅限于家庭，并通过家庭制度中功利性的代际交换和情感性的孝道文化保障了家庭养老模式的稳定性。在家庭向现代转型过程中养老依然是代际关系的重要内容之一，但这一功能的实现受制于家庭结构中包含的养老资源本身，家庭和社会养老资源之间的此消彼长促进了老年人的居家养老服务需求。家庭养老资源主要依赖于配偶支持和代际支持，由于配偶关系的天然紧密性，配偶支持通常因配偶存在而自然生成，因此，诸多实证研究一般用"是否有配偶"来测量这种支持资源。而代际支持并不能自然生成，而受制于家庭结构的影响，从现有实证研究来看子女数量与居住安排是被讨论最多的家庭结构变量，虽然子女数量与家庭代际支持关系的研究存在有和没有显著影响两种矛盾的结论[③]，但更多研究注意到子女代际支持的性别差异，研究发现儿子与女儿在代际支持上的分工差异正日益淡化，女儿也能起到替代儿子的作用[④]，甚至在与养老服务密切相关的生活照料和精

[①] 王琼：《城市社区居家养老服务需求及其影响因素——基于全国性的城市老年人口调查数据》，《人口研究》2016年第1期。

[②] 胡芳肖、李蒙娜、张迪：《农村老年人养老服务方式需求意愿及影响因素研究——以陕西省为例》，《西安交通大学学报》（社会科学版）2016年第4期。

[③] 殷俊、刘一伟：《子女数、居住方式与家庭代际支持——基于城乡差异的视角》，《武汉大学学报》（哲学社会科学版）2017年第5期。

[④] 张航空：《儿子、女儿与代际支持》，《人口与发展》2012年第5期。

神慰藉上的支持高出了儿子①，因此很有必要将儿子数量和女儿数量分开考量其对代际支持的影响。家庭养老资源由于其对居家养老服务的替代性，是影响农村老年人居家养老服务的负面促进性因素，主要包括代际支持和配偶支持两个方面，而代际支持和配偶支持是嵌入家庭结构当中的，具体包括儿子与女儿数量、居住安排、是否有配偶等。基于以上分析，本书提出家庭养老资源替代性假设：

假设2：老年人获得代际支持和配偶支持的可能性越低，对居家养老服务的需求会越高。

古典经济学家萨伊在《政治经济学概论》中提出供给决定需求的同时会创造出需求，虽然这一论断主要是针对宏观经济发展提出来的，但在微观层面上同样适用，供给创新会激发消费需求。当前在民生领域，通过提供和改进公共服务加快发展服务消费是重要的宏观经济政策。通过比较2006年和2010年两次"中国城乡老年人口状况追踪调查"结果发现居家养老服务供给提升的同时，养老服务需求也不断提升。由此可见，无论是基于古典经济学理论，还是宏观政策预期，或是养老服务发展现实，社区养老资源现状都是农村老年人居家养老服务需求产生的促进性因素。本书提出社区养老资源促进性假设：

假设3：村级社区能够提供的居家养老服务越多，老年人对居家养老服务的需求越高。

当前农村居家养老服务供给过剩与需求得不到满足并存的现象，很大程度上是由村级公共产品"自上而下"的供给体制忽视农民对公共产品的实际需求导致的，因此，引导农民进行居家养老服务需求表达是完善农村居家养老服务供给的重要途径。通过建立农民居家养老服务需求的自主决策机制，使他们能够按照自己偏好作出对服务的需求选择②。这里的偏好是指个体感知到的对居家养老服务的内在需要，而这种内在需要的感知需要个体通过对自己身体功能的感受来生成，正是对身体功能的感受能够激起

---

① 郑丹丹、易杨忱子：《养儿还能防老吗——当代中国城市家庭代际支持研究》，《华中科技大学学报》（社会科学版）2014年第1期。

② 马改艳、徐学荣：《我国村级公共品需求偏好表达机制的构建》，《贵州大学学报》（社会科学版）2013年第4期。

个体的本能需要,进而产生一种旨在满足自身需要的意识倾向并转化成居家养老服务需求的利益表达。由此本书提出身体感知硬性约束假设:

假设 4:农村老年人越是感知到自己身体功能和健康水平的下降,其居家养老服务需求越高。

除了需求表达,改进政府关于公共服务的政策规制表达机制也是完善农村居家养老服务供给的重要途径。各级政府要转变公共服务供给是给予"恩惠"的工作理念,在农村公共服务政策的解释、组织、实施阶段都与作为服务对象的农村居民建立平等协商的关系,"自上而下"地使政府关于公共服务的政策规制表达更好地反馈给农民,使其更好地与农民的利益需求表达衔接①。基层政府政策规制表达反馈给服务对象,仍需要有一个服务对象内化为认知的过程,通过这个过程进而与需求表达相衔接,促进供给、需求与利用三者之间的均衡。这里的认知包括基于基层政府更好的政策宣传而获得的信息对称,基于以需求为导向的服务供给理念和灵活多样性的服务输送而获得的对居家养老服务供给的信任等内容。通过以上分析,本书提出政策感知软性约束假设:

假设 5:农村老年人越是了解和认可现有的居家养老服务,其居家养老服务需求越高。

三 农村居家养老服务需求影响因素分析

(一) 研究结果

因变量是连续变量,本书采用多元线性回归进行分析。将农民性别、年龄、客观健康指标和所在地区等 5 个变量作为控制变量,来研究倾向性、促进性和感知性变量对农村老年人居家养老服务需求的影响效应。根据这一研究目标使用逐步回归法,本书得到了 4 个回归模型,其中:模型 1 是控制变量对农村老年人居家养老服务需求的影响,模型 2 中加入了倾向性变量,模型 3 中又加入了促进性变量,模型 4 在模型 3 的基础上又增加了感知性变量。表 3—14 给出了具体分析结果。

---

① 夏玉珍、杨永伟:《淡漠与需求:农村公共服务表达问题研究》,《中南民族大学学报》(人文社会科学版) 2014 年第 6 期。

表 3—14　农村老年人居家养老服务需求的多元线性回归结果
（标准化回归系数）

	模型 1	模型 2	模型 3	模型 4
控制变量				
性别（参照组：女性）	0.055	-0.015	-0.005	0.010
年龄（参照组：61—70 岁）				
71—80 岁	0.101*	0.023	0.006	0.019
80 岁以上	0.099*	0.024	0.013	0.013
是否患有慢性病（参照组：否）	0.159*	0.129*	0.105*	0.095*
近 5 年是否动过大手术（参照组：否）	0.071!	0.044	-0.006	0.010
所在地区（参照组：西部地区）				
东部地区	0.015	-0.037	0.010	0.006
中部地区	-0.017	-0.032	-0.020	-0.016
倾向性因素				
文化程度（参照组：文盲或半文盲）				
小学		0.092!	0.077	0.069
初中		0.066	0.034	0.009
高中及以上		0.102*	0.083!	0.056
有无稳定性收入（参照组：没有）		0.021	-0.002	-0.004
个人年收入水平（参照组：4000 元以下）				
4000—8000 元		0.063	0.066	0.020
8000—12000 元		0.179**	0.149*	0.108*
12000 元以上		0.222***	0.198**	0.103!
促进性因素				
配偶状况（参照组：丧偶或无配偶）			-0.042	-0.015
儿子数量			-0.125*	-0.116*
女儿数量			-0.070	-0.073

续表

	模型1	模型2	模型3	模型4
居住方式（参照组：独居）				
与配偶居住			-0.176	-0.039
固定与某个子女同住			-0.012	0.067
在不同子女家轮养			-0.087	-0.028
是否开展居家养老服务（参照组：没有）			0.048	0.051
感知性因素				
生活自理能力评价				-0.203***
一般健康自评水平				-0.087**
对居家养老服务政策了解程度				0.019
对居家养老服务提供的信任程度				0.051
F值	4.469***	4.255***	4.388***	4.610***
调整后的 R^2	0.045	0.082	0.122	0.159
样本数	856	845	844	843

注："!", $p<0.10$; "*", $p<0.05$; "**", $p<0.01$; "***", $p<0.001$。

倾向性因素的影响。比较模型2和模型1可以看到，当加入倾向性变量后，模型的决定系数提高，从 0.045 提升到 0.082，模型的拟合优度得到提高，解释力也增强了，这说明倾向性变量对其居家养老服务需求具有显著影响。在模型2中，倾向于利用居家养老服务的文化程度和收入水平两个社会结构变量都通过了显著性检验。文化程度变量中，较之于"文盲半文盲"，"小学"和"高中及以上"文化程度农村老年人的居家养老服务需求明显更高；收入变量中，较之于"年收入4000元以下"，年收入在8000元以上农村老年人的居家养老服务需求明显更高。对比标准化回归系数后发现，随着文化程度和个人收入水平的提升，其居家养老服务需求显著提升，这种差异性在文化程度更高和收入更高的老人身上表现得更为明显，相比之下，来自城市老年人和城乡老人混合样本的调查结果发现，收入对总体养老服务需求的影响并不显著①，这说明收入水平是制约农村老年人居家养老服务需求释放的重要因素，"未富先老"在限制农村养老服务发展上有明显的负作用。文化程度的显著正向促进作用与之前的实证研究结果大致相同，这在一定程度上证明了传统文化观念对于居家养老服务需求具有抑制作用。值得注意的是，在引入了促进性变量之后，文化程度和个人收入水平的显著性和效应都有所下降，特别是在引入了感知性变量之后，文化程度的效应变得不显著起来，而收入水平的显著性和效应又进一步下降，这说明感知性变量能够完全稀释文化程度的影响，也进一步说明收入水平是农村老年人居家养老服务需求的最为重要的倾向性因素，从模型1、模型2、模型3、模型4之间的比较可以看到假设1得到了部分证明，个人收入的影响是持续稳定的，而文化程度的影响受到感知性变量的制约。

促进性变量的影响。比较模型3和模型2发现，引入促进性变量后，模型的决定系数进一步由0.082提升到1.22，模型的拟合优度进一步得到提高，解释力也更加更强，说明农民的促进性变量对其居家养老服务需求有显著影响。其中，虽然有配偶老人的养老需求要低于无配偶老人，但这种影响并不显著；儿子的数量越多对居家养老服务的需求越低，女儿的数量对老年人居家养老需求起到负向作用，这种影响同样不显著；与独居老人相比，其他与子女或配偶共同居住的老人居家养老服务需求更低，但这种影响同样不显著；接受过居家养老服务的老年人的养老服务需求似乎更高，这种影响也不显著。在所有促进性因素当中，只有儿子的数量具有显著性影响，并且这种影响的显著度并没有因为感知性变量的加入而下降，但对居家养老服务需求的效应又有所下降（从-0.125到-0.116）。这一研究结果与已有居家养老服务的家庭养老替代机制假说相一致，在农村儿子数量仍然是衡量潜在家庭养老资源的最关键指标，"养儿防老"在农村不仅是一种文化上的观念，更是一种现实的养老资源。比较模型3和模型4后可以发现假设2部分得到了证实，居家养老服

---

① 田北海、王彩云：《城乡老年人社会养老服务需求特征及其影响因素——基于对家庭养老替代机制的分析》，《中国农村观察》2014年第4期；王琼：《城市社区居家养老服务需求及其影响因素——基于全国性的城市老年人口调查数据》，《人口研究》2016年第1期。

务需求是嵌入在家庭结构当中的，但有关居家养老服务需求的供给决定需求假说并没有得到支持，假设3没有得到证实。

感知性变量的影响。加入身体和政策感知性变量后的模型4较之于模型3，决定系数有一定增长，模型的拟合优度和解释力有所提高。其中身体感知变量中的"一般健康自评水平"和"生活自理能力评价"都对农村老人居家养老服务需求具有显著负向效应，并且"生活自理能力评价"的效应和显著度要高于"一般健康自评水平"，而"对居家养老服务政策的了解程度"和"对居家养老服务提供的信任程度"这两个政策感知变量则没有显著性影响。这说明生活自理能力是最重要的感知性变量，几乎与所有针对城乡老年人的调查结果相一致，对身体机能的感知是农村老年人居家养老服务需求的硬约束条件。而通过对比模型2、模型3、模型4的决定系数变化可以看到，倾向性、促进性和感知性变量对模型拟合优度的贡献率分别为3.7%、4%和3.7%，可见三类变量对居家养老服务需求影响的贡献度基本一致。在完全模型4当中，通过对比显著自变量的标准化系数后发现，"生活自理能力评价"是最具有影响力的显著变量，其次是"儿子数量"和"个人收入水平"。由此可见，农村老年人居家养老服务需求变现为一种身体机能和经济能力约束条件下的对家庭养老资源的替代性选择，而较少受其他倾向和促进性因素的影响。

控制性变量的影响。在没有引入其他变量的情况下，农村老年人个人身体机能客观变量对其居家养老服务需求有一定影响。模型1显示，年龄变量、是否有慢性病和5年内是否动过大手术分别在5%、0.1%和10%的统计水平上对居家养老服务需求有显著影响，其中年龄越大、有慢性病和5年内动过大手术的老人居家养老服务需求越高。但是，年龄变量的显著性在纳入倾向性变量的模型2中就消失了，这说明年龄的影响被农村老年人倾向性结构限制变量削减了，农村老年人的年龄与其文化程度、个人收入水平有较强的关联性。相比之下，是否患有慢性病的显著性在模型2中有所下降，在模型3中进一步下降并稳定下来，这说明是否患有慢性病作为客观性身体机能硬性约束力，对农村老年人居家养老服务需求的作用是持续的，只是影响的效应随着其他变量的加入而有所下降。

(二) 基本结论

本书构建了农村老年人居家养老服务需求的个体嵌入性模型，同时强调个体层面的倾向性和感知性因素的影响，通过对来自中、东、西部省份农村老年人居家养老服务需求与利用的频次统计和多元线性回归分析，考察了农村老年人居家养老服务需求情况及其影响因素，主要得到以下结论。

第一，农村老人居家养老服务需求普遍不高，并且在不同养老服务项目上的需求存在显著性差异。卡方检验结果显示农村老年人在不同居家养老服务项目之间的需求程度存在显著性差异，其中"上门看病"的需求程度明显高于其他服务项目，"上门护理康复"和"上门做家务"的需求次之，"餐桌供餐"和"聊天解闷"再次之。根据加权后的需求指标计算结果，农村老年人的综合居家养老服务需求为2.59，介于"不太需要"和"一般"之间，高于田北海等人同样于2013年度在湖北省所做调查的结果，整体上看，农村老人居家养老服务需求程度并不算高。其中，医疗服务和家政服务是需求度比较高的居家养老服务项目，也说明农村老人养老服务需求还停留在生理和安全需要这些比较低的需要层次上，当然这些服务需求也极具刚性特征，应成为政策供给的重点。

第二，农村老年人居家养老服务需求受到身体机能和养老资源两大要素的制约。养老服务所要解决的是个人因身体机能衰退而带来的身心功能障碍，身体机能衰退是养老服务需求产生的生理基础，实证结果也表明有关身体机能的变量在回归模型中几乎都具有显著影响，并且这种影响力还消解了其他变量的影响力，这一研究发现也与之前的实证研究结果相一致。本书更进一步将身体机能的测量指标分为客观变量和主观变量两类，结果发现老年人对身体机能的主观感受变量的影响力更大，显著度也更高，这说明虽然身体机能衰退导致的养老需求本身具有客观性，但是是以老年人的主观健康感受为中介的，这也说明主观因素对农村老年人居家养老服务需求的影响很大。养老资源的效应主要集中在个人收入和儿子数量上，个人收入的影响证明了"未富先老"效应对农村老年人居家养老服务需求的负面影响，而儿子数量的影响证明了农村养老行为仍是嵌入在家庭结构当中的，家庭养老资源的充裕与否直接影响着居家养老服务需求。儿子数量的显著性影响也从另一个侧面反映了

"养儿防老"的文化和伦理依然是制约居家养老服务发展的重要传统文化因素，促使农村老年人转变养老观念仍需要较长的时间。

第三，农村居家养老服务"自上而下"的供给模式无法激发老年人的有效需求。从广义上来说，农村居家养老服务供给不仅包括养老服务内容的递送，还包括服务信息的传递和宣传，特别是对于农村老年人来说，服务信息是影响老年人服务利用的一个重要因素[①]。目前农村居家养老服务的供给大多采取的是基于项目制背景的"自上而下"的供给模式，由此带来两个问题：一、由于项目宣传本身和乡村政策共同体内部关系状态对项目执行的影响，农村老年人对居家养老服务本身的认知和信任程度会影响到其服务需求状态；二、不是建立在对需求进行充分了解基础上的供给可能导致与真实需求之间的非均衡状态，现有服务利用并不是进一步需求产生的显著影响因素，这说明已有的居家养老服务供给可能存在偏差，无法产生"供给诱导需求"的效应。

---

① 王莉莉：《基于"服务链"理论的居家养老服务需求、供给与利用研究》，《人口学刊》2013年第2期。

第四章　中国农村养老保障制度执行的嵌入性分析

第一节　分析框架

一　有关政策执行的范式争论

在前文的理论视角分析部分，我们提出了政策执行研究的"嵌入性"视角，其本质思想就是不将政策执行孤立地看作一个政府内部的官僚制行为，而是一个社会建构的过程。因此，在这里我们有必要对有关政策执行的范式进行一个回顾。

政策执行研究过程中，最早发展出来的是"自上而下"理论流派，这种建立在韦伯的官僚制、威尔逊的政治与行政分离以及泰勒的科学管理学说基础上的理论，关注的重点是政策目标的实现程度，他们的理论目标在于总结出达成政策目标的必要因素和基本条件，其中中央政府是政策执行的关键，确定目标系统、对执行阶段进行控制、强化控制程序的制定以及最大限度减少政策目标的偏离是其显著特征。显然，熟悉中国国情的研究者都会认识到，由于政策执行层次以及利益相关者之间复杂的横向和纵向关系，"自上而下"模式存在诸多问题。事实上，关于新农保政策的执行，中央政府本质上是作为政策的考核者存在的，因此，在这种模式当中，我们看到的只是来自上层的政策目标，而没有看到基层执行者为了实现政策目标的政策实施过程。

面对"自上而下"模式存在的问题，政策研究者发展出了另一种与之相对应的学说，即政策执行的"自下而上"模式，该模式强调的是基层政策执行者具有自由裁量权，以及政策执行反映了利益涉及各方的谈判和达成共识的过程，当然在这一过程中也能反映出执行者的管理技能和其所在组织的文化特征。在这一转变过程中，我们可以看到政策执行研究明显呈现出由垂直到水平、由政府到社会的变动趋势。执行研究的焦点也从官僚体制中的高层过渡到基层政策执行结构内的利益和互动主体，研究的关注点也从官僚制内部的纵向控制转向基层执行结构内的水平互动[①]。在这种转变过程中，越来越多的研究者认识到政策执行的本质是从政府到社会的过程，政策执行能否成功的关键不在于官僚体制本身，而在于社会对政府的政策和意图的接受、顺应和同意的程度。因此，从这个意义上来说，政策执行的过程除了体现为对政府意志的贯彻，更是一个社会建构的过程。

二 政策网络、政策工具与政策共同体

有关政策执行走向综合的理论视角，其核心观点即政策执行是一个社会建构的过程，政策执行的过程涉及政策利益相关者及行动者，这些行动者在执行结构内的水平互动构成了一种互动关系的总和。20世纪70年代以来，政策分析领域日益关注对这种互动关系的分析，并且形成了新的关于政策过程的政策网络分析范式。这种分析范式首先认为所有在政策网络中的行动者都是一种水平的平等关系，不是科层制结构中的垂直关系，行动者来自政府、社会和企业等不同领域以及不同阶层，彼此之间既是一种相互依赖的关系，又是一种独立自主的关系。由于政策网络中行动主体的多元性以及流动性，形成了政策网络中纵横交错的复杂网络关系，政策过程本质上反映的是政策网络中不同行动者之间复杂互动的结果。政策网络分析范式注重对这种互动关系组成的执行结构或政策网络结构的分析，以及这种结构对政策结果的影响，政策执行行为是嵌入在政策网络结构当中的，并会导致不同的政策结果。政策网络分析范式反映的是一种中观的分析视角，总的来说，政策网络分析范式的价值在于"政策网络描述了实际政策的过程，借助这一概念有助于认识政

---

① 郑石明：《嵌入式政策执行研究——政策工具与政策共同体》，《南京社会科学》2009年第7期。

策过程中的复杂现象，解释政策过程的制度外变量"[①]。这种政策过程不仅包括实现政策的内在机制，也包括形成政策的内在机制。

  关于政策网络，我们有必要对其形成过程进行简要的分析。首先，社会问题是政策网络形成的前提。社会问题很多，通常只有当社会问题进入科层制体系的政策议事日程的时候，社会问题才会升级为政策问题，当政策问题进入政策制定环节的时候，利益相关者开始聚集起来并形成政策网络，通常在政策制定环节，并不是所有利益相关者都能够进入政策网络当中去，通常只有那些掌握资源者才能够进入。在中国，由于政策的投入和实施资源都为政府所垄断，因此，在这个阶段的政策网络实质上反映的是科层制结构当中的上下级之间的一种博弈关系。其次，在政策执行阶段，政策网络的范围进一步扩大。除了掌握资源者，政策执行的对象也进入政策网络当中，特别是对于新农保制度来说，其执行需要得到农民的主动参与配合。由于这种政策执行对象的参与性，使新农保的政策执行变得更为复杂，这也引入另一个政策执行的重要概念——政策工具。在已有的政策网络分析当中，存在利益模型和治理模型两种分析模型，在前者那里政府主要通过对政策网络中的利益关系的协调和整合来实现政策执行；在后者那里政府则通过对政策网络中政策资源的动员来实现政策执行。事实上，不同的分析模型决定了其所使用的政策工具是不同的，但是其最终目标都是要实现政策网络中利益相关者的协同互动，并以此来实现政策执行力的提升。简言之，政策工具的选择是要与其所处的政策网络相匹配的。

  从国内外有关政策工具选择的政策网络分析理论和实证研究来看[②]，其匹配性研究思路本质上反映了一种"嵌入性"分析视角，政策工具与政策网络中关系结构之间存在同构与非同构两种嵌入关系，嵌入关系的

  [①] 蒋硕亮：《政策网络路径：西方公共政策分析的新范式》，《政治学研究》2010 年第 6 期。

  [②] 有代表性的研究包括：H. A. 布雷塞尔（Hans A. Bressers）的《政策网络中的政策工具选择》（*The Choice of Policy Instruments in Policy Networks*）、E. F. 特恩（Ernst. F. Ten）的《政策工具的背景途径》（*A Contextual Approach to Policy Instruments*）、崔先维的《政策网络中政策工具的选择：问题、对策及启示》、杨代福的《政策工具选择的网络分析——以近年中国房地产宏观调控政策为例》。

类型往往决定着政策执行的效果。"嵌入性"的概念最早由波兰尼提出，其初衷是从宏观角度分析经济活动与非经济领域之间的不可分割性及其变迁。波兰尼为我们提供了一种通过强调各种社会因素之间相互依赖性来研究社会复杂性的分析思路，而真正将"嵌入性"分析操作化的则是格兰诺维特，他受到对新古典经济学"社会化不足"和社会学"过度社会化"批判观点的影响，通过对经济行动的社会网络分析打通了微观与宏观层面间的连接问题，并提出了"可分析策略"和"双重嵌入"的具体分析路径。就"可分析策略"来说，其强调的是嵌入机制是存在于两个独立的系统之间的，通过对系统特征及其相互关系的分析进而具有可分析性。"双重嵌入"则区分了微观的人际交往网络和宏观的社会制度文化背景两种嵌入的层次和范围，分别称为"关系性嵌入"和"结构性嵌入"。回到政策网络分析途径来看，其基本假定："政策工具特征越是有助于维持现有政策网络特征，该政策工具越有可能在决策过程中被选中"①，反映了"嵌入性"分析中的"可分析策略"，强调了政策工具与政策网络间的独立性以及对政策网络特征的分析；同时也反映了"嵌入性"分析中的"关系性嵌入"，重点对政策网络中的行动者数量与类型、关系形式、关系内涵等关系结构如何形塑政策工具进行了分析。但这种分析途径也存在明显的缺陷：一是此类研究大多是从政策网络的特征分析入手，进而分析与政策工具之间的契合性，从逻辑上来看两者互为因果，同时又无法对实际存在的不匹配现象作出有力的解释；二是对政策网络特征的分析缺少稳定的维度，从不同的维度入手可能得到不同的关于网络特征的结果，这影响了对政策工具选择的解释力度。以上两点缺陷既反映了政策网络分析途径中"关系性嵌入"的不足，也能从"关系性嵌入"中找到原因：一方面，"关系性嵌入"只反映了政策执行过程中政策工具选择"嵌入性"的一部分，故而无法对部分不匹配现象作出解释；另一方面，"关系性嵌入"的技术基础是社会网络分析，社会网络分析技术运用于政策网络特征分析存在一定的限度，这影响了"关系性嵌入"逻辑的解释力度。

---

① B. Guy Peters and Frans K. M. Van Nispen, *Public Policy Instruments: Evaluating the Tools of public Administration*, Cheltenham: Edward Elgar Publishing, 1998, p. 94.

虽然政策网络分析途径存在不足，但其所隐含的"嵌入性"分析视角为进一步完善政策工具选择的研究途径提供了方向。政策工具选择过程中存在两个可分的、处于嵌入关系的系统，这种嵌入既表现在政策行动主体相对持久的互动和沟通模式构成的政策网络中，也必须把更广阔的制度、文化背景考虑在内。简言之，政策工具选择过程是嵌入在由社会、制度、文化、政治、历史等多重因素所构成的场域当中的。因此，关系与制度的"双重嵌入性"分析能够构成研究政策工具选择的新分析框架，其既能够使"政策工具的最佳选择要与具体的政策环境相匹配"①这一基本原则具有可操作性，也克服了政策网络分析路径的不足。

从以上嵌入性的研究角度出发，我们可以看到新农保政策的执行一方面是嵌入在与新农保有关的利益行动者所构成的政策网络当中，另一方面又是嵌入在更大范围内的由政治、经济、历史和文化所组成的社会脉络当中。在这个"双重嵌入"的过程中新农保政策的执行本身也被重新建构出来，因此，理想状态的科层制政策执行是不存在的。如何更好地理解政策执行的这种"嵌入性"需要进一步对政策执行进行理想类型式的分析。首先，在公共政策执行上，应区分政策目标与政策工具。对于新农保政策执行来说，政策目标是"在自愿参与的基础上实现参保农民的全覆盖，同时参保农民尽可能选择较高缴费档次参保，在此基础上新农保预计能够充分发挥养老保障的作用"。任何一个政策目标的实现都有赖于某种政策工具，政策工具更接近于一种手段，而政策执行的过程就是把各类政策工具运用于具体的政策案例的过程。所谓"工欲善其事，必先利其器"，在政策目标既定的前提之下，政策工具选择和运用得是否恰当，对于政策执行的最后效果具有决定性影响。因此，在政策执行过程中，政策工具的选择是要与政策网络与政策环境相匹配的，要与特定的社会环境、政策问题与目标受众的特征相一致②。通常，我们还会把这里的政策网络或政策环境称为政策共同体，政策共同体也是一个小的社

---

① 庄西真：《教育政策执行的社会学分析——嵌入性的视角》，《教育研究》2009年第12期。

② [美] B. 盖伊·彼德斯、弗兰斯·K. M. 冯尼斯潘：《公共政策工具：对公共管理工具的评价》，顾建光译，中国人民大学出版社2007年版，第49—85页。

会系统，与政策相关的行为主体围绕政策问题或是政策项目形成相对持久的互动和沟通模式。

第二节 新农保制度执行中政策工具选择的嵌入性分析

一 新农保制度执行中的政策工具选择

从嵌入性视角出发，政策工具的选择主要涉及以下两个连续性问题：一是作为政策执行者的政府管理者为什么选择这个而不是那个政策工具；二是被选择的政策工具的有效性体现在哪里，或者说政策工具是如何与政策环境、政策目标以及政策对象等内容相互匹配的。从各级地方政府推动新农保制度执行的过程来看，主要涉及两种政策工具的选择：一个是激励型政策工具，其根本是利益导向的，主要通过各种激励机制来吸引农民参加新农保；另一个是各种类型的社会动员型政策工具，这种政策工具有赖于特定的社会基础，主要是通过制造各种压力机制来鼓动农民参加新农保。在这一部分，本书将对这两种政策工具的有效性问题进行深入的分析。

（一）利益导向型政策工具的有效性分析

首先，与政策问题的匹配性程度。政策议程设定的方式和政策工具的选择，不是以政体形态来划分的，而是由政策问题本身的性质所决定的。也就是说，在政策工具选择之前，首先要对政策问题本身进行界定。对于新农保的执行来说，政策问题的根本在于提升农民的参保率，同时通过提高农民的参保缴费档次和延长农民的缴费时间来实现新农保制度的可持续发展。总的来说，提高农民的参保动力和自愿性是最根本的政策问题。由于涉及农民的持续现金投入，因此利益特别是很明显的当期利益是最重要的激励因素，这也是当前农村很多公共政策得以实施的重要"法宝"（比如新农合制度、农机购置补贴政策等）。政策问题的本质涉及农民的经济投入，属于典型的投资行动，为了鼓励农民参与投资，必然涉及必要的利益激励。以此为评价指标，利益导向型政策工具具有较好的有效性。

其次，政策工具的特点以及与其他工具的关联性。利益导向型的政策工具最重要的特点就是能够对个体产生物质利益上的激励作用，但存在的问题是对不同政策对象产生的激励作用存在较大的差异性，特别是"一刀切"的激励政策可能会产生激励不足。另外，利益导向型政策工具容易导致激励效果的边际效应递减，政策工具有效性存在不可持续性风险，而要维持利益导向型政策工具的连续激励效果则需要较高的财政投入成本。从与其他政策工具的关联性上考虑，利益导向型政策工具具有较好的有效性，特别是新农保制度执行中的社会动员政策工具是需要以利益导向型政策工具为基础的，两个政策工具之间具有相互放大效用的作用。

再次，政策环境和政府施政风格。在市场化改革以来的相当长时间里农民与国家政策执行之间处于一种紧张关系当中，这源于国家对农村经济资源的获取却不能提供有效的公共服务。进入21世纪以来，以改善民生为重点的社会建设强调的是"城市反哺农村、工业反哺农业"，涉农政策上进行补贴已经成为重要的大背景。另外，经过三十年市场经济的洗礼，在全社会形成了一种对经济理性推崇的氛围，构成了新农保制度执行的重要政策环境特征。因此，利益导向型政策工具是与当前政策大背景和社会大环境相匹配的，具有较好的有效性。从政府施政风格上来说，中国政府的政策工具选择通常是基于传统的惯性思维，或者是基于经验的积累。政府通过与民众的互动形成了一种观念认识，认为经济理性是激励或动员社会的最重要工具，这已经成为21世纪以来中国政府的一种施政风格，最突出表现为"拿钱摆平"的思维方式，这种利益导向型政策工具也是与政府的施政风格相匹配的。

最后，决策者的偏好和政策对象的反应。一般来说，政策对象对某一公共政策及其相对应的政策工具的认同程度越高，则政策工具的合法性越高，也越容易得到实施。对于老百姓来说，经济利益激励是一种认同程度较高的政策工具。但他们对于新农保政策的认同程度则存在一定差异，主要表现在农民对国家发放基础养老金比较认同，但是对长期缴费的政策以及老人领取基础养老金子女捆绑缴费的政策不认同。而从决策者的执行偏好来说，在不考虑财政压力的前提下，决策者特别是基层管理者希望使用利益导向型政策工具，这样可以大大降低政策执行的难度，也有利于基层管理者进行社会动员。因此，从决策者偏好和政策对象的反应上来说，利益导向型政策工具具有较好的有效性。

从以上四个方面来说，利益导向型政策工具在理论上具有较好的有效性，符合当前宏观政策环境、决策者以及基层政府的施政风格，但是从这一政策工具的特点来说，其具有较明显的效用递减现象并且需要与其他政策工具一并发挥作用，这种政策工具具有效用的短期性特点。结合上文的实证研究结果可以看到，利益导向型政策工具是能够发挥预期效用的。

（二）社会动员型政策工具的有效性分析

首先，社会动员与新农保缴费问题相匹配。"社会动员"源于军事术语，后成为与现代化密切关联的专业术语。从狭义层面上来说，社会动员就是指政府或者其他组织有目的地引导社会成员积极参与重大社会事项以促进社会发展的过程①，社会动员能否成为一种有效的政策工具，首先取决于政策问题本身。对于农民来说，参加新农保即意味着连续性缴费，存在缴费动力不足的问题，这就需要政府通过社会动员来鼓励更多农民、更长时间的参保。长期以来，社会动员一直是我们党和政府实现社会跨越式发展的一项重要工作法宝，从这一点上来说，社会动员的政策工具是适用于新农保制度的政策执行的。

其次，社会动员政策工具本身的有效性有限，但能够起到放大其他政策工具效应的作用。关于社会动员的效力问题，学术界一直存在争议，并且将问题的核心逐渐引向对社会动员本质的分析上去。改革前的国家之所以拥有强大的社会动员能力，是因为"总体性社会"当中政治与社会在结构上的一体化趋势，国家权力全面渗透并掌控了社会，国家对稀缺资源和社会空间的垄断性控制是社会动员成功的根本②。而在市场化改革三十多年之后的今天，政府特别是基层政府控制和支配资源的数量和类型、意识形态的功能、产权结构的变化、公民社会成长的缓慢性以及民主法治建设对政府权力行使形成了制约等，都直接导致了政府动员能

---

① 钟涨宝、李飞：《动员效力与经济理性：农户参与新农保的行为逻辑研究——基于武汉市新洲区双柳街的调查》，《社会学研究》2012 年第 3 期。
② 林尚立：《中国政治发展的动力资源》，《探索与争鸣》2000 年第 2 期。

力不足，并且在动员形式上日益以实际利益为轴心①。因此，社会动员政策工具本身能在促进新农保缴费上发挥多大作用是存在效用上的争议的，但由于利益型政策工具的存在，并且是直接作用于农民的利益选择的，因此通过社会动员可以放大利益型政策工具的效用。

再次，符合政府的施政风格，但与政策环境不匹配。虽然改革以来政府所掌握的资源、政府与社会之间的关系发生了很大的改变，但是面临重大公共问题或事件，政府仍然倾向于使用"运动式治理"的政策工具，对于新农保来说社会动员的广泛使用是与短期内实现全覆盖的新农保推广目标紧密联系在一起的。因此，社会动员式政策工具对于基层管理者来说，是一种得心应手的工具，也是有助于他们更好地推动制度实施的。但是从政策环境的变动来看，传统"强国家—弱社会"结构下的社会动员模式可能已经不能适应当下的政策环境，特别是在政治动员转向社会动员的背景下，社会动员的效力有待进一步考察。

最后，充分反映了决策者的偏好，但没有充分考虑到政策对象的反应。对于基层政权来说，一方面，是长期以来形成的使用"运动式治理"政策工具的传统，使得他们养成使用这种政策工具的偏好，特别是对于农村基层管理者来说，他们也缺乏其他的社会治理手段，只能从路径依赖出发使用他们最熟悉不过的政策执行工具。另一方面，也反映了一种与上级讨价还价的策略，在社会政策执行上存在"自上而下"的理论视角，后续的研究证明了在科层制体制内政策执行上存在种种问题和变异，事实上基层政权在面临上级管理者的考核时，也会选择一些更能够反映其工作业绩并能够有效推卸责任的政策工具。其中社会动员就是这样一种有利的政策工具，它既可以显示基层的工作内容和业绩，又在主观上排除了政策执行效果不好时的责任。因此，社会动员型政策工具对于基层管理者来说是一种符合其偏好的工具，但对于作为政策对象的农民来说，如果不转换其动员模式，就可能会成为一种令农民反感的政策工具。总的来说，从政策执行者和政策对象两个不同视角来看，社会动员型政策工具的效用可能存在矛盾性结果。

---

① 唐贤兴：《政策工具的选择与政府的社会动员能力——对"运动式治理"的一个解释》，《学习与探索》2009 年第 3 期。

从以上四个方面来看，社会动员型政策工具的有效性具有较强的不确定性，这种不确定性与不同地区政策工具所嵌入的社会结构之间的匹配程度密切相关，也就是说，社会动员型政策工具不会在所有地区都能够发挥预期的效应，具有明显的区域差异性。

二 利益导向型政策工具：新农保政策执行的中观嵌入

以上简要分析了两种在新农保制度执行过程中常用政策工具的有效性，这种分析仍然是在理想类型层面上进行的，在具体的政策执行过程中，还需要从嵌入性视角进行分析。本书认为政策执行的嵌入性是一种"双重嵌入"的过程，而利益导向型政策工具的选择则反映了一种政策网络的中观嵌入性结果。并且这种利益导向型政策工具与离散性政策共同体还直接导致了目前新农保政策执行当中所面临的"一高一低"式参保困境。

政策执行一直是政策研究当中被忽视的部分，其重要原因在于：一方面，在中国政策执行并不是政策过程中的独立阶段，而是与政策设计密切相关的，甚至在绝大多数情况下是包括在政策方案当中的；另一方面，政策执行大多被看作行政手段，标准化的执行程序和充分的行政资源通常被认为能够有效地解决政策执行问题。而从新农保的具体实施情况来看，新农保的政策执行过程受到更深层次的制度规则激励结构以及政策工具嵌入政策共同体形式的影响。虽然国家通过行政力量大力推动新农保的全覆盖，并且从现实数据来看也取得了良好的效果：截至2011年底的两年多时间内全国已经有40%的县试点新农保，累计参保人数达到3.26亿人，实际领取待遇人数8525万人。但从实际的参保行为来看，即使在很多经济发达地区农村大多数参保居民也都是选择100元的最低缴费档次。因此，新农保政策在执行过程中出现了独特的景象：一方面是很高的参保率（几乎实现了全覆盖），另一方面又是最低的个人缴费档次选择。这两个自相矛盾的执行结果很大程度上是由政策工具嵌入政策共同体的类型所决定的。

从制度文本上来看，新农保的政策执行采取的是一种自愿性的政策工具，制度文本中具体表述为"可以在户籍地自愿参加新农保"。国家从制度文本上对政策工具的规定很大程度上是由政策目标群体的特征所决定的。如前文所述，由于新农保不是对劳资间劳动关系的一种法律强制性约束，而是引导农村居民参加的一种鼓励性自我储蓄，因此也就无法用法律强制要求农村居民参保。由于新农保政策目标群体只涉及未参加城镇职工基本养老保险的农村居民，不像职工基本养老保险的目标群体涉及劳资双方，政府可以运用包括税收、工商等在内的各种行政手段有效地促使资方严格遵守社会保险法对劳动者参保权益的规定。而在新农保的政策执行当中政府很难对目标群体采取行政手段：一方面，对于个体的农村居民来说，政府能够采取的惩罚导向的行政手段本身就不多，实际当中能够进行操作的只能是将参保与农村居民必须要得到行政权力部门许可的事项（比如上户口、子女入学等）相挂钩，很明显这种做法既没有法理基础也很容易招致目标群体的反感而使得政策更难执行下去。另一方面，由于基层政权过去向农村居民征收各种费用造成了严重的"农民负担"问题，由此导致干群关系恶化以及农村居民对任何由基层政权收取费用的项目产生严重的不信任情绪；另外部分农村居民在缴费能力上的确是处于弱势状态。由此可见，由基层政权和普通农村居民构成的政策共同体当中已经形成了离散性的关系结构，村民对基层政权既没有集体化时代的服从关系，也没有实现村民自治所期望的自主认同关系，而是形成了一种对基层政权不信任、农村居民个体原子化的关系结构。对于这样一种政策共同体，自愿性的政策工具会造成执行的无效率，"老农保"政策的失败就是一个典型的教训。因此，新农保制度设计中用国家出资的基础养老金和个人缴费补贴来引导农村居民参保，也就是说，通过利益导向型的政策工具来实现政策执行是新农保的现实选择。但是这种政策工具也会给新农保的参保带来和新农合一样的逆向选择问题：接近退休年龄的老年农村居民为了领取基础养老金而更愿意参加新农保，而青壮年农村居民则因为获利预期太久而不太愿意参加新农保。对此，只要是对新农保政策稍微有些了解的农民，都有着自己的深刻理解：

> 说到底还不如国家把钱直接发给大家算了，还要烦这个神干吗！你现在让大家参保，反正缴纳的钱又拿不出来，还不如存银行呢，自己随时都可以取呢。我看国家是为了给大家发点钱，我就是现在不缴费，到时候到了60岁，国家该发的那些钱还总是要发给我的

吧。离60岁还早着呢,谁知道以后的政策会变成什么样子?(F1C1P—男性,32岁)

对于新农保参保的逆向选择,新农保在制度设计上通过进一步增加吸引力来引导更多的农村居民参保,具体的做法是"对于长期缴费的农村居民,可适当加发基础养老金"和"已年满60周岁、未享受城镇职工基本养老保险待遇的,不用缴费,可以按月领取基础养老金,但其符合参保条件的子女应当参保缴费"。也就是说,新农保通过由国家财政支付的基础养老金来引导更多的人参保,基础养老金的给付与否和水平成为新农保对农村居民是否有吸引力的关键。而作为理性选择的个体,农民最关心的是以最小的代价从新农保当中获益。首先,无论是对于任何年龄段的农村居民来说,参加新农保的获利预期都是尽早拿到国家支付的基础养老金(其中,年长者为了在即将到来的退休年龄后拿到基础养老金,年轻人为了让已经达到60周岁的父母能够拿到基础养老金)。于是就出现了很高比重的参保率,从这个意义上来说利益导向型的政策工具选择是正确的,也是与离散性政策共同体相匹配的。但这种利益导向型政策工具背后的利益导向反映了制度设计层面和具体实施层面上的差异性,这种差异又反映了政策工具和离散性政策共同体之间的非正常匹配。年轻的农村参保者一般有着相似的想法:

> 反正都是100块钱一年,也没什么,交就交吧,谁还真的指望靠这点钱以后来养老啊,不是和父母领取养老金是捆绑在一起算的嘛,所以交了也还是划算的,等于交了100,返还你家600块,你还净赚500块,这个账谁都会算的嘛,还有人最后交的这一百块钱就是自己父母来出的呢,这叫作"羊毛出在羊身上"。(F2C2PJ—男性,26岁)

其次,离散性的政策共同体中的基层政权和农村居民又都会利用利益导向的政策工具来实现各自的利益,形成独特的"利益联盟"。合理地利用政策工具的漏洞成为政策执行中行为主体的普遍特征。对于参保农村居民来说,通过选择最低的缴费标准实现了用最少的现金投入获得基础养老金的最大回报。对于基层政权代理人来说，由于其自身和农村居民间的关系是脱离的，一方面农村居民缺少对基层政权代理人的足够信任，另一方面基层政权代理人也不会从农村居民根本利益出发进行政策执行。于是，就会默认甚至鼓动参保者选择最低缴费标准来提高参保率，进而完成上级的考核任务。这也反映在村组干部对新农保政策的宣传策略上，通过访谈我们看到基层管理者对新农保政策进行过滤式宣传是惯用的宣传方式，特别是通过有意截取有利于动员农民参保的信息，并将这些信息强化宣传给农民。因此，可以说新农保目前所出现的"一高一低"式参保困境很大程度上是利益导向型政策工具与离散性政策共同体之间的非正常匹配造成的。一名村干部是这样说的：

> 你只能是拣重要的、关键的信息来说，还是要有选择地介绍，特别是能够给群众带来实利的政策，别的说什么都是零，还有就是有的时候也要吓唬吓唬他们，就说这个"捆绑缴费"吧，要和他们讲家里所有子女都要交钱才能拿到，不是户口在一起的交就可以了。目的就是要让他们知道这个养老金不是白拿的，同时又要给他们算笔账，让他们知道就是参加了，一人100缴费了，还是划算的。（F1C1VD——男性，42岁）

总的来说，新农保在制度设计层面上采取了利益导向型的政策工具，从根本上来说这是由新农保在执行过程中采取自愿参保的方式所决定的，这两者是动态关联在一起的。从制度设计上来看新农保实行国家主导与农民自愿参与相结合的发展原则，是由农民、基层政权等组成的政策共同体的结构性特征所决定的。面对离散的政策共同体，力推新农保政策的中央政府只能采取利益导向型的政策工具，但这种经济激励主要是面向作为政策对象的农民的。而对于政策执行者的基层政权来说，既没有任何经济激励，也没有十分明显的政治激励，在这种情况下按照政策执行的双重激励理论来看，应该会出现"缓动"的政策执行模式[①]。但由于

[①] 陈玲、林泽梁、薛澜：《双重激励下地方政府发展新兴产业的动机与策略研究》，《经济理论与经济管理》2010年第9期。

科层制考核机制的存在，基层管理者又不得不全力去推行新农保政策执行，这个时候我们就可以回到政策特性理论来分析基层管理者的政策执行。任何政策执行都必须具有清晰的政策目标，如果政策文件没有提出明确的行动目标，执行者就具有较大的自动行动权①。对于新农保政策，中央的政策文件中并没有提出明确的行动目标，就各地执行情况来看，也主要是以参保率和参保人数来确定政策执行的效果，事实上这样的政策目标很大程度上是与新农保制度本身提高农村居民养老保障水平的目标不一致，新农保在基层变成了象征性执行，当然这种象征性执行也是与对基层政权的经济和政治激励水平较低紧密相关的。可以说，新农保政策执行上的路径模糊以及激励机制较弱导致了新农保政策在基层存在象征性执行的结果，其重要的表现就是目前新农保"一高一低"式的参保困境。

三 社会动员型政策工具：新农保政策执行的宏观嵌入

如果说利益导向型政策工具的选择主要是由新农保政策执行所嵌入的政策网络共同体的特征所决定的，反映的是新农保政策执行的中观嵌入性。那么从上文实证研究结果来看，无论是在新农保制度实施初期，还是在实施一段时间以来，新农保制度管理所产生的激励作用都是要明显高于新农保制度本身所能产生的利益激励作用。与新农合这样的当期受益型社会保险不同的是，新农保所能产生的利益激励对农民的经济理性选择作用是有限的。虽然从精算模型测算上来说，新农保投资的收益率达到了8.22%，但是这种收益率是建立在精算和风险模型基础上的，普通农民完全不能感受到这种理论上的收益率。因此，在新农保制度实施之初，基层政府就十分强调社会动员在新农保政策执行中的作用。

新农保政策的执行是嵌入在农村基层组织及其工作方式当中的。如上文所述社会动员是新农保政策执行的重要政策工具。这里的社会动员主要包括宣传动员和情理动员两部分内容，社会动员是我们党革命和建设工作的重要法宝，也是基层政权完成各项工作目标的重要方法。关于

---

① 杨宏山：《政策执行的路径—激励分析框架：以住房保障政策为例》，《政治学研究》2014年第1期。

基层政权的动员能力,学术界一直存在争论,一派认为随着市场化改革的推进,国家对农村的社会动员能力总体趋于弱化[①];另一派则主张国家对农村仍然具有很强的可持续动员能力[②]。而从新农保制度的执行来看,基层农村管理者除了履行社会动员职能,还承担着事实上的经办者角色,新农保的缴费和基础养老金的发放在新农保政策实施之初也主要是通过基层干部(主要是村组干部)来完成的。

社会动员之所以能够发挥作用,从根本上来说,是因为新农保制度是符合农民的经济利益的,只不过这种利益实现机制不太符合农民的现金偏好需要。已有的研究也发现,无论是宣传动员还是情理动员都能够发挥预期的作用,并大大提升农民的参保广度。除了利益机制,社会动员工具也是嵌入在村庄社会性质当中的。一方面,农村基层政权当中的村组干部为新农保制度执行编织了一张庞大的执行网络,村委会和村民小组长提供了制度执行的人力和组织基础;另一方面,中国农村熟人社会与半熟人社会性质也为村组干部实施社会动员提供了可能性,在农村人际传播对信息的传递,特别是正向信息传递的作用是决定性的,村组干部的角色不仅局限于基层政权管理者,更是农村社会的精英群体,在农村社会人际关系网络中处于网顶和节点的位置,对于信息的传播具有重要影响力,同时对信息的解释和解读具有较高的权威。从这两个方面来说,之所以选择社会动员式的政策工具,是因为在更加宏观的结构层面上来说,这种政策工具是与农村公共服务网络和农村社会信任结构相匹配的。

(一)社会动员型政策工具与农村公共服务网络

在农村政策执行上的社会动员主要分为宣传动员和情理动员两部分内容,无论是哪一种动员都离不开投入大量人力资源进行与农村居民面对面的交流和动员,特别是涉及农民的自愿缴费,这种面对面的动员是最有效率和效应的方式。而社会动员工具正是嵌入在以村组为基本架构的农村基层管理网络当中,才能够发挥政策执行工具的作用。

---

① 吴忠民:《重新发现社会动员》,《理论前沿》2003年第21期。
② 郑杭生:《改革开放30年:快速转型中的中国社会——从社会学视角看中国社会的几个显著特点》,《社会科学研究》2008年第4期。

首先,农村基层管理网络为社会动员式政策执行提供了组织和人力保障。在我们调查的地区,基层管理者不但充当动员者的角色同时也担当经办者的角色,如果没有农村村委会和村民小组这一套完整的组织管理网络,新农保的政策执行很难单独投入充分的人力资源。正因为在农村地区拥有完备的组织管理网络,农村基层政权才具有采取面对面宣传和情理动员的可能性。一方面,关于新农保政策执行的动员可以嵌入其他基层管理当中去,比如与新农合的缴费和宣传相结合起来,因为新农合在农村有良好的政策基础,新农保可以搭上制度的便车;另一方面,农村基层村组干部在从事农村管理工作过程中具有丰富的社会动员经验,特别是新农合制度的成功实施,为村组干部累积了重要的推广经验,这些都为采用社会动员式政策执行奠定了良好的经验基础。

其次,农村基层管理网络为社会动员式政策执行提供了法理和情理上的保障。在市场化发展的今天,除了社会保险,各种商业保险也在争夺农村市场,也通过各种媒介和人际关系网络进行宣传和情理动员。较之于各种商业养老保险,新农保属于国家主导的社会保险,理应由国家工作人员主持参保工作以彰显其合理性,而国家在管理层面上很难投入巨大的人力进行参保动员。村组干部虽然不属于国家公务人员编制,但在法理序列上也是与国家政权一脉相承的。因此,由农村基层管理者来实施社会动员使得新农保推行更具有法理权威性。另外,村组干部与其他国家公务人员不同的是,村组干部都是"在地化"的,是嵌入在当地的社会网络和生活世界当中的,因此也为社会动员式政策执行提供了情理上的保障。

最后,农村基层管理网络还为新农保经办提供了组织基础。除了社会动员,新农保的经办服务也是执行新农保制度的重要组成内容,并且上文的实证研究结果也表明新农保经办服务对于农民的参保选择和参保连续性具有显著影响。通过对调查地区经办服务情况的调查后发现,村组干部也承担着新农保经办服务的工作,而且可以将社会动员与经办服务结合起来,这样一方面可以提高社会动员的效力,保证了社会动员的效果直接转换为参保行为;另一方面也可以将参保经办工作转变为宣传动员的一部分,通过新农保经办服务向农村居民生动形象地宣传好新农保的相关政策。

(二) 社会动员型政策工具与农村社会信任结构

社会动员型政策工具也是嵌入在农村社会的信任结构当中的，农村社会的信任主要有以下来源：一是来自中央政府的信息，一般中央政府在村民心目中的权威性很强。因此，村组干部从中央文件的视角对新农保政策进行解读和宣传，大大增加了农民对新农保政策的信任程度。二是自党的十六大以来，国家不断推行的惠农政策和改善民生政策大大增加了基层农民对国家政策的信任程度，特别是 2003 年以来新型农村合作医疗在农村的实施取得了巨大成就，绝大部分农民切身感受到了党和政府改善民生的决心和财政投入的力度，这也极大提升了中央各类民生政策在基层农民中的威望。三是一般性信任的特殊化转化，对于农民来说，一般性信任主要是指对中央政府的高度信任，而由于中央政府无论是从实体上还是管理层级上来说都距离普通农民太远了，特别是对于执行中央政府政策的农村基层管理者，农民大部分与之没有十分融洽的互动关系和充分的信任机制，这就使得农民对中央政府的一般性信任无法转变为对执行中央政策的基层管理者的一般性信任，并且将对基层政权的一般性信任转变为一种对基层政权管理者的特殊性信任。四是农村以熟人、半熟人社会为基础的社会关系网络，这种信任机制本质上反映了中国以血缘和地缘为基础的特殊信任逻辑。对于农民来说，往往将中央政府与基层政权做一个明显的分割，其中对基层政权的信任被嵌入村庄地缘内形成的关系网络当中。对于中国人来说往往这种熟人关系网络当中才能形成强信任，这种强信任通常来自义务性信任、熟悉程度中的信任、来自内群体中的重复信息而获得的信任、结伴同行中的信任等①。

总的来说，农村信任在第一方面和第二方面的来源构成了基层政权进行宣传动员的主要嵌入对象，在实际运行当中，基层政权的村组干部也主要是通过站在中央政策的视角上对新农保政策进行解读。一方面，让农民充分了解这项政策的合法性和稳定性，同时增加农民对新农保制度的信任和信心；另一方面，也让农民充分了解新农保政策的内容，特别是农民参加新农保能够有哪些收益。对此种宣传策略，一位村民小组

---

① 翟学伟：《社会流动与关系信任——也论关系强度与农民工的求职策略》，《社会学研究》2003 年第 1 期。

第四章 中国农村养老保障制度执行的嵌入性分析

长深有体会:

> 因为要老百姓交钱,这个要交钱的事情就是不好办,其他都好说,所以只能从中央的政策说起,说国家是为了我们农民好,马上要给每个老年人每个月发钱呢,还有就是要把这个和新农合还有田亩补贴(是指国家对农户的种植补贴)绑在一起说才好,老百姓才会更加相信这个是真心为老百姓好的政策。年年要缴费,年年要宣传,怎么说呢,有钱就是好办事,说到底还是要让老百姓富起来。(F1C2VS—男性,50岁)

而农村信任在第三方面和第四方面的来源则构成了基层政权进行情理动员的主要嵌入对象。在实际的社会动员当中,村庄内的信任程度和和谐程度是保证村组干部实现情理动员的社会基础,这一点也为上文的实证研究结果所证实。情理动员之所以能够发挥作用,主要基于以下作用机制:一是人际间的强信任机制,虽然从经济理性视角出发,参加新农保是无风险的,但是由于新制度对于农民来说是一种从无到有的体验,需要通过信任机制来降低交易成本,并且在农民和新农保制度之间架起桥梁。由于村组干部充当了新农保制度的实施和经办(部分地区)的角色,正是熟人之间的这种信任关系将人际的强信任传导到了新农保制度上,当然在这个过程中制度设计本身是符合农民根本利益的,同时参保成本较低也是重要的前提条件。二是熟人、半熟人社会所形成的社会规范,社会规范对个体的决策具有重要的参考作用,个体对群体的决策行为具有较高的认同,遵守群体内的社会规范可以获得群体内的声望和尊重,而不遵从行为则会面临排斥和孤立。在一个信任强度高的社会关系网络内部,这种社会规范对个人的行为具有较大的约束作用,会自然而然地形成从众行为。三是乡村社会的人情和面子。村组干部无论是出于何种资本或能力成为乡村社会的政治精英,他们在乡村社会一般都享有较高的声望,在中国声望是个体面子的重要来源,在村组干部的情理动员之下,一般村民通常会给村组干部面子。因此,这也是一些实证研究发现农民在面对情理动员的时候会出现参保行为"参与但不深入"的特征①。除了面子，人情也是重要的作用机制，人情通常在社会交往当中充当润滑剂的作用，虽然基层组织和干部所掌握的各种资源较之以前在下降，但在不同区域和不同时期，村组集体所掌握的资源也会发生变化（比如征地拆迁增加了村集体所掌握的各种资源）。因此，一般村民也会以"给人情"的形式来参加新农保。总的来说，面对村组干部的情理动员，村民对于他们自己的想法是这样表述的：

> 毕竟都来找你说了好几回了，你自己老是不缴费也有点不好意思，一来呢主要是也没有多少钱，干部也都说了，一年缴一百块就可以了，这也没多少钱，他都跑了几趟了，你再不缴的话，你自己也觉得不好意思了，干部收了这个钱他自己也没有得什么好处。你这样老是不缴就觉得你这个人夹生得很，就没有人愿意和你相处了，实际上就是这个道理。（F2C1PW—男性，44岁）

四 地方政府的执行策略选择：新农保政策执行中的上下博弈

从新农保政策的实施来看，这是一项"自上而下"实施的社会政策，并且从政策实施的对象来说，虽然具有较强的社会养老保障需求，或者更加直白地说是农民具有养老金的现金需求。但是对于这项政策的执行来说，必须得到两个行为主体的积极配合：一是作为政策执行主体的中央以下的各级地方政府；二是作为政策实施对象的参保范围内的农村居民。我们从2009年国家新农保试点方案的制度文本中就可以看到，其中最后一部分特别强调了"做好舆论宣传工作"，由此可见，新农保制度设计之初就十分重视对农村居民的社会动员。这说明新农保制度无论从何种角度来说都是符合农村居民的利益需求的，参保对于农村居民来说天然就是一种理性选择。但由于农村居民对新农保制度的认识和参与需要一个缓慢的过程，特别是在自愿参与的制度规定下，在社会成员不能充分理解社会制度时，社会动员可以加深社会成员对社会制度的认知，从

---

① 钟涨宝、李飞：《动员效力与经济理性：农户参与新农保的行为逻辑研究——基于武汉市新洲区双柳街的调查》，《社会学研究》2012年第3期。

而作出理性参与的行为选择①。因此,我们看到社会动员是地方政府执行新农保政策过程中的重要手段。从上文的分析中可以看到,社会动员式政策执行不仅是嵌入在基层组织网络当中的,也是嵌入在农村社会信任结构当中的。事实上,社会动员式政策执行在采取何种方式进行宣传和动员这些细节内容上,取决于新农保政策执行中中央与地方政府之间的不同立场与博弈关系。因为,除了参保农民,各级地方政府作为新农保政策的执行主体,其政策执行程度直接决定着新农保政策目标的实现程度。事实上,在新农保政策执行过程中中央和地方政府存在不同的价值立场和利益博弈策略。

首先,在新农保政策执行上,中央与地方存在价值选择差异。在前文对于新农保制度变迁和制度设计的嵌入性分析当中,我们可以看到自党的十六大以来中国在经济社会发展理念上的转型,以及更加注重"以人为本"的科学发展观的提出等,都决定了中央作出建立新农保制度决策的价值基础是让改革的红利惠及每一个普通百姓,是为了公共利益的最大化。而地方政府在科层等级链条中的政治角色是作为中央政府的执行机构而存在的,地方成为中央决策目标的执行人,地方的政策执行程度直接决定了中央决策目标的实现程度②。与中央政府的公共理性和责任的出发点不同,地方政府更多是从农村居民需求的紧迫程度、地方财政的配套资金、政策执行所需要的人力资源配套以及政策推行本身会对地方政府的权威性产生何种影响等角度来应对新农保的政策执行。总的来说,中央政府的价值选择是理想层面上的,主要是从政策对象的视角考虑问题;而地方政府的价值选择则是现实层面上的,主要是从绩效完成和政府成本的视角考虑问题。这种价值上的上下矛盾也决定着新农保政策执行的变异性。

其次,利益差异导致地方政府在政策执行过程中出现政策变异。由于中央和地方政府在新农保政策执行上的不同价值选择,决定了其不同的行动策略。对于中央政府来说,通过财政转移支付来提高地方政府政

---

① 钟涨宝、李飞:《动员效力与经济理性:农户参与新农保的行为逻辑研究——基于武汉市新洲区双柳街的调查》,《社会学研究》2012年第3期。
② 娄成武、谭羚雁:《西方公共治理理论研究综述》,《甘肃理论学刊》2012年第2期。

策执行的动力,同时也会通过加大对地方政府新农保政策执行的考核来监督地方政府的行为;对于地方政府来说,由于需要考虑其财政和行政成本以及预期收益,在政策执行上就会出现变通性策略,对此在上文我们分析了地方政府通过提升农民参保广度而非深度的政策执行策略。

最后,价值和利益差异导致地方政府对政策工具进行"变通性"运用。地方政府在新农保政策执行过程中的利益导向型和社会动员型两种政策工具的使用也都体现了这种价值观和利益上的差异性。地方政府在利益导向型政策工具的使用上:一方面,"多缴多得"的筹资原则没有得到体现,缴费档次补偿设计上的"一刀切"补偿模式或是固定比率补贴模式都没有能够起到鼓励农民选择更高缴费档次的作用;另一方面,"长缴多得"的筹资原则也没有得到体现,各地关于较长缴费年限参保者如何提高基础养老金发放标准都没有作出明确规定,不利于青年参保者长期不间断参保。另外,各级地方政府在社会动员上,也都是以提高农民参保广度为目标进行动员,这种目标下,无论是宣传动员还是情理动员的难度都大大降低了。

第三节 居家养老服务政策执行过程的嵌入性分析

与新农保政策类似,养老服务政策也是一项"自上而下"实施的社会政策;所不同的是,养老服务政策是供给型的,属于直接传递的福利,新农保政策属于社会保险征缴,是收费型的。因此,一方面居家养老服务政策执行主要涉及包括村级社区在内的各级地方政府。居家养老服务是直接递送的普惠型社会福利,无论从眼前还是长远来看都符合农村居民的利益,不像新农保那样需要地方政府通过社会动员发动农村居民在"广度"和"深度"上积极参保。另一方面居家养老服务政策的执行除了地方政府,在政策执行网络中又涉及不同的政府部门、养老服务机构、志愿服务组织等不同福利供给主体以及村级社区等,这些又都加大了政策执行的复杂性。但总的来说,养老服务的政策执行大体包括以下两个步骤:第一步是从中央到地方、省市到县级的政策执行,这一过程主要涉及科层制体系当中的官僚层次对政策执行的影响以及上下级政府的应对策略；第二步是具体的政策执行，亦即实现公共政策向服务对象传递的最后一步，主要涉及县级政府乃至村级社区提供养老服务的过程，也就是通常所说的"街头官僚"的自由裁量权。简言之，发展农村养老服务既需要中央或省级政府通过特定的项目对地方政府和村级社区进行支持，同时也需要地方政府特别是村级社区进行配套性投入（包括物质资源和人力组织两方面），这是一个政府内部过程与社会组织过程相结合的过程，这两个过程也构成了农村养老服务政策执行的主要内容。

一 中央政府的政策工具选择与地方政府的政策执行策略

（一）中央政府的政策工具选择

从科层制结构出发，我们可以从作为政策制定者的中央政府所拥有的绝对政治权威，推断科层制权力结构中，中央与地方政府之间的政策执行维持着简单的"命令—执行"模式[1]。而事实上这种政策执行模式只是存在于理想状态之中，绝对化的官僚体系中的行政性执行几乎是不存在的，这缘于以下原因：一是客观性原因，主要表现为中国公共政策执行所具有的层级性与多属性的特点，亦即中央目标的指导性和整体性与明确具体的、具有本地化特色的地方目标之间的层次性，以及不同政府职能部门的不同目标所构成的目标群之间的多属性[2]。二是主观性原因，这种因素在市场化改革以来，特别是分税制改革以来表现得更为明显，因为在改革以来，随着地方利益的形成以及地方政府自利追求等因素对地方政府执行中央政策的忠诚度影响越来越大，政策执行越来越带有上下博弈的特点。而现实的情况是，中国的公共政策执行既是央地关系背景下的层次博弈，也是政策执行相关主体所构成的组织网络间整合，还与公共政策本身的属性有相当大关系。如上文所述，农村养老服务政策的出台和落实主要是一个"自上而下"的过程，特别是养老服务需求虽然是客观存在的，但基本上是以"自在"状态存在的，国家层面的政策出台和实施一定程度上激发了这种需求的"自为"状态，也在一定程度

---

[1] 殷华方、潘镇、鲁明泓：《中央—地方政府关系和政策执行力：以外资产业政策为例》，《管理世界》2007年第7期。

[2] 贺东航、孔繁斌：《公共政策执行的中国经验》，《中国社会科学》2011年第5期。

上给地方政府带来了不小的民生发展压力。作为一项社会服务型福利，政策本身的惠及面较难通过实物和数字体现出来，而这两者正是地方政府"政绩"的两大外在形式。因此，对于地方政府来说，缺少政策执行的充分动力。另外，养老服务政策的执行需要投入大量的财力和物力，而且由于福利刚性的不可逆，这种投入将会一直事实上存在，对于地方政府来说，完全执行国家层面的政策设计将是不小的挑战。以上三点现实压力造成地方政府在养老服务政策执行上的偏差，面对地方政府在政策执行上的行为"变通"性，中央政府除了加强科层制体制内的行政压力推动政策执行，也不断尝试使用不同政策工具推动社会政策在基层得到落实和执行，其中项目制是普遍使用的一种激励性政策工具，同时项目制本身也具有示范的功能。下面我们将从匹配性维度来分析这一政策工具的有效性。

首先，项目制等激励性政策工具与养老服务政策相匹配。项目制与公共服务政策执行具有天然契合性，项目制的形成本身就表现在政府提供公共产品和公共服务的事业要求上，同时也在央地关系当中能够对地方政府或基层社会产生强大的激励作用[1]，也正是在这个意义上我们将其归为激励性政策工具。各地政府都普遍面临养老服务所造成的民生压力，它们都愿意发展该项服务来改善民生，特别是在民生作为重要绩效考核指标的背景下，各地政府面临的真正问题是财力不足。另外，不少养老服务压力较大的地区已经就发展养老服务进行了探索，并且根据各地发展公共服务的资源禀赋形成了一些特色模式，这说明发展养老服务应鼓励差异化发展。还应注意到的是，养老服务虽然是重要的民生问题，但还远没有上升到诸如计划生育或基础教育这些政策的政治高度，并不适合行政命令这样的强制性工具。以上发展养老服务的三种情景特征，决定了诸如项目制这样的激励性政策工具对于中央政府来说是一种匹配性的选择。

其次，项目制能够发挥政策执行的"示范"效应，进一步放大激励效应。中央政府推动项目制，实际上是要通过财政资金在地方政府层面上的再分配诱导市、县在发展农村居家养老服务上采取更加积极的行动。

---

[1] 渠敬东：《项目制：一种新的国家治理体制》，《中国社会科学》2012年第5期。

"示范"作为理解中国公共政策执行经验的宏观机制之一,其核心是建立有效的动员机制,对于中央政府来说就是要充分发动各级政府、干部和群众投身其中,"动员"成为确保示范成功的最重要和最基本的执行手段①。通过争取项目能够增强地方政府解决民生问题的财政能力,项目制成为在科层制内部进行动员的重要工具,特别是在"示范创制者—示范执行者"这个环节上,如果没有项目制就很难形成动员效应。从具体过程来看,由于中国很少有管理部门实行由上而下的垂直领导,条线层面的中央政府部委并不能对条块层面的地方政府行使管理权,但获得项目意味着受到上级领导的关注和重视,这能对地方政府领导形成比较大的激励作用。由此可见,项目制不仅在资源分配层面上,也在政治资本上对地方政府产生了"选择性激励",进而能够在养老服务政策执行上起到"示范"效应。

(二) 地方政府的政策执行策略

项目制虽然激励着地方政府积极提供农村养老服务,但是具体到地方层面的执行环节仍然存在诸多"变通性"。有关政策执行的研究经历了"自上而下"模式到"自下而上"模式,再到整合模式的发展,其中理查德·马特兰德提出的"模糊冲突模型"因为关注到了政策本身的模糊与冲突问题②,而被用于国内政策执行的分析。该模型以政策的冲突性和模糊性为维度入手区分了四种不同的政策执行类型:当政策的冲突性和模糊性都低时称为行政性执行;当两者都高时称为象征性执行;当政策的冲突性高但模糊性低时是一种政治性执行;当政策的冲突程度低但模糊程度较高时是一种试验性执行,这里的"试验性"主要表现为寻找实现政策的技术手段时体现出的探索性特征③(见表4—1)。运用该模型分析政策执行的第一步要确定政策的属性,发展农村养老服务的紧迫性得到

---

① 叶敏、熊万胜:《"示范":中国式政策执行的一种核心机制——以 XZ 区的新农村建设过程为例》,《公共管理学报》2013 年第 4 期。

② Matland, Richard E., "Synthesizing the Imple-mentation Literature: The Ambiguity-Conflict Model of Policy Implementation", *Journal of Public Administration Research and Theory*, Vol. 5, No. 2, April 1995.

③ [美] 理查德·J. 斯蒂尔曼二世编著:《公共行政学:概念与案例》,竺乾威、扶松茂译,中国人民大学出版社 2004 年版,第 609 页。

了各级政府的普遍认同,冲突性较低;但在如何执行上较为模糊,模糊性较高,因此该政策执行对应的是"试验性执行"。在马特兰德看来,政策对象领域内的资源量与政策参与者的进入程度构成了"政策执行情景",不同的情景决定了不同的试验性执行结果[1]。胡业飞等人认为这一解释模式忽视了政策目标的收敛本质和政策执行者的主动权,他们提出了面对模糊政策时科层制内的政策执行者是如何使用"求解"和"替代"等"转化工具"将科层制排斥的"试验性执行"转化为科层决策结构模式最为接近的"行政性执行"[2]。

表4—1　　　　　　　　政策执行的模糊—冲突模式

模糊性		冲突性	
		低	高
	低	行政性执行(Administrative)	政治性执行(Political)
	高	试验性执行(Experimental)	象征性执行(Symbolic)

那么,地方政府在农村养老服务政策执行时,到底采取了何种策略和执行方式,特别是面对中央政府的激励性政策工具,地方政府的策略是什么?这是我们进入具体政策执行内容前首先要澄清的问题。事实上我们注意到从政策执行的支配性要素出发来分析政策执行可能是一条更为贴近的路径,农村养老服务政策执行的现实情况是:一是缺少资源,从中央到地方各级政府在应对农村老龄化压力时,缺少充分的人力、财力和物力,也就是说,该政策的执行不是简单地通过"转换工具"就能变成"行政性执行"的。二是缺少权力,在农村养老服务方面代表中央政府的政策制定者是民政部门,而代表地方政府的最基层政策执行者一般是县级人民政府和村级社区,显然民政部对这两级地方管理者并没有充分的权力。三是"转换工具"不明确,虽然胡叶飞等人总结出的"求

---

[1] Matland, Richard E., "Synthesizing the Imple - mentation Literature: The Ambiguity - Conflict Model of Policy Implementation", *Journal of Public Administration Research and Theory*, Vol. 5, No. 2, April 1995.

[2] 胡业飞、崔杨杨:《模糊政策的政策执行研究——以中国社会化养老政策为例》,《公共管理学报》2015年第2期。

解"和"替代"两种"转换工具"具有一定的解释性，但并不具有解释的充分性，特别是"替代"这一说法本身就与"转换工具"有同语反复的嫌疑，事实上"求解"所反映的是资源和权力这两种支配性要素，而"替代"则反映了执行过程中的一种先易后难的顺序。总的来说，在政策执行过程中资源和权力构成了两种最基本的支配性要素，当然这里的"资源"概念需要做进一步的扩展，既包括自上而下能够提供的资源，也包括地方在政策执行上所具备的自有资源，地方政府选择何种方式进行政策执行本质上是对这两种要素资源的一种反馈。从各地发展农村养老服务的现状来看，我们认为地方政府的执行策略大体可以分为两类。

一种是积极的试验性执行，具体表现在积极申请中央和省级政府的各类农村养老服务项目，政策执行的偏离性较低，执行结果不仅使政策制定者满意，也能够使政策对象满意，同时通过农村养老服务项目的实施还改善了村级社区的治理。通常这类地方具有以下特点：一是政策的冲突性更低，也就是说，这些地方本身就面临较为严峻的养老服务压力，中央和地方政府在政策目标上一致性较高，这也决定了地方政府执行政策的积极性较高。二是资源基础较好，既具备较好的财力基础，同时又有实施项目的组织资源，公共服务供给的行动者网络结构更加优化。三是地方政府领导更加重视，通常基层的公共服务提供者是政策执行的核心人物，中央决策者只能间接地影响到基层的政策执行，源自地方政府领导的权力推动是必不可少的。更加简单地来说，此类地方政策执行的情境因素发挥了正向诱导作用，在具体策略上更加倾向于一种"求解"式的政策执行转化路径。另一种是消极的试验性执行，具体表现在政策执行会偏离原来设定的目标，执行结果不能得到各方的满意，也就是说，情景因素更多起到了负向约束作用，在具体策略上表现为一种"替代"式的政策执行路径。

二 "自上而下"的项目制：嵌入在科层制当中的政策执行

农村养老服务政策的执行在从政策制定者到政策执行者这个步骤上基本上是通过项目制来进行连接的，项目的发包方通常为上级政府（如中央和省级政府），地方政府通过整合各种资源的"打包"行为，借项目制资源之力达到属地内发展目标；县乡级基层政府或村庄通过"抓包"，即参与项目的引进获得资源促进本地发展①。由此可见，项目制这种自上而下资金配置的机制在成为农村公共物品供给主要方式的同时，也是嵌入在科层制的行政组织场域和村域乡村社会当中的，正是这种"双重嵌入性"构成了农村养老服务政策执行的基本特征。农村养老服务政策执行的项目化运作本身也是一个连续统，项目化政策执行过程涉及项目委托与承包、政策执行与监督、政策验收与考核等诸多内容。在这一过程中，科层制体系内的各级政府组织、村庄范围内的管理者、精英与普通村民、村庄内社会组织与其他市场组织形成了互动复杂的关系链条，这一关系链条很好地体现了项目化养老服务政策执行的双重嵌入性②。这种双重嵌入性也要求我们从科层制体系内的组织系统和村庄社会系统两个层面入手，分析政策执行的整体性和系统性特征。在本节当中，我们主要从科层制内的组织关系为本位，从分层治理体系、政府间组织行动逻辑、权力利益博弈关系等入手分析项目制带动下的农村养老服务政策执行是如何嵌入在科层制内的组织关系场域中的。

首先，农村养老服务政策执行过程体现了基层政府的组织行为逻辑。我们在调查中发现，农村养老服务发展好的地区并不一定来自经济发达地区，很多留守老人较多的中西部地区基层政府发展农村养老服务的政绩冲动性很高。这种县、乡两级政府追求政绩的行动逻辑背后所反映的是，近年来中国官僚体制内官员升迁与考核的标准正由"经济发展政绩观"向"经济与民生发展并重政绩观"转变，因此，诸如农村养老服务这样的民生项目也成为基层政府追求政绩的机会。而对于村级社区管理者来说，他们并不位列国家正式科层制体系当中，行政升迁天花板的客观存在限制了他们追求政绩的冲动，同时在地化的特点决定了他们的主体性逻辑不同于县、乡两级政府。在项目运作已经成为村级社区管理者日常主要工作的背景下，项目资源的丰富性降低了其逐利动机，特别是在总体资源不多的社会服务项目中逐利的可能性。相反，他们更愿意以

---

① 折晓叶、陈婴婴：《项目制的分级运作机制和治理逻辑——对"项目进村"案例的社会学分析》，《中国社会科学》2011年第4期。

② 马良灿：《组织治理抑或村庄治理——系统论视域下项目进村研究的学术理路及其拓展》，《南京农业大学学报》（社会科学版）2016年第3期。

村民的实际需要作为主体性诉求进行农村养老服务的项目化运作,以此来换取村民在其他村级公共事务或项目运作上的支持。

> 我们不同于乡镇和上面的干部,我们这大部分人是要一辈子扎在这里的,所以既然这个事情领回来了,还是要把它做好了,就是要让村里的老人满意,让他们喊你好,这是个真正帮助老百姓的好事情,必须做好。你只有做好事,在老百姓心目中才有威信,没有威信,什么工作都开展不下去。但很多时候镇上的考虑和我们的考虑是不太一样的,他们更多想的是建成一个先进出来,就是在他手里树成典型了,这样这个项目就成功了,反正他们想的是怎么让上面觉得这个做得好。(F3C24VL—男性,42岁)

应该说项目化的农村养老服务政策执行对于县、乡两级基层政府和村级社区来说都有一定的积极性,但当这两者积极性背后的主体性逻辑不一致的时候,养老服务项目的运行就会导致项目进村不能带来与之相匹配的社会效益这一"去目标化"后果。我们在调查中也发现,县、乡政府在选择项目执行者的时候不是基于村级社区对养老服务的需求程度如何,而是从追求政绩的主体性逻辑出发,考虑所选择的村级社区在客观指标上是否易于"应对"上级的考核,在发展前景上能否成为提供养老服务的"典型"。基于这种标准所确定的村级社区,一旦项目进村后,既不能调动村级管理者的积极性,更不能调动其他政策主体参与的积极性,项目的执行很可能蜕变为一种"象征性执行",还会演变为基层政府与村级管理者之间的利益分配。

其次,项目化运作的农村养老服务政策执行是嵌入在政府间组织治理关系中的。除了科层制当中不同层级政府及管理者在组织行为逻辑上会有所差异,并直接影响项目化农村养老服务政策执行之外,科层制当中不同层次政府部门之间的组织形态决定着项目的执行过程和效果。周雪光将项目不同层级政府分为委托方和承包方两类,并指出两方之间存在"专有性关系"和"参与选择权"两个要素特点[1]。其中专有性关系

---

[1] 周雪光:《项目制:一个"控制权"理论视角》,《开放时代》2015年第2期。

的强度确定了项目的不确定性，参与选择权包含了配套激励的机制，这两个维度形成了项目制中组织形态的理想类型（见表4—2）。以上这一理想类型为我们分析项目执行过程如何受制于科层制内部委托方和承包方之间的博弈提供了基本分析工具。回到农村养老服务当中可以看到，由于在农村养老服务作为一项普惠型社会福利正处于摸索当中，同时虽然涉及的业务部门较多但仅仅是让民政部门来牵头负责，因此，作为委托方的民政部或省级民政厅很难和市、县一级政府形成专有性关系。而在参与选择权方面，农村养老服务项目对基层政府所产生的配套激励强度具有很强的差异性。因此，中央和省级政府在项目委托过程中是否运用参与选择权具有一定的变动性。与政策执行形态相对应的是，当工作部署以项目制形式出现，但实际运作是科层制权威的时候，容易滑向"象征性执行"；当项目制关系类似"即时市场"上的政府采购或公共产品供给关系时则倾向于"试验性执行"。

表4—2　　　　　　　　　　项目制中组织形态特点

		专有性关系	
		低	高
参与选择权	低	科层制（专项整治）	上级指定（试点）
	高	即时市场（一事一议）	双边契约（重点项目）

除了受项目制中委托方和承包方的上述两个维度的影响，委托—承包关系中的"控制权"模式也是影响农村养老服务政策执行的重要环境变量。这种"控制权"最直观地反映了项目制中委托方与承包方的互动博弈，我们在上文关于执行策略分析中提出的"求解"策略就反映了作为委托方的上级政府和作为承包方的基层政府之间对于目标设置权、检查验收权和实施/激励权的控制争夺。"求解"，一方面是基层政府向上级主管部门寻求模糊政策的具体解释、行动规划或配套政策等；另一方面也是通过对项目中模糊之处的进一步明确，向上级主管部门表达对项目目标设置和检查验收内容的理解和认识。项目的基层承包方通过前期项目实施权的控制，与作为委托方的上级政府讨价还价，进而改变项目的目标和政策走向。在调研中我们看到，这种项目中组织间互动博弈现象

大多发生在专有性关系低而参与选择权高的"即时市场"领域中。也就是说试验性执行中基层政府的执行动力主要来自对项目本身进行控制，当然这种控制行为背后的行动逻辑既有可能源于自利性，也有可能是源于地方社区的公共利益。

> 说到底这个养老的项目是个辛苦项目，不好弄的，以前没做过，不像其他项目上面给钱，我们下面干活，简单明了。现在一来是上面给的经费有限，提出的要求还是老高的，我们还要到处协调与其他部门之间的关系。但这也不是完全不好，现在这个养老项目怎么做关键可能还是听我们基层的，上面也就是定一个调调，下面的情况也不是很了解，我们自己做了一段时间后就心里有数了，能做什么怎么做，我们就要去和上面反映、协商，最后让他们采纳我们的建议。（F3C32VW—男性，45岁）

三 "自下而上"的项目制：嵌入在村庄治理中的政策执行

乡村公共服务项目在执行过程中很容易悬浮在村庄之外，成为脱嵌于"村庄"的治理事件。所不同的是，农村养老服务项目在执行过程中通常涉及多个政策主体，不仅包括科层制当中的各级政府组织，也包括乡村社会中的社会关系，村庄本身也是观察农村养老服务政策执行的重要视角。项目制背景下的农村养老服务政策执行是嵌入在乡村关系与村庄治理中的，是一个"自上而下"与"自下而上"相互关联的连续体，村庄本位和农民本位是重要的认识切入点。同时，我们还有必要区分清楚项目化政策执行在科层制体系和村庄治理中的嵌入程度，也就是区分实质嵌入还是形式嵌入的问题。分析嵌入程度首先要回到养老服务项目本身上来，从上文分析中可以看到养老服务项目实施中，作为委托方的上级政府和作为承包方的基层政府或村级社区之间的专有性关系较低。一定意义上是政府间组织关系和行为在形塑着农村养老服务项目的执行，而不是相反，因此，养老服务项目实施对于科层制内组织来说是形式嵌入。与其他基础设施或产业项目的实施不同，作为民生项目的养老服务与几乎所有村民的日常生活息息相关，村庄社会中日常生活各个主体都可能深刻涉入养老服务当中。因此，养老服务项目实施对于村庄社会来说是实质嵌入，也就是说两者之间是相互嵌入的套嵌形式。

首先，项目化运作的农村养老服务政策执行是嵌入在村庄自主性等村庄内在特征中的。自主性概念来自组织理论，相对于科层制系统来说，村庄社区因为乡土性和社会性而具有更大的自主性[①]。以上是理论层面关于村庄自主性的定义，回到实践层面上来看，"项目进村"不但是国家技术性治理渗透的过程，更是村庄自主性建构与展示的平台[②]。村庄的自主性主要体现在两个方面：一是积极"合作"上。如上文所述由于农村养老服务项目在组织形态上主要呈现"科层制"和"即时市场"两种形态，这两种组织形态很大程度上是由养老服务项目所能产生的激励机制所决定的，而对于低激励机制的养老服务项目，基层村庄仍然积极"合作"，配合项目的开展。这反映了村庄自主性所依赖的两种支持：第一种是作为项目委托方的上级政府在高激励的"优质"项目上的支持，村级社区通过顺应政府绩效优先逻辑，积极展示执行力，创造"优质"项目机会，反映的是国家对社会的作用，国家通过项目等利益杠杆最大限度调动村庄社会的各种潜力，为增强村庄行动力和建构村庄自主性提供宽松环境与可能[③]；第二种是村庄的公共精神与价值在思想上的支持，个体化村治时代公共服务成为培育村庄公共精神与价值的关键途径。正是通过项目化运作的公共服务供给，特别是强调村民和村级社会组织广泛参与的养老服务供给提升了普通村民的公共价值，并通过这种价值给直接运营项目的村干部形成无形压力，避免项目实施过程中"精英俘获"现象的发生，以及项目运行的"去目标化"后果的发生。二是积极"转换"上。如上文所述模糊性政策在执行过程中的支配性要素是转化工具，这种转化工具的运用在深层次上也反映了村庄的自主性。从实地调研结果来看，通常开展养老服务项目的村庄会将村庄自身利益的灵活实现与项目捆绑运行或是打包合并，比如借助发展养老服务整合村级公共服务资源、培育互助型社会组织等。正是项目管理中的自主性使得政策执行既通过

[①] 陆文荣、卢汉龙：《部门下乡、资本下乡与农户再合作——基于村社自主性的视角》，《中国农村观察》2013年第2期。

[②] 应小丽：《"项目进村"中村庄自主性的扩展与借力效应——基于浙江J村的考察》，《浙江社会科学》2013年第10期。

[③] 同上。

"求解"和"替代"关注考核和评估指标,又将村庄自身利益融入其中。这种转换反映了国家与村庄关系的基本内容,即作为非政府主体的村庄承担维护和发展村庄经济和民生的责任是由国家授权和认可的。同时,这也是项目治理调动基层积极性的根本目的所在。

> 养老服务的项目不好做,既然是上面安排下来了,还是要尽量去做好,为什么呢,因为你要争当示范村,这样才有更多的项目,你不能好的项目抢着去做,这个难办的"不好"的项目就不闻不问,如果这种样子,下次有什么好的项目还会有谁想到你呢,所以我们要争做各个方面的典型,不能挑肥拣瘦的样子。再者你接下来做也不会吃亏,一方面可以和其他项目捆绑起来一起操作,比如和示范化村卫生室建设结合起来搞,还有就是这是对外宣传的一个好的机会,可以让上级部门了解咱们完成项目的能力;另一方面也是发动老百姓广泛参与,每家都有老人的,让大家都对集体的事情能够上心。(F3C35VX—男性,40 岁)

其次,项目化运作的农村养老服务政策执行是嵌入在政策网络当中的。农村养老服务的项目化运作过程涉及从各级政府到村级社区、从社会组织到市场主体再到家庭在内的各种政策主体的参与,最终围绕养老服务供给编织成一张政策网络。只不过政策网络的编织肇始于政府,却引起了多主体的陆续参与①。多元化政策网络的背后体现了多元福利主义的思想,简单来说项目制在村庄层面上体现了国家、市场、社会组织、社区(邻里)、家庭参与养老服务供给的不同理念和作用机制。在当前中国发展本土特色福利体系的背景下,通过项目制在政府的动员之下,充分挖掘社区和家庭提供养老服务的潜力。从嵌入性视角出发,我们将分析政策网络结构对农村养老服务执行的影响。网络中政策主体的价值理念是政策执行的共识基础,与其他农村公共产品项目化实施过程中形成某种分利秩序所不同的是,养老服务项目在执行过程中,政策网

---

① 王辉:《政策工具视角下多元福利有效运转的逻辑——以川北 S 村互助式养老为个案》,《公共管理学报》2015 年第 4 期。

络中诸主体的价值理念是一致的，即要改善农村老年人的生活福利，并且这种改善行动具有一定的紧迫性。这种价值理念上的一致性又为政策网络内的整合提供了基础，具体表现在为老年人提供服务的价值理念主导着网络主体行为的一致性与连续性。这里我们用基础性权力和强制性权力两个概念来解释政策网络内权力与整合对项目执行的影响。强制性权力意味着公共权力对社会和个体的强制性权力，而基础性权力是指公共权力对社会所承担的公共物品提供与服务职能①，也为强制性权力提供合法性依据。项目化的村庄公共物品供给机制具有较强的行政性和给予性特征，这在一定程度上彰显了基层政府和村级社区的强制性权力，这也是项目制对乡、村两级组织的重要吸引力。由此，可以解释为什么在养老服务这种没有太多现实利益可图的项目上，村级社区仍然会"积极"配合上级政府的政策实施。也正因为此，政府才在政策网络中拥有较大的权力，这种强制性权力的强化是容易形成分利秩序的重要原因。而在养老服务项目中，除了基层政府给予的项目资源，村庄、村庄内的自治组织、村民家庭本身也都是实现养老服务的重要资源，并且需要项目资源与村庄内各类资源的协同来提供养老服务。因此，政策网络内各政策主体本身形成了一种相互依赖的关系，国家科层制内的强制性权力与来自村庄内部的基础性权力形成了一种平衡关系。这种平衡关系反映了村庄这一层级的管理者在项目政策执行上的策略性：一方面首先通过积极"合作"的策略来保障科层制内来自上级政府的强制权力得到贯彻实施，另一方面通过"转换"的策略调动村庄内各政策行动者的资源参与到养老服务中来，通过改善老年人生活福利的共同理念和目标实现，保障了村庄内基础性权力的发挥，并制约了村级管理者依靠强制性权力在项目执行中形成分利秩序。

    与其他项目都不太一样的，这个养老服务的项目上面是给的个半拉子工程，虽然也是给了资金但它这不是修个路，搞个水利什么的，它就是为老年人服务，这个东西就靠上面给的那点钱又不能建

---

① 吴毅：《治道的变革——也谈中国乡村社会的政权建设》，《探索与争鸣》2008 年第 9 期。

个养老院，没有一个现成的路子可以走，你这必须要回到以前那一套，就是"发动群众，依靠群众"，怎么发动群众，就是要老百姓认可这个事情，有积极性，知道全部是为了老百姓，里面没什么花花肠子，大家都是在做贡献，这样你这个事情才办得顺利，才能持续搞下去，服务老人不像修路，路修完了就拉倒，是个人他都会老，所以说这个项目做好了不容易。（F3C36VY—男性，43岁）

第五章　中国农村养老保障制度发展路径的嵌入性分析

第一节　中国农村养老保障制度发展的嵌入性视角

通过以上各章的分析，我们可以看到农村养老保障制度无论是在具体的制度变迁和设计上，或是各级政府在执行农村养老保障政策的过程中，还是农村居民参与新农保的行为方式和选择养老服务方式上都深刻地嵌入中国当前的政治、经济和社会结构环境当中去，这是进一步加强农村养老保障制度建设的重要社会事实基础。在上文对于新农保制度和居家养老服务两种农村养老保障主要内容的分析当中，我们看到究其本质无论是新农保制度还是居家养老服务仍然都属于一种低水平的普惠型国家福利项目，这种制度设计很大程度上是在中国经济未发达、城市化和工业化未彻底完成和社会保障未完善的情况下应对老龄化的一种无奈之举。在这种背景下，我们的任何一种养老保障政策安排都必须要和经济、社会发展有效地整合在一起，在养老保障制度安排中注入"发展"的因素，农村养老保障制度在价值层面上应当立足于更好地促进减少老年人贫困、社会保护和减少社会排斥。

以新农保制度和养老服务为主的农村养老保障制度本身就是中国进入"社会政策时代"的一个重要产物，也是中国目前"广覆盖、多层次、保基本、低水平"的社会保障体系的重要组成部分。近十多年来，虽然中国的社会建设步伐不断加快，但总体上仍然处于一个应急性建设的"还债"阶段。在中国经济发展进入新常态的背景下，中国亟须加快建构发展型社会政策体系，这也成为当前农村养老保障制度发展的重要价值取向。发展型社会政策范式是在福利国家危机和改革之后,西方社会政策的一种新的发展取向,重点是从强调提供福利转向强调促进发展。与以前将社会政策视为经济政策的附庸不同的是,发展型社会政策既强调经济政策应包括社会发展的目标,又强调社会政策应起到促进经济发展的作用,简言之,就是要使得社会福利更多的成为"生产性因素"[①]。对于当代中国来说,发展型社会政策具有跨越式追赶的后发优势,在建构过程中应坚持以社会公正为基础。西方发展型社会政策的提出有一个重要的背景就是福利国家基本建成,而中国还处于走向"社会政策时代"的过程中。因此,在制定发展型社会政策时应更加坚持公正的原则,要确保社会成员的生存底线和基本尊严的规则、机会平等的规则、按照贡献进行分配的规则以及社会调剂的规则[②]。

在发展型社会政策看来,新农保制度和农村养老服务政策的实施本质上反映了国家对国民养老的一种责任,以及对城乡二元结构的一种纠偏。表面上来看,农村老年人当前的生活与照料困境可能归因于农村就业结构制约、土地保障功能丧失以及家庭养老保障功能弱化。但这些分析都倾向于将养老看作个体或家庭范围内的问题,事实上,农村老年人的养老困境是城乡二元结构和全球劳动力生产体系中的一个结构性问题。从现实政策实施来看,无论是新农保的基础养老金补贴还是以项目制实施的农村养老服务供给都给地方政府增加了大量的民生福利开支,很多地方政府需要依靠上级财政转移支付完成项目开支,但从社会福利价值观层面上来看,新农保和农村养老服务政策的实施反映了国家力量对经济社会发展过程中城乡之间、劳资之间结构性失衡的一种干预。因此,农村养老保障制度建设的"发展性"主要表现在:一是促进农村老年人减贫和基本生活保障的建立;二是减轻农村劳动力的再生产成本,促进农村劳动力通过市场流动更好地实现其价值。由此可见,农村养老保障制度建设从根本上来说是嵌入在当前中国经济社会发展转型的时代背景中的。而回到嵌入性分析的可操作性上来说,我们需要将发展的嵌入性

[①] 郁建兴、何子英:《走向社会政策时代:从发展主义到发展型社会政策体系建设》,《社会科学》2010年第7期。
[②] 吴忠民:《从平均到公正:中国社会政策的演进》,《社会学研究》2004年第1期。

视角进行具体化的"降维"操作,具体包括以下三种具体嵌入性分析。

一 嵌入中国社会保障体系中的农村养老保障制度发展

农村养老保障制度的建设和发展既是中国正在建设的社会保障体系的一部分内容,同时该制度的发展也必须考虑到中国社会保障体系未来发展的方向和原则,这些方向和原则构成了农村养老保障制度建设的基础。中国未来社会保障体系的发展势必遵循以下两个基本原则:一是整合原则,这主要是针对当前中国社会保障体系"碎片化"现状提出来的,对于不同分类标准建立的各种社会保障项目,未来发展的趋势是进行城乡整合、不同类别群体之间的整合,总的趋势是社会保障项目越来越少。目前正在形成正规就业人口与非正规就业、不就业人口两类人群为主要覆盖对象的社会保障制度。中国社会保障体系整合的最终目标是要建立基于统一的社会公民身份的社会保障,也就是根据公民身份中的社会权利提供某种程度的经济福利和安全,并依据社会通行标准享受文明生活等一系列权利,其核心在于公民享有国家提供的完善的社会保护,也就是"社会中国"所倡导的以社会公民身份为基础、以满足公民基本需要为目的的完整的社会保障体系①。二是分层原则,分层既是一种社会保障体系的国际惯例,也是符合中国国情的一种政策选择。特别是在社会养老保险方面,世界银行向全世界推广著名的"多支柱"模式就充分体现了分层的原则。按照整合和分层的原则,多支柱的养老保险模式是未来养老保险体系发展的方向,其中包括:零支柱的普惠制国民养老金,第一支柱的基本养老金,第二支柱的个人账户与企业年金合并的职业年金,第三支柱的自愿性个人养老储蓄计划②。目前,从中国现有的养老保险体系来看,事实上已经建立了第一支柱到第三支柱的养老保险体系,这三个支柱模式的特点是强调就业关联性和缴费性,这也是导致城镇职工基本养老保险很难将低收入就业者和自雇者、非正式就业者覆盖在内的根

---

① 岳经纶:《中国社会政策的扩展与"社会中国"的前景》,《社会政策研究》2016年第1期。

② 董克用、孙博:《从多层次到多支柱:养老保障体系改革再思考》,《公共管理学报》2011年第1期。

本原因。从这个意义上来说，完善养老保险体系的重点是发展零支柱的普惠制养老金，通过普惠制养老金实现保障对象的全覆盖。但由于社会保险法在法律层面上并没有得到最严格的执行，因此，在中国即使是普惠制的零支柱养老金如果不与缴费相挂钩的话，也将会导致更多的就业者与雇佣者合谋不缴纳社会养老保险，这在很大程度上对于缴纳社会养老保险的正式就业者来说是不公平的，也是新农保制度必须设立缴费的个人账户的根本原因。对于养老服务来说，虽然在形式上不存在类似多支柱养老保险体系这样分明的分层结构，但从养老服务的属性和内容来看，既包括基本照护的准公共产品属性部分，也包括个性化养老服务的私人物品属性部分，养老服务在物品属性上的差异本身就反映了分层的逻辑。

在农村养老保障制度建设和可持续发展中，必须充分考虑到农村养老保障在整个国家社会保障体系中的定位，按照整合和分类的原则进一步明确未来农村养老保障制度建设的方向。按照多支柱的发展路径和中国整体就业现状来看，新农保未来仍将是政府主导的一种自愿性储蓄计划，普惠制国民养老金仍然会保留在较弱的角色上。这应当成为今后新农保制度建设的基本方向。从发展适度普惠型社会福利制度的整体要求来看，保障基本照护的养老服务将会越来越作为农村公共产品朝着普惠型方向发展，具体的养老服务生产和传递将顺应福利改革的国际潮流，向着多元主义的方向发展。

二 嵌入城乡社会变迁过程中的农村养老保障制度发展

农村养老保障制度建设的路径除了要适应中国社会保障体系建设的总体要求之外，还必须适应中国快速变迁的城乡社会、人口流动以及家庭结构变化等宏观结构因素。在新农保的后续发展上，从整合原则和已有的实践来看，很多地区已经实现了城乡居民养老保险的并轨，职业类型逐渐成为区分参加社会养老保险的重要标准，新农保制度未来在制度设计上必然转变为城乡居民社会养老保险，主要针对没有就业或是灵活就业人群进行覆盖。从上文实证研究结果来看，进入城镇工作或定居以及参加城镇职工基本养老保险是导致参保者断保的重要原因，也就是对于中青年农民工来说，新农保制度设计的重点是做好与职工养老保险的转移接续工作。随着城市化进程的加速,以及农村工业化进程的加速,新农保制度本身的设计定位应当放在更宏观的发展视野下思考,而不是仅仅立足于为农民的养老保障提供一种可供选择的可能。城乡居民社会养老保险应该维持在一个什么样的水平上,是新农保制度建设当中需要进一步思考的问题。

本书的基本设想是,随着未来以市民化为核心的新型城镇化的推进,享有城镇基本社会保障将成为市民化的核心内容之一,因此,新农保在制度设计上要进一步明确其在城乡社会关系中的位置,在农业转移人口市民化当中的作用。总的来说,新农保制度的发展必须考虑中国未来城乡社会关系转变的宏观背景,这些背景因素包括:农村中青年就业模式的转变,特别是向非农就业和正规就业的转变,增加了农村中青年参加城镇职工养老保险的概率;农村中青年的返回式城市化,无论是本书的调查结果还是已有研究都表明,对于农村中青年农民工来说返回家乡的县城或中小城市定居成为一种较为现实的选择①;随着农村中青年当中返回式城市化的比重越来越高,农村中青年也由高流动就业人群逐步向稳定就业人群转变,至少是在同一养老保险统筹地区实现连续性就业。农村中青年的社会保障权益意识日益增强,新的社会保险法对城镇职工养老保险的转移接续作了详细的规定,在社会保险立法的背景下,获得社会保险已经成为农民工的基本劳动权益,并且这种权益不仅在法律层面上被确认,更在技术层面上能够得到持续有效的保障,特别是对于新生代农民工来说,他们日益认识到这种权益的重要性。

在农村养老服务的后续发展上,从现有政策执行来看,未来主要实现由项目制带动下的"试点"向全国范围内"普及",使居家养老服务成为农村基本公共服务之一。但未来城乡社会变迁进一步深化给发展居家养老服务带来以下挑战:一是以市民化为内涵的城市化将会带动更多的农村人口实现永久性定居城市,农村养老服务的照料资源减少不仅体现在家庭层面上,也表现在社区、社会组织等各个主体上;二是关于如何建立美丽乡村上的争论使得乡村分散居住的现状难以从根本上得到改变,

---

① 潘华:《"回流式"市民化:新生代农民工市民化的新趋势——结构化理论视角》,《理论月刊》2013年第3期。

这限制了养老服务的市场化主体进入农村市场,而市场化供给是未来中国社会服务供给的基本改革方向;三是中国农村社区公共精神如何在流动中重建影响着未来养老服务供给的内生性和持续性,比如互助养老的发展等都必须以乡村公共精神为基础。但是城乡统筹发展也给发展农村居家养老服务带来了新的机遇:一是新技术革命使得智慧养老成为未来城乡养老服务的基本趋势,随着农村养老服务网络平台的普遍建立,以物联网为基础的智慧养老系统在农村的建设成为可能,并能够为农村老年人提供便利高效的服务;二是互联网医疗的发展与智慧养老相结合,能够实现大医院、社区医疗机构信息共享、相互协作,更有效率地为老年人口提供医疗和服务。

三 嵌入基层治理中的农村养老保障政策执行

以上两种嵌入性分析反映了农村养老保障在制度层面上是如何受制于宏观层面的政治、经济和社会背景,反映的是一种制度嵌入性的视角,这种影响大多体现在制度的设计和发展上。回到制度的实施环节上,由于新农保制度在短期内仍然不太可能实施强制性缴费原则,并且从实际运行来看,由于不存在有效的控制手段,新农保本质上也不适宜进行强制性缴费。因此,在今后一段时间新农保政策执行仍然是新农保制度建设当中重要的内容之一。对于发展农村居家养老服务来说,包括村级社区在内的基层政府是这项公共服务的提供者甚至是直接生产者,如何有效地实现服务递送始终都是农村养老服务可持续发展要解决的核心问题。党的十八届三中全会提出要创新社会治理体制,实现社会治理现代化,这就为农村养老保障制度的政策执行提供了良好的发展契机。近十年来,基层治理模式的一个重要转变即是基层政权逐渐从资源"索取者"转变为各种公共服务的"提供者"和"组织者"。特别是在工业反哺农业的大背景之下,中央和省级政府为农村公共物品的供给提供政策和资金,而具体的组织实施则由县乡乃至村委会负责。从这个意义上来说,基层治理的模式对于新农保和农村居家养老服务政策执行具有十分重要的意义。当前乡村基层治理的特征、手段和技术直接影响到了农村养老保障制度的实施方式与结果。

首先,基层政权在农村公共治理上发挥着重要作用。虽然基层政权的角色发生了较大变化，但是即使是在以公共物品提供为主导的背景下，基层政权仍然是执行和实现国家治理要求的主力军，这一点也为以上实证研究结果所证明。基层政权在农村基层工作中形成的一些惯用工作方法对于公共治理的达成至关重要。未来新农保政策执行必须也非常有必要依赖于基层政权的这种基本功能，进而减少政策执行的额外行政成本，并提高执行效率。新农保政策执行与过去基层治理中的"资源提取"类似但并不相同，实施农村养老服务是一个有效组织、"自上而下"的资源流动过程，相比之下，这更是对基层治理能力的考验。其次，基层政权的专业化程度较低，管理方式落后。通常在乡镇、村一级的基层机构大多采取综合性设置的方式，工作人员也都不是专门从事某一方面的具体工作，这种政事不分的工作方式越来越不能适应农村公共服务越来越高的专业化要求。这反映在新农保政策执行过程中，如何使得宣传动员更好地适应基层政权较低的专业化水平是新农保制度建设要注意的问题。这也反映在如何发展农村养老服务上，如何在村级社区层面上整合养老服务供给主体实现有效供给是发展农村养老服务面临的主要问题。最后，目标责任制仍然是基层治理实现的根本保障。目标责任制主要通过科层制考核机制和政治、经济双重奖惩机制来实现，在这种分层化的政治承包制框架当中，基层政权面临较强的目标约束，这种约束力成为基层政权运用社会动员型政策工具的直接动力来源，也是基层政权采取"求解"和"替代"两种试验性执行方式的原因。但这种目标责任制下的动员式执行也会带来管理粗放的问题，并伤及新农保的可持续发展；目标责任制下的试验性执行会导致目标置换的问题，并影响农村养老服务的有效供给。

第二节 新农保制度可持续发展的路径分析

一 促进参保行为可持续发展的路径分析

新农保制度建设和可持续发展归根结底都要落实到农民的参保行为上来，因此，制度建设必须要有助于形成农民可持续的参保行为。从上文的实证调查结果来看，新农保制度建设的最重要目标就是要充分发挥新农保的养老保障功能，促进农村养老模式由家庭养老向社会养老转变，在参保行为上就是要促进参保农民实现"多缴多得"和"长缴多得"。从实证结果来看，要实现农民参保行为的转变需要在新农保的制度设计、管理政策和执行政策上不断改进，促进已经参保的农民做到连续性参保和不断提高缴费标准。

（一）推进农民连续性参保的对策建议

本书认为在新农保制度基本实现全覆盖的背景下，未来几年是新农保制度实现可持续发展的重要政策窗口期，各级政府特别是地方政府应充分行动起来实现农民稳定连续参保行为的养成。从政策执行层面上要做好以下几点：第一，应从政策执行激励机制转向利益激励机制。虽然已有研究结果表明新农保制度管理层面的激励效应要高于利益层面的激励，但是随着新农保政策的推行，当前在农民对新农保政策了解程度不断提高和经办服务不断完善的背景下，农民的参保行为更加趋向经济理性。新农保管理服务所能产生的激励效应不断下降，这就要求管理者适时加大利益激励力度，根据物价变动指数和经济发展水平定期上调基础养老金，按照"累积效应"原则进一步明确长期连续缴费与适当提高基础养老金之间的计算关系，同时增加断保后补缴滞纳金的收取额度。将新农保"长缴多得"的激励机制转换成可以明确操作的奖惩做法。第二，对地方政府新农保政策执行不断注入新的激励动力。新农保政策执行的宏观机制经历了由"试点"到"运动"的过程，特别是2012年全覆盖的提前实现很大程度上属于动员式政策执行的结果。这种政策执行虽然在一定程度上实现目标，但效果不具备可持续性[1]。因此，有必要在传统政治激励的基础上注入新的激励动力。一方面，中央和省级政府应加大对地方政府执行新农保政策的经济激励，对连续参保率较高的地方政府在新农保"进口"和"出口"补贴上给予优惠政策；另一方面，上级政府应鼓励地方政府结合本地情况积极探索合适的新农保政策执行工具，给予执行者在地方立法等方面一定的自主空间。第三，不断提升新农保末端经办服务递送能力。新农保全覆盖的大幅提前实现给其末端经办服务形成了巨大的压力，经办服务质量不高在一定程度上影响了农民的连续

---

[1] 王礼鑫：《动员式政策执行的"兴奋剂效应"假说》，《武汉大学学报》（哲学社会科学版）2015年第1期。

参保积极性。目前,通过政府向保险机构或农村金融机构购买社会保障服务逐渐成为新农保末端经办服务的主流模式。但由于农村金融服务网络通常被少数国有金融机构所垄断,"政府购买服务"所具有的"经办服务最佳供给和资源有效配置功能"在实践中往往不能实现。这些金融机构从成本收益考虑不愿意投入更多的管理资源,进而造成参保农民反而觉得在银行缴费麻烦。因此,作为服务购买者的地方政府应加大对服务供给者的监管和激励,真正发挥市场竞争机制的作用。第四,将社会动员与改善政策共同体的关系结构结合起来,促进形成一种新农保政策执行的自愿型治理结构。通常,中国的政策过程是与社会过程紧密交织在一起的,不能仅仅从政府内部来理解政策执行[①]。社会动员的强大影响力说明这一政策工具是与当前农村居民个体原子化、对基层政权信任度低的离散型政策共同体相匹配的。但这种政策工具成本高且不具备可持续性,村域信任对连续参保行为影响的独立性,说明良性互动的政策共同体的形成是确保政策得以顺利执行的根本保障。因此,新农保要真正解决参保连续性问题并实现可持续发展,必须要着力于提升政策共同体内的信任水平。第五,应适时启动"强制性"参保。新农保本质上属于政府补贴型社会养老保险,而"强制性"是社会保险的最根本原则。排除转投城镇职工养老保险和断保后再续保两种情况,新农保的实际连续参保率还是较高的,这就为实施"强制性"参保奠定了基础。特别是随着农民收入水平的不断提升,应赋予地方政府在新农保"强制性"参保上的立法权,积极推动在有条件的地区率先将新农保制度由"自愿参与"转为"强制参与"。

(二)推动农民提高缴费标准的对策建议

本书认为在全覆盖的前提下,基层政府的新农保政策执行对于新农保制度的可持续发展仍然具有重要意义,并且政策执行的重点应当从提升参保广度转向参保深度上去。具体来说,要扭转农民缴费档次选择上的"逆向选择"困境,可以从以下几点着手。

第一,改变政治激励为主、经济激励为辅的地方政府新农保政策执

[①] 叶敏、熊万胜:《"示范":中国式政策执行的一种核心机制——以 XZ 区的新农村建设过程为例》,《公共管理学报》2013 年第 4 期。

行激励机制。中国的新农保政策执行的宏观机制经历了由"试点"到"运动"的过程,特别是2012年全覆盖的提前实现很大程度上属于运动式政策执行的结果。因此,有必要在传统政治激励的基础上注入新的激励动力。首先,要转变对地方政府新农保政策执行的考核方式。当前,地方政府社会动员的目标是提升参保广度而非深度,这主要是由对新农保政策执行的考核方式所决定的。特别是在全覆盖以后,应将参保农民人均年度缴费额也作为考核指标,加大对地方政府的考核激励。其次,中央和省级政府应加大对地方政府执行新农保政策的经济激励,对人均缴费额度占当地农民年人均纯收入比重较高的地方政府在新农保"进口"和"出口"补贴上给予更加优惠的政策支持。最后,鼓励地方政府结合本地情况积极探索合适的新农保政策执行工具,给予执行者在地方立法等方面一定的自主空间。

第二,更好地做好宣传动员工作。从以往研究看,农民对新农保政策的深层次认知水平越高,越可能提高缴费档次。这说明对新农保的宣传动员工作应从初期的参保发动转向政策解释,特别是应通过简明扼要的图表形式,直观、具体地做好账户结构、不同缴费档次的补贴额度和预期养老金收益等与投入产出相关的解释工作,让农民更好地认识到新农保的收益状况和养老保障作用,提高农民对新农保在养老保障和经济收益上的心理预期。利用新农保经办机构和年度保费征缴做好政策的宣传解释工作,加深农民对个人账户的理解,特别是做好新农保制度中激励政策调整的说明和宣传工作,做到将制度激励有效转化为认知激励。应充分发挥基层村组干部的人力资源优势,将新农保政策宣传到每一个家庭,充分发挥村组干部在农村社会的意见领袖作用。同时,不断提高村组干部对新农保政策的专业化了解程度,让参保农民能够对新农保政策有一个全方位的了解。

第三,进一步加强新农保的经办服务工作。农民对新农保制度的认知程度可以看作政府行为的效果,反映的是政府与农民的互动结果,也是农民对制度设计和政策运行的主观感受[1]。宣传动员解决的主要是农民

---

[1] 邓大松、李玉娇:《制度信任、政策认知与新农保个人账户缴费档次选择困境——基于 Ordered Probit 模型的估计》,《农村经济》2014年第8期。

对制度设计的主观感受问题，而农民对政策运行的主观感受主要受制于新农保的经办服务。因此，应不断提升新农保末端经办服务递送能力，特别是要规范制度的管理和服务流程，通过提高经办人员专业素养、强化审计和公开财务数据等方式，提高经办效率，将新农保经办服务工作上升到进行宣传动员的高度来实施，提升农民对新农保制度的认知和信任程度。

第四，完善新农保制度设计，增强制度激励的效应。认知激励的提升必须建立在完善的新农保制度基础之上，否则宣传动员的结果可能会导致负向的激励效应。因此，有必要进一步完善新农保制度设计，本书以及来自诸多实证研究的结果都表明差异化的缴费补贴模式能够对农民提升缴费档次起到激励作用。未来各地在调整新农保筹资制度时，都应当根据各地的经济社会发展水平和财政支付能力实施非固定递进补贴模式、固定比率补贴模式与递进比率补贴模式等缴费补贴方式。总之，"多缴多补"的差别化补贴方式应能够产生充分的激励作用。数据结果表明，提升基础养老金水平对农民提升缴费档次起不到激励作用，很大程度上农民选择最低缴费档次的目的就是以最小的投入获得基础养老金。因此，在有条件的地区可以试点在省级要求的基础养老金基础上实施递进式基础养老金发放方式，提高对农民选择较高档次缴费的制度激励力度。

第五，在农村居民收入水平较高的地区适时启动按比例缴费政策。新农保的替代率水平是按照新农保养老金与地方农民纯收入之间的比例来计算的。因此，新农保个人缴费档次的选择也应当实施类似职工基本养老保险的按比例缴费政策，这样有助于在个人缴费和政府补助基础养老金在替代率的贡献程度上取得一个合理的分配比例。一方面有助于提高新农保目标替代率，提升新农保制度的可持续性；另一方面将国家的财政投入控制在一个可接受的范围内，不会对其他社会养老保险参保人群产生群体性不公，进而对农民工群体参加职工养老保险产生冲击。

二 促进新农保筹资机制可持续发展的路径分析

作为一项社会养老保险制度，筹资机制对于新农保制度的建设和可持续发展至关重要，新农保无论是保障功能的发挥，还是新农保制度的建设都离不开筹资机制。虽然从新农保制度文本上来看，新农保存在个人、集体和政府三个筹资主体，但在实际运作当中，主要包括个人、地方政府和中央政府三个筹资主体。已有研究大多注意到了三方筹资主体的筹资能力问题，薛惠元通过从动态和静态两个视角对中国农村居民新农保个人筹资能力的分析发现，绝大多数农民具有筹资能力，并且从全国平均水平来看，个人最高缴费率也仅为9.7%，只是略微高于城镇职工医保8%的个人缴费率；从动态角度来看，随着农民人均纯收入的增长，农民的最大缴费能力还会不断增长，农民完全可以选择更高水平的缴费标准①。从本书的问卷调查和访谈资料结果来看，被调查者基本上都有能力承担更高标准，甚至最高标准的缴费，新农保的个人筹资不存在困难。在中央和地方政府的筹资能力上，曹信邦的预测结果显示，即使是实现养老金目标替代率50%，政府的财政最高支出比例也仅为3.5%，政府财政是完全可以负担的②。薛惠元从农村人口数量变化、财政收入预测、基础养老金增长和个人缴费增长等方面对新农保财政保障能力进行测算和评估，结果认为只要经济能够实现持续稳定增长，东部和中西部地方财政都能够负担起新农保的财政补助③。总的来说，关于中央政府筹资能力的分析虽然是建立在数据分析的基础上，但是却没有充分考虑中央、地方政府的财政支出结构问题。除此之外，关于财政收入的动态分析对财政收入增长的测算具有较大的随意性。这些都说明，关于政府财政补助能力的分析未必具有充分的说服力。同时，具备筹资能力不一定就能够转换成筹资行为，无论是对于个人和政府，具备进行新农保投入的能力，并不一定具有进行投入的动力。因此，从筹资可持续发展的视角来说，如何增加筹资主体的投入动力才是可持续发展的核心。

从上文分析中可以看到，新农保制度三类主要筹资主体都面临着筹资动力不足的问题，这是制约当前新农保制度可持续发展的关键要素。因此，必须要从制度设计和政府公共财政支持上进一步完善新农保的筹

---

① 薛惠元：《新农保个人筹资能力可持续性分析》，《西南民族大学学报》（人文社会科学版）2012年第2期。
② 曹信邦：《农村社会养老保险的政府财政支持能力分析》，《中国人口·资源与环境》2011年第10期。
③ 薛惠元：《新型农村社会养老保险财政保障能力可持续性评估——基于政策仿真学的视角》，《中国软科学》2012年第5期。

资激励机制，特别是要提高个人和地方政府的筹资动力，建构较为长效的新农保筹资机制。

（一）构建个人长效筹资机制

现有新农保养老金计算方法使得个人账户对新农保替代率水平具有重要影响，而农民参保的现实情况是大多数参保者都会选择最低参保档次，这意味着个人账户缴费过低将影响新农保未来的实际保障水平。农民的这种参保行为反映了参保农民对新农保现有筹资激励机制的不满，主要表现在：一是对未来基础养老金增长幅度和水平的信任程度不高；二是目前多数地方对个人账户实行"一刀切"式的财政补贴做法引发了个人缴费激励不足。本质上来说，参保农民缴费的激励机制是与公共财政对新农保支付和缴费的补贴分不开的，公共财政对新农保的支持程度以及支持方式直接影响参保农民个人缴费的积极性。因此，我们认为公共财政应当从新农保的"入口"和"出口"进一步完善对农民个人缴费的激励机制。新农保"入口"应当改变目前"一刀切"的补贴方式，实施对缴费档次高的参保者给予较多个人账户补贴的"差别化"补贴方式，进而使得增加的财政补贴收入能够抵消个人对于流动性资产的偏好，促进参保农民选择更高的缴费档次[1]。同时新农保"出口"也应进一步增加补贴，特别是形成基础养老金稳定的增长机制，进而增加参保农民对新农保保障能力的信心。另外，对于缴费时间高于15年的参保者应当给付更高的基础养老金，并随着缴费年限的增加按比例增加基础养老金，以此来解决农村居民中年轻人参保率不高的问题。关于个人缴费档次选择的问题，本质上反映了新农保制度设计中的深层次矛盾，也体现了新农保制度定位上存在的问题，这也是导致新农保制度不能对参保个体产生有效激励的根本原因，关于这一激励问题，下文将进行更为详细的分析。

虽然个体在缴费能力上不存在压力，但如何增加个人的缴费动力，仍需要在政策层面上进行创新。首先，不断增强农民持续增收的能力。只有建立在农民收入不断增长基础上的个人长效筹资机制才是最稳固的，

---

[1] 金刚、柳清瑞：《新农保补贴激励、政策认知与个人账户缴费档次选择——基于东北三省数据的有序 Probit 模型估计》，《人口与发展》2012 年第 4 期。

随着农民收入的增长,也应将新农保缴费标准由现在的固定档次缴费转变为按比率缴费,并且将"入口补贴"与缴费的比率相挂钩,进而由此改进由"递进补贴"政策带来的制度不公平问题,同时起到更好的激励效应。其次,通过集体资产收益,增加个人缴费的新来源。集体作为一个筹资主体在筹资机制中缺位,很大程度上是由于集体缺少筹资能力所致。应进一步加大农村土地流转力度,增强土地所具有的资产特性,通过转包、出租、股份合作等形式提高农民的土地收益,这部分收益将大大增强农民长期选择较高档次缴费的能力和意愿。最后,可以通过各种方式将转移性收入转变为个人缴费资金来源。随着国家对农业和农民的反哺政策力度不断加大,农村居民收入结构中的转移性收入比重不断增长,对于缴费能力较弱的农民来说,可以将这部分转移性收入用来抵扣新农保的个人缴费,比如国家粮食直接补贴资金等可以直接用作抵扣,进而间接起到增加缴费能力的作用。

(二) 构建更加科学的中央—地方财政筹资机制

政府财政补贴在新农保筹资机制中占据重要的位置,也是新农保制度区别于"旧农保"制度的根本性标志,财政补贴对于新农保的替代率具有重要意义,也是新农保制度可持续发展和成功与否的关键。新农保的财政补贴分为中央和地方政府财政补贴两块内容,因此就必然涉及中央与地方之间的税制安排问题。1994 年分税制改革以来,中国的财政收入结构越来越向中央集权,在支出结构上越来越向地方分权,也就是我们通常所说的"事权与财权不相匹配"的结构。特别是在社会政策类公共服务范围不断扩大的背景之下,这种财政中央集权与碎片化地方治理之间的矛盾越来越激化[①]。

虽然新农保制度文本当中明确了中央政府对中西部地区基础养老金补助的财政责任,但整体来看,相比于中央政府,地方政府在新农保筹资上所承担的财政责任更大。主要表现在新农保的"入口"和"出口"环节都要实施财政补贴,同时以县级政府为主体的地方政府还承担着农村弱势群体的新农保个人缴费责任。另外,从增长速度上来看,地方财

[①] 郁建兴、何子英:《走向社会政策时代:从发展主义到发展型社会政策体系建设》,《社会科学》2010 年第 7 期。

政增长的稳定性远不及中央财政，特别是市县一级财政普遍面临严重的债务危机。因此，在经济发展进入新常态的背景下，强化地方政府对新农保筹资的激励机制对于新农保的可持续发展至关重要。具体来说要从中央政府财政补贴方式和力度以及地方政府财政补贴制度设计两个方面入手。

首先，要改变中央财政补贴基础养老金方式上的"粗犷"式分类。现有的基础养老金补助将全国分成东部和中西部两部分，这种划分过于简单，忽视了各地区内部的差异，造成了财政补助的地区不公。适宜的办法应该是计算每一个县的人均财政收入水平并进行排序，根据排序情况直接确定中央财政补贴基础养老金的额度和比例。另外，对于基础养老金的定期增长所产生的财政投入也应当进一步明确中央和地方财政的负担比例。

其次，要进一步强化中央财政补贴的力度，调动地方财政增加补贴的积极性。现有的基础养老金数额较低，增加发放水平是基本趋势，但将增发责任完全推给地方政府，将会明显削弱地方政府的筹资积极性。可行的办法是按照县人均财政收入水平对基础养老金的增发部分也进行不同比例的补贴，以此来增加地方财政补贴的积极性。另外，中央财政也应当适时动态掌握新农保基础养老金发放人数，根据不同县级财政的负担水平进行补贴。

最后，要进一步细化地方政府进行财政补贴的制度设计。一是对个人账户缴费的财政补贴，不要实行简单的"一刀切"政策，而是根据地区人均财政能力来确定地方的补助标准，同时人均财政水平越低的县将会得到越多的中央财政补贴；二是地方财政的责任应当更加明确，特别是省、县两级财政对于新农保财政补贴的责任划分应当更加明确，考虑到现有新农保制度运行大多是以县为单位进行的，因此，应当强化省级地方财政对于人均财政能力较弱地区新农保筹资的财政补贴力度。总的来说，加大中央和省级财政对县级财政补贴力度的同时应实行更加灵活和有针对性的财政补贴方式，激励地方政府加大新农保的筹资力度。

三 促进新农保制度可持续发展的路径分析

新农保制度从试点到全面覆盖用了三年多的时间，总的来说，新农保制度的发展带有明显"运动式"治理色彩，社会动员在新农保政策执行当中发挥了至关重要的作用。但新农保作为一项社会养老保险必须立足于长远可持续发展，特别是要吸取"老农保"制度失败的教训，在制度建设层面推进新农保制度的可持续发展。回到新农保制度设计的初衷上来，国家主导和农村居民自愿参与是新农保制度的两条核心原则，其中国家主导主要体现在国家对新农保的财政支持上，自愿参与主要体现在新农保具有良好的激励机制上。因此，这两个方面构成了新农保制度可持续发展的关键内容。另外，新农保政策的嵌入性特征还决定了其可以进行政策创新，增强制度的活力，使其发挥更多的民生保障功能。

（一）新农保激励机制可持续发展的路径分析

首先，要明确新农保激励机制的目标。按照问题导向逻辑，新农保制度在实施过程中遇到的问题应成为激励机制的目标。从试点以来新农保实施情况来看，最大的问题在于农民的参保动力不足，目前只是在国家强大动员力量和基层"目标责任考核制"管理的双重压力下才维持了一个较高的参保水平。这种动力不足主要表现为：一是参保的逆向选择问题，中青年农村居民的参保积极性很低；二是个人选择最低档次参保，这已经成为新农保制度可持续发展面临的最大难题。从问题出发，新农保激励机制要能够调动农民的参保积极性，激励参保农民长时间缴费和选择更高的缴费档次。另外，从新农保替代率影响因素角度出发，新农保基金的保值增值对新农保可持续发展十分重要，特别是在新农保基金个人账户做实的情况下，基金的保值增值也应成为激励机制在管理层面上最重要的目标。

其次，要进一步明确新农保激励机制的主体—对象关系。激励机制在确定目标之后，必须进一步明确对谁激励和由谁来激励的问题，这有助于更好地选择激励手段。事实上农村居民是一个分化严重的群体，不同群体的参保意愿也有着较大差异，这种差异应该成为确定激励对象的重要依据。不同年龄段农民缴费占收入的比重存在明显差异，不同年龄段农民的参保动力也不尽相同。从新农保缴费现状来看，40岁以下的中青年农村居民的缴费动力最小，这部分人群应成为主要的激励对象。除了作为新农保政策执行主体的基层政权是面向农民的重要激励主体，不同层级的新农保行政主管部门之间也构成了激励机制中的主体—对象关系。其中，上一级新农保主管部门对下级的激励考核机制应当由目前的以参保率考核为主转向围绕参保农民的长缴费、多缴费进行考核，例如可以将40岁以下中青年参保率、连续参保率、人均缴费额度等作为新的考核指标。同时，上一级主管部门应加大对新农保基金保值增值的考核和激励，应在政策允许的范围内调动其基金管理的积极性。

最后，针对不同的激励对象制定不同的激励方式。从已有的财政激励模式来看，参保的激励效应随着年龄的增加而增加，同时随着缴费档次的提高而递减。这说明农民在参保选择上是非常理性的，数据建模的结果是与农民的参保行为选择相一致的，这就要求新农保制度应不断改进激励方式。简而言之就是要对参保对象和新农保基金管理者形成"推力"和"拉力"。对于参保对象来说，财政补贴所能产生的激励是最直接的，但这种补贴方式的成本和效应都存在很大争议，具体内容将在下一部分讨论。因此，应在财政补贴激励方式之外，积极探索其他缴费激励方式，比如可以在缴费方式上采用趸交与期交相结合的缴费方式，以促进新农保的可持续发展①。另外，还可以在一些政策扶持方面加大激励力度，具体来说，可以将新农保缴费情况与新农合制度捆绑起来进行激励，在不改变现有新农合报销水平的基础上，对于青年农村居民及时参加新农保提高新农合政策范围内的报销比例和门诊账户额度。从目前新农保账户构成和支出结构上来看，新农保属于现收现付制与基金累积制相结合的设计模式，但不同于职工基本养老保险的是，新农保的现收现付部分完全来自财政补贴，而个人账户则在一开始就实行"实账"封闭运行。现实的情况是，新农保个人账户是以一年期存款利率来计算收益的，而考虑到个人账户资金的稳定性，显然个人账户实际上处于贬值状态。这就要求新农保主管部门应当重视新农保基金的投资，提高基金的收益率，通过较高的收益率来鼓励农民参保，较高的个人账户收益率也是世界各国个人账户制度运行的基本经验和规律。因此，本书建议应加大个人账户的收益率激励水平，按照银行存款五年期以上的利率水平支付个人账户的收益。这种方法符合农村居民的理财习惯，对于参保农民普遍担心的资金使用问题，可以通过新农保质押贷款的政策创新来解决农民使用

① 张玉华：《新农保可持续发展的激励机制研究》，《湖北工业大学学报》2013年第3期。

资金的问题。总的来说，要保证新农保个人账户收益率就必须激励新农保基金管理者加大探索基金保值增值路径，在经济激励和政治激励上作出安排。

(二) 新农保财政支持制度可持续发展的路径分析

新农保的财政支持制度既是新农保制度的灵魂所在，也是新农保激励机制的核心，因此有必要将财政支持制度单独列出进一步分析。虽然从中央到地方各级政府不断加大对新农保制度的投入力度，但是目前的新农保财政补贴制度存在明显问题：一是现有财政补贴的激励效应不明显，这集中表现在财政补贴对于提高新农保的替代率处于无效状态。从现实情况来看只能对中老年农民参保产生激励作用，而对于中青年农民长期参保和提高缴费档次没有激励作用。二是作为参保激励手段的财政补贴在公平与效率之间很难实现平衡，如果是为了更好地发挥参保激励作用就必须提高财政补贴水平，这就会导致各级政府的财政负担大大提高，同时还会在参保群体内产生逆向收入转移，导致偏向于富人的再分配效应，不利于实现公平目标。三是已有的财政支出水平仍有较大的提升空间，从现有财政支出来看，新农保财政支出占中央和地方政府社会保障支出的比重仍然偏低，仍有一定的提升空间。四是财政补贴定期调整机制还不完善，这一点集中反映在基础养老金的调整上，根据新农保制度设计，国家应根据经济发展和物价变动情况，适时提高全国新农保基础养老金的最低水平。事实上，2014年才在全国范围内明确了基础养老金的调整，但调整的幅度如何确定仍然缺少明确的计算公式，调整的随意性较大。

针对新农保财政支持制度存在的问题，本书提出以下改进的路径措施：一是财政支持的激励机制应侧重再分配效应。特别是对于已经领取基础养老金的老年人应不断提高其基础养老金的支付水平，近期财政支持重点应放在新农保基础养老金的实际替代率向合意替代率靠近上来，通过加大财政支持力度更好地发挥代际再分配效应，提高农村老年人的养老保障水平。对于增加的用于基础养老金的财政支出，中央财政应加强对地方财政的支持力度，特别是加强对东部落后地区的财政支持力度。二是新农保的财政激励机制应立足于提高个人账户的收益率，未来主要通过提高个人账户收益率激励农民实现"多缴多得"和"长缴多得",改变现有财政支持激励机制下的逆向社会再分配效应。事实上,目前学术界讨论比较热烈的缴费档次选择的比率累进补贴制度,本质上是有悖于社会保险的基本原则的,可以通过财政补贴个人账户利率或者给予更高购买国债收益的方法来鼓励农民增加个人账户筹资投入。这种补贴方法可以在激励机制和社会保险的公平与社会性原则之间取得一种平衡。三是优化财政支持新农保的分担机制。关于新农保财政支持能力的分析中多次提到了地方财政的承担能力问题,解决这一问题的关键是要改变"一刀切"的新农保分担机制。目前从中央到县级财政对新农保的财政支持采取的是分级差异化分担机制,不同层级政府对新农保的财政责任取决于当地的经济状况。这种确定财政分担责任的做法虽然明确了不同层次的责任,但仍属于一种"一刀切"的方法,在不同层次上都是简单以地理空间(中央对省级层面上按照东部和中西部进行"一刀切"划分)或 GDP 排名(省级对市县级层面上按照各地经济总量或人均 GDP 情况进行划分)来划分财政责任并进行相应的财政支付转移。比较科学的办法应该是根据以县为单位确定参保财政补助额度,再计算这一补助额度占县本级财政收入的比重,在此基础上以县为单位计算所有地区的新农保财政支持负担指数,按照负担指数来确定县级政府的财政负担比重。中央和省级财政根据县级政府新农保财政支持负担指数确定对其进行财政转移支付的额度和比重等。

(三) 新农保政策创新的路径分析

如上文所述,新农保制度的设计、政策执行都是嵌入在中国当前宏观经济社会发展环境当中的,从这一点来说,新农保制度建设不仅要能够达成其自身的制度目标,同时也应将新农保制度放在更宏大的社会政策时代背景中挖掘其政策发展意义。因此,对新农保制度进行政策创新,更好地发挥新农保制度养老保障之外的其他功能也是新农保制度可持续发展的重要内容之一,同时还可以通过政策创新促进新农保激励机制的完善。首先,要充分发挥新农保基金的金融融资功能。从新农保替代率影响因素的分析结果来看,如何实现新农保基金的保值和增值是提高替代率的重要因素。从新农保的激励机制来看,新农保基金的保值增值也应成为各级管理部门的激励对象。因此,最大限度发挥新农保基金的投融资功能应成为新农保政策创新的重要突破口。在融资功能方面,可以借鉴新疆呼图壁县的经验，探索建立银行质押型"新农保"个人账户基金管理模式，以此来解决农村居民的融资难问题，同时通过向农民提供便捷、低廉的政策性贷款鼓励农民将更多资金投入新农保个人账户当中，减少他们对现金的过度偏好。在具体操作上，可以借鉴住房公积金管理经验，根据农民个人账户缴费情况来确定个体申请质押贷款的优惠利率额度。通过这一政策创新，可以使新农保能够发挥类似住房公积金一样的功能，一方面，拓宽了新农保基金的投资渠道，提高了预期收益率，实现了保值增值；另一方面，发挥了新农保基金的融资功能，为农村居民提供了方便快捷、成本相对较低的金融服务，同时对农民提高缴费档次和缴费年限产生了有效激励。其次，要充分发挥新农保制度的政策导向功能。随着农村人口老龄化的加剧，特别是农村青壮年劳动力向城市流动，留守老人的养老特别是照护需求十分紧迫，可以以新农保制度发展为契机推动发展农村社会化养老服务。通过新农保制度进一步增强农村老年人社会化养老意识，同时可以运用一部分新农保基金用于投资建设农村居家养老服务中心和社会化托老机构，为建设这些养老机构提供低息贷款，也可以通过政府补贴的方式为参加新农保的老年人提供平价的居家养老服务。通过扩大新农保政策的外延，将养老保障中的经济保障和服务保障相结合，不断吸引投保者提高个人缴费档次。总的来说，新农保的未来走向要适应农村整体老龄化的挑战和需要，这样才能实现制度的可持续发展，激发农民的自愿参与热情。

第三节 农村居家养老服务可持续发展的政策分析

一 整体性治理：农村居家养老服务可持续发展的基本框架

如上文所述，农村居家养老服务政策本身具有一定的模糊性，其政策效果与可持续发展取决于政策执行的结果，具体政策执行是嵌入在政府间组织治理关系和村庄内部治理结构中的。项目制对科层制体系的依附关系，使科层制体系中的职能分工与地区划分对农村公共服务项目产生深远影响①，这也导致了农村养老服务项目实施的碎片化特征，在养老服务项目实施中所涉及的不同部门和层级之间对于养老服务存在需求与利益上的差异，以及由此形成的分利秩序，进一步强化了养老服务项目实施过程中的碎片化现象。以"权力"为主导，以"去政治化"、"去目标化"为主要特点的分利秩序的出现，导致农村公共品供给的数量和质量并没有取得项目应有的效果②。总的来看，农村养老服务项目实施过程中由科层制一直延伸至村庄内部的分利秩序是导致养老服务碎片化的根本原因，因此，本书提出从整体性治理视角出发实现农村居家养老服务的有效供给。

整体性治理反映的是政府治理模式的转变，也是一种运用"整体政府"方法（如用联合、协调、整合等方式促使公共服务主体协同工作），以此来为民众提供无缝隙公共服务的范式③。在价值层面上整体性治理强调的是公民需求导向，以及将新公共管理所倡导的效率取向一并纳入"公民权"框架之下进行分析；在技术层面上整体性治理强调的是多机构合作伙伴关系的协调与整合。总的来说，整体性治理强调信任、协调和整合的特征，能够为破解当前农村公共服务供给过程中的"碎片化"现象提供有效路径。关于整体性治理的实现策略，希克斯提出了包含层级整合、功能整合和公私部门整合在内的立体整合机制，其中层级整合指的是从中央到地方各个政府层级之间的整合；功能性整合的要义是实现网络化治理，是将所有的治理主体拉到一个可以协商的平台上，利用制度、规则、口头约定、财务制约等方式建立契约关系，并设计出维护伙伴关系的战略计划，并最终激活整个合作网络④；公私部门整合是指由公共部门、企业和第三部门之间合作解决公共事务。在这一立体整合机制当中，基于政策的可持续性和可操作性考虑，本书重点分析功能性整合

---

① 杜春林、张新文：《农村公共服务项目为何呈现出"碎片化"现象？——基于棉县农田水利项目的考察》，《南京农业大学学报》（社会科学版）2017年第3期。

② 李祖佩：《项目进村与乡村治理重构——一项基于村庄本位的考察》，《中国农村观察》2013年第4期。

③ 张立荣、曾维和：《当代西方"整体政府"公共服务模式及其借鉴》，《中国行政管理》2008年第7期。

④ ［美］斯蒂芬·戈德史密斯、威廉·D.埃格斯：《网络化治理：公共部门的新形态》，孙迎春译，北京大学出版社2008年版，第51页。

和公私部门整合两种实现策略。具体到分析策略上,实现农村居家养老服务的功能性整合,应当重点解决好以下几点。

(一) 建立信任机制

整体性治理结果实现的核心是要建立多元治理主体间的信任机制,正如科层制治理的核心机制是权威一样,在农村发展居家养老服务的复杂性和不确定性要求治理主体之间必须相互信任合作,通过信任建立多方治理主体间的纽带。信任机制对整体性治理的作用主要体现在以下两个方面。

一是社会公众与基层政府之间的信任是居家养老服务项目实施的核心机制,也就是"民心"的问题。"民心"问题属于典型的公民政治信任类型,"能够通过促进公民合作与参与来提高政府绩效,促进经济发展"[1],农村居家养老服务运行的现状离不开普通村民的广泛参与。《"十三五"国家老龄事业发展和养老体系建设规划的通知》(国发〔2017〕13号)中明确提出,"要通过邻里互助、亲友相助、志愿服务等模式和举办农村幸福院、养老院等方式,大力发展农村互助养老服务。发挥农村基层党组织、村委会、老年协会等作用,积极培育为老服务社会组织"。从实地调研结果来看,农村居家养老服务目前仍主要依靠村委会实施管理,一般村民、其他社会组织或是市场主体的参与明显不足,造成这种结果一方面与城市化与流动化背景下的村民快速原子化有关,另一方面也反映了村民对基层政府及其政策执行的低度政治信任。有关政治信任大体存在理性信任、感性信任和关系信任三种取向[2],其中理性信任强调的是政府制度与绩效对公民政治信任的影响,比如国家惠农政策的实施就促进了农民政治信任的提升,回到居家养老服务政策上,这两者是互为因果的促进关系。由此推论,农村发展居家养老服务应在扩大惠及面和增强惠及深度两方面实现突破,在补需方的补贴惠及面上由重点老年人群面向所有老人,在惠及深度上由目前主流的"午餐服务 + 日间照看"模

---

[1] Putnam, R. D., "Tuning in, Tuning out: The Strange Disappearance of Social Capital in American", *Political Science and Politics*, Vol. 28, No. 4, December 1995.

[2] 田北海、王彩云:《民心从何而来?——农民对基层自治组织信任的结构特征与影响因素》,《中国农村观察》2017 年第 1 期。

式走向"医养融合+精神慰藉"模式;进而增强普通村民对农村发展居家养老服务的政治信任,增强农村家庭与老人购买个性化居家养老服务的积极性,并在此基础上培育农村居家养老服务市场,解决农村居家养老服务供给中市场主体缺位的问题,增加农村居家养老服务供给的总量,提升供给的有效性。

二是村民之间的人际信任是发展互助型养老服务的核心机制,也就是"人心"的问题。过度依赖政府项目支持是当前农村发展居家养老服务面临的主要问题,居家养老与机构养老相比其最根本特征是保持了养老服务私人性和亲密性特征,这就需要社区、家庭等多元主体的参与,特别是在乡村范围内这种参与需要建立在良好的人际信任基础上。通过良好的人际信任增加亲朋好友、邻里参与居家养老服务的动力,在这一过程中社区真正作为一种社会力量而不是政府代理人的角色回归居家养老服务。村庄中人际信任还有助于挖掘微观层面的社区社会资本,带动村庄内有资源或有能力连接其他社会资源的人为居家养老服务进行慈善捐助。通过居家养老发展互助型养老服务也促进了村庄层面上互惠互利规范的维持,提升了村庄宏观社会资本的水平。从政策应用性上看,村庄层面上要通过其他项目实施提升村民对公共产品生产的参与积极性,将村庄内人际信任提升贯穿于村庄项目实施始终。

(二)完善协调机制

农村发展居家养老服务无论是基于项目制的政策执行还是基于社区和家庭层面的多元参与抑或是市场化供给都必然会触及多方利益,多元行动主体也秉持不同的社会价值立场并表达各自不同的利益和精神诉求,这必然要求建立一种协调机制,这既是基于治理的本质特征,也是由治理主体间的平等性和多元性所决定的。通常,协调机制的有效运行得益于初始设定"目的作为",主要囊括价值协同、信息共享、组织动员,涉及多方利益主体的有机协调,同时还进行多方的资源整合①。

在价值协同上,农村居家养老服务供给始于政府实施农村养老服务项目,通过项目实施引起多元福利主体的参与,包括村级社区、社区内

---

① 张新文、詹国辉:《整体性治理框架下农村公共服务的有效供给》,《西北农林科技大学学报》(社会科学版)2016年第5期。

公益志愿组织、家庭以及村庄外的市场组织等，最终形成了政策网络。要最大限度扩大农村居家养老服务的辐射面，提升服务供给的质量，必须保证多元福利主体行为具有较强的连续性，行为连续性则是建立在多元福利主体在敬老养老价值观稳定一致基础上的。

在信息共享方面，"人们改变行为是因为公共政策改变了他们的思考内容和思考方式……信息作为政策工具被运用是基于人们能对信息作出反应"[1]。信息能够改变多元主体的行为，成为组织动员的重要内容，也通过信息共享促进了多元行动主体的价值协同。发展农村居家养老服务，首先包括村级社区在内的基层政府应广泛实施宣传发动，促使政策目标群体理解政策意图，服务对象能够积极使用居家养老服务，解决"看好不看座"问题。其次，通过村民会议或搭建网络信息平台促进养老服务福利主体之间的信息交流，增加多元福利主体之间互动的机会和频率，促使社区内生性志愿组织参与养老服务供给。

从组织动员上来看，参与农村居家养老服务的公益志愿组织是福利多元供给中的重要主体，这类组织必须是内生于农村的，这种公益志愿组织的形式可以是多元化的，不必拘泥于正式志愿组织的构成形式，核心是互助精神的培养。这就需要有效地组织动员，特别是动员相对年轻的老年人参与到养老服务的提供上来，不仅是日常照料的福利供给，也为全体老年人增加了心理安全和情感满足，实现了一种精神福利的生产。

（三）塑造整合机制

整合机制包括以下三方面内容：整体性思考，从整体上应对社会问题；重视整体人，强调以公民需求的核心特质为完整性；整合行动，即整合不同的行动机构和主体，通过跨越职责边界进行工作[2]。整体性思考主要是政策制定阶段需要解决的问题，本质上是从宏观上将政策对象需求的完整性作为制定政策的起点，在政策执行中将政策网络中多元主体纳入同一框架中统一行动，从本质上来说这三者之间是合为一体的关系。具体到行动上：首先，要整合居家养老服务供给资源并削弱"碎片化"

---

[1] Lester M S. *The Tools of Government*, New York: Oxford University Press, 2002, p. 218.

[2] 孔娜娜：《社区公共服务碎片化的整体性治理》，《华中师范大学学报》（人文社会科学版）2014年第5期。

所产生的影响。虽然强调多元福利主体供给，但农村居家养老服务供给的资源获得渠道主要仍来自政府间的转移支付，也就是依赖于居家养老服务项目的实施，在项目实施过程中由于存在科层制体系内部过度专业化分工以及地区之间对于项目的"竞争"，科层制体系内以及不同地区政府部门之间存在利益不一致，特别是居家养老服务又依赖于村级社区管理者的具体执行，更加导致原本就不太宽裕的项目投入资源被分散。未来应在基层政府推行扁平化的"一站式"服务平台建设，抹平科层制内不同部门之间利益纷争形成的分利机制，提高项目资源在政府层级间转移的效率。其次，要建立农村居家养老服务的整合平台。整合多元化福利主体进入同一服务平台是整合治理的核心内容，在载体上可以采取多样化的方式，整合平台可以是养老中心，也可以是基于"网联网+"技术的虚拟平台，未来应特别注重通过互联网和物联网等技术搭建养老服务需求与供给的信息网络平台，提高农村居家养老服务的便捷性和灵活性，为多元福利主体提供有效的协调服务。同时，基于信息技术的整合平台建设也可以在政府项目资金"搭台"的基础上吸引和动员家庭、社区内生组织和慈善力量等其他福利主体参与进来。最后，要实现居家养老服务治理过程的持续完整性。政策执行流程中的各个环节大体包括"输入→转换→输出→结果"这四个部分，现实的情况是整合治理往往关注的是"输出"环节，也就是农村居家养老服务的供给，而对于农村居民养老服务需求的表达、养老服务决策过程的多方参与、服务结果的绩效评估等整体性治理链条上的其他环节缺少必要的关注。未来在输入环节上应提高普通村民对项目申请环节、居家养老服务计划环节的参与程度，服务供给中的各福利主体应在充分掌握服务对象需求信息的基础上将需求转化成服务，要形成居家养老服务对象的反馈和评价机制。

二 政府、市场与社会协同推进农村居家养老服务市场化

整体性治理主要是在宏观层面上为我们发展农村居家养老服务提供了一个明确的框架，在这个架构当中各个多元福利主体应处于何种位置，如何实现服务的整合供给；如何具体推进上仍没有明确的路径和方法，本书提出通过市场化方式来推进农村居家养老服务的发展。农村居家养老服务独特的公共物品与私人物品双重物品属性，农村居家养老服务

"提供"与"生产"的分离以及生产主体的多元化为农村居家养老服务市场化创造了基本条件。但农村居家养老服务这种体验式服务的复杂性决定了必须将政府、市场与社会三个福利主体协调起来形成合力,复杂系统理论也证明了系统协同的重要性。因此,农村居家养老服务市场化本质上反映了政府与市场、社会之间的协同供给模式。具体分析上我们将采取理论分析与实践建议相结合的方式,重点围绕市场化带来的交易费用及其治理策略展开分析。无论是作为公共物品的福利性农村居家养老服务还是作为私人物品的市场性农村居家养老服务,其市场化供给的本质都是通过市场签约的形式,向政府组织或家庭以外的市场主体、社会机构购买居家养老服务,究其本质是一种契约化供给。按照纳尔逊将商品和服务分为"查验品"和"体验品"的二分理论[1],居家养老服务是一种只能在消费过程中来体验其质量的体验品。特别是作为公共物品的福利性居家养老服务,因为购买者是政府、体验者是个人,作为农村居家养老服务体验者的农村老人,由于文化程度普遍不高,更加增加了这种体验品的复杂性。农村居家养老服务的这种特殊性以及契约的不完全特征,使得这种契约化供给必然产生大量的交易费用问题。特别是福利性农村居家养老服务因其公共物品性质,政府缺乏有效的公众偏好显示机制,其市场化供给模式将面临更多由交易费用因素引发的不确定性。同时,政府责任机制又决定着交易费用是受限制的或是放大的。因此,政府、市场和社会如何协同治理交易费用和政府责任机制引发的不确定性成为农村居家养老服务市场化供给的关键。

(一)市场化过程中的交易费用及其治理

农村居家养老服务市场化(契约化)供给的交易费用主要包括签订契约的费用和履行契约的费用两个部分,对于服务供给者的政府来说要降低交易费用首先必须成为一个精明的购买者。第一步,政府要具备充分的市场分析能力,能够洞悉市场行情,能够做到"去哪里购买,如何货比三家,如何讨价还价",实现精明购买,最大限度减少不完全契约交易中的不确定性。第二步,政府作为委托人要实现对居家养老服务生产

---

[1] [德]柯武刚、史漫飞:《制度经济学:社会秩序与公共政策》,韩朝华译,商务印书馆2000年版,第279—280页。

过程的有效监管，注重对购买合同细节的精明治理。政府要对居家养老服务代理人的服务成本、服务质量、服务数量、服务过程和服务效果进行严格的监管，特别是要通过信息技术手段及时真实掌握服务对象的感受，建立有效的公众偏好显示机制，提高对不完全契约的管理能力。与其他公共服务市场化供给不同的是，居家养老服务市场化具有一定的特殊性：一方面，官僚组织并没有提供此类服务的传统和资源，特别是对于乡、村两级基层管理者来说更是如此；另一方面，在农村地区市场和社会也没有形成自主提供居家养老服务（特别是福利性居家养老服务）的能力。从目前在城市地区实施的居家养老服务供给现状来看，政府更大程度上是通过履行职能方式的市场化来实现政府责任的回归，结果导致当前居家养老服务市场化模式所需要的充分竞争难以实现，这就要求政府应积极培育居家养老服务市场主体的增长和成长。公共服务市场化竞争不足是中西方常见的问题，政府要积极扶持卖方成长，营造竞争的局面，具体而言：一是政府要在盈利和拓展市场两个层次上吸引市场主体参与居家养老服务，在市场培育初期政府要通过税收和微观政策优惠增强市场主体的盈利预期，使得居家养老服务成为市场争夺的目标；在市场培育过程中政府要通过释放宏观养老政策利好，提升市场对于居家养老服务市场前景的向好度，使得居家养老服务成为拓展更大养老服务市场的重要跳板。二是政府可以直接参与市场主体的培育，例如直接成立依附于政府存在的准社会组织，通过非竞争性购买居家养老服务合同扶持其发展；发起成立半官半民的社会组织（如老年协会等），通过场地和设施扶持、非竞争性购买合同等途径扶持其发展[①]；设立市场孵化基金和项目的形式，通过资金扶持、非竞争性购买合同直接培育提供居家养老服务的市场主体。

具体到农村居家养老服务上来：首先，积极利用各类项目资金培育提供农村居家养老服务的市场主体实现充分竞争，可以在县级政府承接上级政府养老服务项目资金当中单列补助资金，支持县域范围社会资本投资兴办各类养老服务类机构，民政部门也可以链接省市知名养老服务

---

① 常敏、朱明芬：《政府购买公共服务的机制比较及其优化研究——以长三角城市居家养老服务为例》，《上海行政学院学报》2013 年第 6 期。

企业通过特许加盟或连锁开设的方式将规范居家养老服务产品引入农村市场。其次，充分发挥村级社区在养老服务监管上的作用，引入市场化养老服务主体进入村庄的过程中，一方面村级管理者可以通过场地、设施共同参与居家养老服务的生产与管理，通过信息技术直接参与监管；另一方面要求市场化养老服务主体雇用本地劳动力开展居家养老服务，通过熟人社会产生的人际关系和心理连带压力，本地雇工必须考虑服务对象的体验和自身在村级社区的声望，进而保障居家养老服务的基本质量。

（二）市场化过程中的不确定性及其治理

农村居家养老服务作为"体验品"的特性使得无论是作为公共物品的福利性居家养老服务还是作为私人物品的市场性居家养老服务都具有很强的不确定性，进而降低了其市场化供给的可能性。特别是在福利性居家养老服务上，市场主体会利用其服务绩效模糊的特点，最大可能地追求经济利益，进而影响服务提供的质量。这就要求：一方面，政府建立统一的农村居家养老服务标准，针对农村居家养老服务资产专用性不强的现实，通过服务标准排除一些机会主义行为盛行的市场主体；另一方面，市场性农村居家养老服务市场中的竞争机制使得服务价格能够真实反映服务的价值，由于市场性农村居家养老服务具有"向下兼容"福利性农村居家养老服务的特性，这就使得市场性农村居家养老服务的价格对福利性农村居家养老服务的市场化供给具有参考价值，有助于作为服务"支付方"的政府获得相关服务的价格信息和成本信息，减少在契约签订和履行过程中的信息不对称，进而有效约束市场主体的投机行为，控制政府对福利性居家养老服务的支付成本。

落实到具体行动上：一是要强化服务对象付费工具的使用，在由政府购买的福利性农村居家养老服务供给中增加服务对象的付费环节，强化作为体验者的服务对象的消费者意识，自觉监督并反映居家养老服务的质量；二是规范机构养老服务市场，从实地调研结果来看机构养老服务市场在农村发展较快，但在市场准入标准、价格调控、服务质量监管等方面仍比较薄弱，未来可行的策略是通过机构养老服务的规范化和标准化为居家养老服务的服务质量、人员准入标准、购买价格等形成参照坐标。

（三）市场化进程中的政府行为治理

降低交易费用的动力来自政府存在完善的责任机制，而这仅仅是一种理想状态；现实是公共服务市场化供给模式反而会诱发政府的机会主义行为。一方面，政府部门会利用居家养老服务自身的不确定性和实施市场化供给的缺陷，进行权力寻租，侵蚀公共利益，攫取私人利益；另一方面，市场主体也会尽力游说政府机构放松监管，实现资本与权力的合谋，获得更大利益[①]。除了政府部门自身监督责任机制，还要尽可能发挥市场与社会的监督作用，这种监督作用主要体现在农村居家养老服务公民投诉机制的建立上。无论是市场性农村居家养老服务的竞争性价格和服务标准，还是由非营利社会组织提供福利性农村居家养老服务的价格和服务标准，都有助于接受福利性农村居家养老服务市场化供给的民众对服务鉴别能力的提升，这种鉴别能力的核心不仅包括对服务内容的体验，更重要的是对市场化供给性价比作出判断。民众不仅可以就服务质量也可以就服务性价比进行投诉，通过这种投诉机制有助于对政府责任进行监督，防范政府的机会主义行为。

在实际操作过程中：一是强化福利性农村居家养老服务项目实施前的宣传动员环节，通过召开项目说明会和印发宣传单页等方法使得服务对象充分了解项目实施的目标、内容和项目的反馈机制，同时结合服务项目收费机制强化服务对象的监督意识；二是农村居家养老服务项目在持续实施过程中可以采取补供方与补需方交替进行的方式进行，在培育多元福利主体的阶段采取补供方的策略，而在服务持续开展阶段则采取补需方的策略，进而切断生产者与提供者之间利益输送的可能性。

三 农村居家养老服务的多元福利供给运转分析

上文基本确定了农村发展居家养老服务的框架和方向，即在市场化导向下的整体性治理，实现公私部门的功能性整合，但以上分析并没有从政策执行的层面上提出多元福利供给的具体路径，政策执行的核心在于选择和设计有效的政策工具，下面将着重分析农村居家养老服务多元

[①] 李学：《不完全契约、交易费用与治理绩效——兼论公共服务市场化供给模式》，《中国行政管理》2009年第1期。

福利供给的政策工具选择。

（一）政策工具选择与多元福利供给

无论是整体性治理框架还是市场化导向都聚焦于多元福利供给，多元福利供给既强调政府的福利干预，又注重家庭和传统社区的回归，还要发挥市场机制，带动企业和社会组织的参与①。以上是学术界达成的基本共识，反映了中国当前急于动员各方力量加强福利供给的紧迫性，但对于多元福利供给如何实现则很少论及，也就是对多元福利主体如何互动与实现福利供给的过程讨论不足。在这一部分我们将着重分析多元福利供给与政策工具间的关系。

虽然从学科属性上来说政策工具选择属于公共行政的范畴，而多元福利供给属于社会福利的范畴，但两者都源自20世纪70年代以来的西方政府改革运动，多元福利供给是基于认识到除了政府，市场和社会也是可以参加社会福利的生产和递送的；政策工具选择则是基于认识到政府的政策执行不是一种直线性关系，而是涉及多种政策工具选择与组合的复杂关系。简言之，西方福利国家危机之后的政府改革，首先是基于政府、市场和社会的多元治理主体参与社会福利的供给，其次是在政府的政策执行过程中运用多种政策工具将市场和社会整合起来进行福利供给，也就是先找到参与者，然后再找到如何使其参与进来的办法。如果将福利供给比作一个网络的话，那么多元福利主体就是节点，而政策工具则是连接节点的线，在这个网络当中政府居于网络的核心位置，起到了编织网络的作用。新的政策工具的出现使得多元福利主体的协同成为可能。在农村居家养老服务当中，正是因为贷款、贷款担保、社会管制、服务购买合同、税收补贴、补助金等政策工具的大量使用，使得除政府之外的其他福利主体提供养老服务成为可能。同时，多元福利模式的存在又带动了政策工具类型的发展，例如福利混合模式作为前置条件能为新公共管理运动所倡导的市场化、分权化策略铺平道路。

（二）多元福利供给运转分析

农村居家养老服务能够有效满足老年人养老需求的核心在于实现多

---

① 王辉：《政策工具视角下多元福利有效运转的逻辑——以川北S村互助式养老为个案》，《公共管理学报》2015年第4期。

元福利供给的有效运转。这里的有效供给目标包括以下内容：一是由政府项目资金主导的居家养老服务中心设立并开展日间照料、餐饮服务、文体活动等；二是市场服务主体的参与，依托居家养老服务中心提供项目内福利性居家养老服务，也提供由农村老年人养老服务券支付的各类市场性居家养老服务；三是社区内养老福利供给的增加，具体表现为邻里养老互助和老年朋友间互动增加；四是其他社会组织通过慈善方式增加村级社区内养老服务供给；五是家庭的养老服务功能进一步强化和回归。多元福利主体在功能上实现以上目标，并最终形成一个相互依赖的密集型政策网络。多元福利主体能被成功编入政策网络中并协同提供服务，有赖于选择合适的政策工具编织政策网络。

首先，以强制性工具为基础使用自愿性工具。"自愿性政策工具强调政府对社会低程度的干预，以家庭自身的维系功能、社区志愿者的互动等非营利组织的参与为其特征。强制性政策工具则需要政府在公共利益、社会福利等涉及全局性方面的责任担当，如直接提供社会福利、对市场失灵的政策矫正等。"[①] 由此可见，这两种政策工具体现了政府干预程度的高低，特别是自愿性工具体现的是一种亲密关系之间的互助互利，这种互助互利是传统以家庭为主的养老模式的基本原则。如前所述，由于社会变迁与家庭结构变迁，传统的养老服务方式日渐式微，单养老福利主体供给难以继续。第一步需要政府通过强制性政策工具（项目制推动）建立村级居家养老服务中心，在此基础上将养老服务带回农村公共生活当中。第二步通过自愿性工具的使用形成多元福利主体的回归，国家作为主要筹资者和发动者建立村级养老服务中心，以此为平台使用"养老政策宣传、开展敬老爱老活动等"引导类政策工具，进而促进家庭养老服务支持的增加以及村庄外部社会公益慈善资源的引入；在养老服务中心平台上搭建非正式老年互助群体，促进社区互助习惯与精神的产生，通过这些自愿性工具将社区等福利主体带回养老服务。

其次，通过政策工具的交替使用增强多元福利主体之间的协同性。政策工具可以被看作对政策结果的一种回应，以及目标群体对政策的回

---

① 张新文：《政社关系视角下的公共政策工具研究》，《广西民族大学学报》（哲学社会科学版）2007年第3期。

应,"作用于反作用"似乎是一种对政策工具做动力学研究的新框架①。从实地调研结果来看,很多地区居家养老服务项目运行仅仅是通过政府财政投入创办公立养老服务中心这些强制性工具提供服务,结果导致服务内容少,老人认同性差,项目的可持续性不高。应该在政府办养老服务中心纳入老年人适当付费可选择性养老服务、政府购买民办机构养老服务等市场性工具,将市场化方式和市场化福利主体引入农村居家服务当中,增加服务内容。同时可以通过引入老年人互助服务等自愿性工具,增加老年人对养老服务中心的认同感,激活社区这一福利主体的回归。另外,通过政策宣传等引导类政策工具,增加慈善公益捐助,激活村级社区之外的其他社会福利主体的注入,不断提升养老服务项目的可持续性。

最后,注重发挥政策工具组合使用产生的增强效应。在农村居家养老服务政策网络编织过程中,基层政府居于施动者位置上,通常居家养老服务运行好的村庄,基层政府善于组合使用各种政策工具使得多元福利主体间的关系网更加牢固,其中应特别注重引导性政策工具与其他政策工具的整合使用。引导性政策工具包括养老政策宣传、信息沟通与传递等,在居家养老服务中心建立之初,强制性政策工具应与农村居家养老服务政策宣传相结合,特别是与服务补贴政策相结合,提升政策对象对养老服务的认同感。信息沟通与传递应为市场性工具的引入做好解释工作,使政策对象能够普遍接受。自愿性政策工具中社区福利主体的回归更离不开既作为服务接受者又作为服务生产者的老人及其家人之间的信息沟通与交流。家庭功能的回归和公益慈善组织资源的注入既体现了政府的养老政策宣传,也体现了政府、家庭以及老人之间相互信息传递的结果。

---

① 顾建光:《政策工具研究的意义、基础与层面》,《公共管理学报》2006年第4期。

第六章 结论与研究展望

第一节 研究结论

本书的研究对象是农村养老保障制度,基于"以收入保障为基本内容的经济福利和以个人需要为导向的社会服务是社会保障体系两个基本方面"这一基本认识,本书主要对新型农村社会养老保险制度和农村社会养老服务这两项农村养老保障制度的基本内容进行嵌入性视角下的分析。在具体内容架构上,本书聚焦于农村养老保障制度作为一项公共政策的设计、执行过程,重点分析了农村养老保障制度两项基本内容的制度设计与变迁、政策执行过程与结果,得到以下研究结论。

中国农村养老保障制度变迁是嵌入在宏观制度环境中的,这些制度环境要素包括不同发展时期国家整体发展战略、国家发展社会福利的基本理念、经济社会管理模式以及社会福利治理模式等。无论是新农保制度还是农村社会养老服务的建立和实施都反映了在社会福利提供上国家责任的回归,"以社会建设为重心"的社会发展战略带动了中国社会保障政策的扩张,国家对社会福利的"生产主义"认识为这两项基本养老保障制度在农村建立提供了契机,而社会公众不断增长的社会权利意识促使国家需要完善农村社会养老保障体系作为回应。

筹资、给付和转移接续构成了新型农村社会养老保险制度设计的三个关键环节,其中筹资制度设计是嵌入在中央和地方政府之间的关系模式中的,这里央地关系模式中的影响变量主要包括政策执行模式和分税制财税管理体制。中央政府筹资行为的制度化表述更多嵌入在国家整体发展理念和国家福利发展战略当中的,地方政府筹资行为则更多地反映了地方政府注重成本收益的行动逻辑。新农保低水平的给付设计是嵌入在中国低水平普惠福利国家建设理念、整体社会保险制度实施困境和建立统一有序劳动力市场的国家发展战略当中的。新农保制度当中关于转移接续的设计则是嵌入在中国城乡二元社会结构和中国社会养老保险制度发展的总体构想当中的。

资金来源与服务递送构成了农村居家养老服务制度设计的两项基本内容，其中资金主要来自地方政府的项目资金和村级社区的配套资金，地方政府的资金投入是嵌入在福利国家转型过程中地方政府的角色和对模糊政策的执行策略当中的；村级社区的资金投入是嵌入在农村公共物品供给模式和村庄治理模式转变当中的。农村居家养老服务的递送则是嵌入在农村社区治理和碎片化的项目制运行结构中的。

通过对新农保试点初期和运行一段时间后农村居民参保"广度"与"深度"的调查分析发现：在是否参保上，不同地区之间存在显著性差异，是否参保是一项家庭决策行为，政策执行变量的贡献率远超过了政策信任变量，试点初期的高参保率是地方政府政策执行的结果；在是否连续参保上，大多数参保对象倾向于连续参保，连续参保是社会理性选择的结果，反映了村庄内信任程度和社会动员等地方政府社会政策执行的结果。试点初期，农民参保深度较低存在明显"象征性"参保倾向，选择较低档次缴费是一种经济理性行为的结果；在全覆盖之后，提高缴费档次的参保者比重逐步提高，缴费档次提升本质上出于经济理性的考量，并且离不开地方政府的政策执行。定性研究表明，农村居民的参保行为是嵌入在农村代际关系变迁以及父代代际行为模式调整当中的，也是嵌入在"半工半农"的代际分工和家庭生计模式中的；村庄内社会网络中形成的社会资本和社会网络所传递的信息对农村居民的参保行为产生重要影响，同时村民通过微观层面的社会网络而改变的价值观念也影响着其参保行为。村庄内部高度社会关联基础上的村庄社会秩序是形成稳定、连续参保行为的重要社会基础，进一步说，社会关联通过对村庄内代际关系与村庄公共舆论的影响，决定着个体所面临的养老风险，进而影响参保行为。

通过对农村老年人居家养老服务需求、供给与利用的调查分析发现：农村老年人具有居家养老的意愿，具体到不同居家养老服务需求上，事关农村老年人身心健康的"上门看病"和"聊天解闷"是选择比例最高的两项居家养老服务需求。除了"上门看病",农村老年人居家养老服务总体供给水平较低,供需之间的差距明显高于城市地区,同时居家养老服务的利用率水平更低,老年人对相关政策和服务内容的知晓程度不高,这也在一定程度上影响了居家养老服务的利用。主观感受到的身体机能比客观健康指标对居家养老服务需求的影响效应更大,居家养老服务需求具有更多的主观色彩;个人收入水平和儿子数量是影响需求的最重要养老资源变量,这说明农村居家养老服务需求存在明显的"未富先老"效应,儿子数量的显著性表明家庭资源仍然是农村老年人倾向选择的第一养老资源,其养老行为深受家庭结构、"养儿防老"文化和伦理的影响。总的来说,农村老年人的养老行为是嵌入在家庭结构当中的。

在新农保制度实施过程中地方政府主要选择了利益导向型和社会动员型两种政策工具。利益导向型政策工具的选择一方面是由新农保在制度设计上对政策工具明确了采取自愿性工具的规定所决定的,另一方面是由基层政权和普通农村居民构成的政策共同体当中已经形成的离散性关系结构所决定的。但同时,利益导向型政策工具与离散性政策共同体之间的非正常匹配导致政策实施者与对策对象的"合谋",形成了新农保"高参保率、低缴费率"这一独特的政策执行结果。选择社会动员型政策工具是因为新农保政策执行是嵌入在基层农村组织和工作方式当中的,由宣传动员和情理动员构成的社会动员是基层政权完成各项工作目标的重要方法。具体来说,社会动员工具正是嵌入在以村组为基本架构的农村基层管理网络当中,同时也是嵌入在农村社会的信任来源结构当中的。但地方政府在使用这两种政策工具时因为价值和利益与代表政策执行理想目标的中央政府存在差异,导致了政策工具的"变通性"使用。

农村养老服务政策执行,中央和省级政府主要采取了项目制为代表的激励性政策工具,这是由项目制的形成本身就源自政府提供公共服务的事业要求所决定的,也来自项目制能发挥政策执行的"示范"效应;地方政府将农村养老服务当作模糊政策来执行,主要选择了积极和消极试验性执行两种策略。而项目制工具在实施过程中是"双重"嵌入在科层制的行政组织场域和村域乡村社会当中的。首先,农村养老服务的项目化政策执行是由基层政府的组织行为逻辑所决定的,同时也嵌入在科层制中不同层次政府部门之间的组织形态当中,并且受到项目制委托—

承包关系中的"控制权"模式的影响。其次,农村养老服务项目制是实质性嵌入在村庄社会中的,具体包括嵌入在村庄自主性等内在特征中的,又是嵌入在村级社区围绕农村社会养老服务所编织的政策网络当中的,政策网络内权力与整合对项目制执行产生影响。

新农保制度未来发展的重点是促进政策对象参保行为的可持续和新农保筹资机制的可持续,重点在制度设计和政策执行两个方面实现突破。在制度设计上,适时启动强制性缴费和按比例缴费政策,实施差异化的缴费补贴模式和递进式基础养老金发放方式,促进连续性参保和不断提高缴费标准;通过进一步细化地方政府进行财政补贴的制度设计,增加地方政府的筹资动力。在政策执行上,加大地方政府新农保实施过程中经济激励和地方立法的自主权,提升新农保末端经办服务递送能力,改善政策共同体关系结构,促进新农保政策执行的自愿性治理结构生成。通过以上措施提升新农保参保连续性。通过加大地方政府在新农保缴费深度上的激励措施、加大宣传动员力度、加强新农保经办服务工作等途径不断提高新农保缴费标准;通过细化中央财政补贴基础养老金的方式,强化中央财政补贴力度,增强地方政府的筹资动力。

农村居家养老服务可持续发展的核心是政策执行,重点是解决项目实施的碎片化问题。整体性治理的实现依赖建立信任、协调和整合机制,建立信任机制的重点是强化社会公众与基层政府之间的信任以及村民之间的人际信任。完善协调机制的重点是多元福利主体在敬老养老上形成一致的价值观,通过信息共享促进多元行动主体的价值协同,通过内生性的多元化公益志愿组织实现组织动员。塑造整合机制的重点是提高项目资源在政府层级间转移的效率,化解科层制内部所形成的分利机制,采取多样化的方式建立农村居家养老服务的整合平台。政府、市场、社区、社会和家庭等多元福利主体协同供给使得农村居家养老服务形成一个政策网络,政府居于网络核心位置,通过政策工具将多元福利主体编织起来,使得多元福利供给有效运转起来。其中:政府通过强制性工具将养老服务带回农村公共生活中,进而通过自愿性工具形成多元福利主体的回归,在这一过程中通过不同政策工具的交替使用和组合使用,克服单一政策工具使用的不足,增强多元福利主体间的协同性。

第二节　进一步研究的展望

以上给出了基于文本分析和实证研究所获得的关于农村养老保障制度的基本结论，但本书在研究内容、分析视角和具体方法上仍存在有待改进的地方，这些也将有助于推动该研究领域的深入，具体包括：

首先，研究内容仍存在可以进一步完善的地方。一是从中国社会保障学术语境来看，农村养老保障除了养老保险和养老服务还应该包括社会救助这一块内容，也就是传统的农村五保供养制度和农村低保制度，特别是中国农村五保供养制度本身就是非常具有本土特色的社会救助制度，分析其制度演变过程和政策执行现状对于探索具有中国特色本土社会福利制度具有重要的借鉴意义。同时，中国当前正在各个领域开展扶贫攻坚战，农村老年人贫困问题也得到空前关注，针对农村老年人的社会救助未来也应该是被关注的研究领域。二是从制度本身的研究内容来看，本书主要分析了制度设计与政策执行两方面的内容，对政策执行的结果，主要是就新农保参保行为和养老服务要求进行了分析，而对于养老保障的福利效应缺少相应的分析，事实上针对养老保障制度实施结果的福利效应分析是整个政策分析过程中政策评估部分的关键环节，未来应强化对养老保障福利效应的分析，并在实证基础上提出更加精准的政策建议。

其次，分析视角需要进一步细化。本书选择嵌入性分析的研究视角对制度设计、政策执行以及未来政策发展进行了分析，嵌入性分析方法具有一定的解释力度，但也存在明显的缺陷。就是有过度放大的倾向，成为一种背景式的套嵌分析，这会降低研究结论的解释性。未来研究需要从社会福利研究出发寻找更加精细的研究视角。比如社会福利发展的"地域化"倾向，特别是在淡化职业类型的农村地区更符合这一倾向，地方政府的政策创新是如何促进地域公民福利身份发展的。比如从发展型社会政策角度对中国发展农村养老保障制度所取得的福利效应进行分析，福利效应不仅局限于作为政策对象的老年人本身，也应扩展到农村家庭层面上。再比如从社会性别的视角对农村养老保障制度设计与实际运行中的性别不平等现象进行分析，以及中国农村社会性别关系的变化是如何影响农村养老保障制度的给付的。

最后，具体分析方法有待进一步改进。本书使用了定量与定性两种研究方法，但在细节方面需要进一步改进。一是在政策文本分析上，应强化使用定量分析方法，缺少对农村养老保障文本中政策工具的定量分析，未来可以强化这方面的研究，以定量数据更加清晰展现农村养老保障政策变迁过程及其特征。二是在政策执行的分析上，本书主要采取个案访谈的方法对乡、村两级基层干部进行了访谈。以农村养老服务为例，所涉及的内容主要包括对发展农村居家养老服务的认识和看法，但仍然缺少完整的个案研究，也就是对典型村级社区发展居家养老服务的全过程中所涉及的多元福利主体、政策对象进行全面的参与式观察，未来应强化政策执行的个案研究。三是在定量研究方法上，数据的测量方法比较单一，大多采取直接询问的方法，测量工具效度较差，未来应多采取量表测量的方法；数据的分析上，回归分析当中对变量因果关系，自变量之间的共线性问题的处理仍很粗糙，特别是对跨越层级变量的处理没有有所体现，未来应注重使用多层线性模型等统计方法。